ABITUR-WISSEN DEUTSCH

Claus J. Gigl

Deutsche Literaturgeschichte

STARK

ISBN 978-3-89449-147-5

www.stark-verlag.de
1. Auflage 1999

Inhalt

Vorwort

1 Barock (1600–1720) 1

1.1 Die Epoche des Barock 1
1.1.1 Die politische Situation 1
1.1.2 Kulturelle Voraussetzungen 2

1.2 Die Literatur des Barock 3
1.2.1 Von der Regelhaftigkeit der Kunst: Martin Opitz 3
1.2.2 Blütezeit barocker Dichtung: Gryphius und Grimmelshausen 5
1.2.3 Literarische Gattungen 6
1.2.4 Literarisches Leben: Das Wirken der Sprachgesellschaften . . . 8

1.3 Autoren und Werke 10
1.3.1 Das Schauspiel des Barock: Gryphius' „Herr Peter Squenz" 10
1.3.2 Lyrik im Zeichen des Dreißigjährigen Krieges: Gryphius' „Tränen des Vaterlandes" 12
1.3.3 Grimmelshausens „Simplicissimus" und der barocke Roman 13
Schaubild: Zentren der Barockliteratur 16

2 Aufklärung (1720–1785) 17

2.1 Die Epoche der Aufklärung 17
2.1.1 Die politische Situation 18
2.1.2 Kulturelle Voraussetzungen 18

2.2 Die Literatur der Aufklärung 20
2.2.1 Gottscheds Wirken in der Frühaufklärung (1720–1740) . . . 20
2.2.2 Lessing und die Hochaufklärung 22
2.2.3 Empfindsamkeit bei Klopstock und Claudius 23
2.2.4 Literarische Gattungen 24
2.2.5 Literarisches Leben: Bürgertum und moralische Wochenschriften 26

2.3 Autoren und Werke . . . 26
2.3.1 Lessings „Emilia Galotti“ und das bürgerliche Trauerspiel . . . 26
2.3.2 Die Fabel als Erziehungsmedium bei Lessing . . . 28
2.3.3 Gleims Gedicht „Anakreon“ als Programm einer Generation . . . 29
Schaubild: Die Literatur der Aufklärungszeit . . . 30

3 Sturm und Drang (1765–1785) . . . 31

3.1 Die Epoche des Sturm und Drang . . . 31
3.1.1 Die politische Situation . . . 31
3.1.2 Kulturelle Voraussetzungen . . . 32

3.2 Die Literatur des Sturm und Drang . . . 32
3.2.1 Hamann und Herder – die großen Anreger . . . 32
3.2.2 Goethe in Straßburg (1770/71), Frankfurt (1771–1775) und Weimar (1775–1786) . . . 33
3.2.3 Die Sturm-und-Drang-Zeit Schillers . . . 35
3.2.4 Literarische Gattungen . . . 37
3.2.5 Literarisches Leben: Freundschaftsbund und Originalität . . . 39
Schaubild: Shakespeare-Rezeption in Deutschland . . . 40

3.3 Autoren und Werke . . . 41
3.3.1 Genialisches Lebensgefühl: Goethes „Prometheus“ . . . 41
3.3.2 Unbedingter Subjektivismus der Jugend: Goethes „Werther“ . . . 43
3.3.3 „Kabale und Liebe“ und Schillers Kritik am 18. Jahrhundert . . . 45
Schaubild: Anregungen und Einflüsse im Sturm und Drang . . . 48

4 Klassik (1786–1805) . . . 49

4.1 Die Epoche der Klassik . . . 49
Schaubild: Klassische Epochen der Literatur . . . 50
4.1.1 Die politische Situation . . . 50
4.1.2 Kulturelle Voraussetzungen . . . 51

4.2 Die Literatur der Klassik . . . 52
4.2.1 Goethes Entwicklung hin zur Klassik . . . 52
Schaubild: Der Wandel in Goethes Kunsttheorie . . . 54
4.2.2 Der philosophische Ansatz Schillers . . . 54
4.2.3 Der Freundschaftsbund zwischen Goethe und Schiller . . . 56
4.2.4 Literarische Gattungen . . . 57
4.2.5 Literarisches Leben: Weimar als Kulturzentrum . . . 58

4.3 **Autoren und Werke** ... 59
4.3.1 Das klassische Drama: Schillers „Maria Stuart“ ... 59
Schaubild: Der Aufbau des klassischen Dramas ... 61
4.3.2 Blütezeit des Bildungsromans: Goethes „Wilhelm Meister“ . 61
4.3.3 Literatur jenseits von Epochengrenzen: Goethes „Faust“ ... 64

4.4 **Zwischen Klassik und Romantik** ... 68
4.4.1 Friedrich Hölderlin ... 68
4.4.2 Jean Paul ... 69
4.4.3 Heinrich von Kleist ... 69
Schaubild: Dichtung der klassischen Epoche ... 72

5 **Romantik (1793–1830)** ... 73

5.1 **Die Epoche der Romantik** ... 73
5.1.1 Die politische Situation ... 73
5.1.2 Kulturelle Voraussetzungen ... 74

5.2 **Die Literatur der Romantik** ... 75
5.2.1 Jenaer Romantik: Wackenroder, Tieck, Schlegel, Novalis ... 75
5.2.2 Heidelberger Romantik: Arnim, Brentano, Eichendorff ... 76
5.2.3 Schwäbische Romantik: Hauff, Schwab, Uhland ... 77
5.2.4 Literarische Gattungen ... 78
5.2.5 Literarisches Leben: Salonkultur ... 79

5.3 **Autoren und Werke** ... 80
5.3.1 Novalis’ Roman „Heinrich von Ofterdingen“ ... 80
5.3.2 Die romantische Novelle: Brentanos „Geschichte vom braven Kasperl und dem schönen Annerl“ ... 82
5.3.3 Romantische Lyrik: Eichendorffs „Sehnsucht“ ... 85
Schaubild: Literatur der Romantik ... 86

6 **Biedermeier, Vormärz und Junges Deutschland (1815–1850)** ... 87

6.1 **Die Epoche** ... 87
6.1.1 Die politische Situation ... 87
6.1.2 Kulturelle Voraussetzungen ... 88

6.2 **Die Literatur der Restaurationszeit** ... 89
6.2.1 Literatur des „Biedermeier“ ... 89
6.2.2 Literatur des Vormärz ... 91
6.2.3 Das „Junge Deutschland“ ... 92
6.2.4 Literarische Gattungen ... 92
6.2.5 Literarisches Leben: Unterdrückung und Zensur ... 94

6.3 Autoren und Werke 94
6.3.1 Heines Lyrik: Zwischen Romantik und Realismus 94
6.3.2 Stifters Vorrede zu „Bunte Steine“ 97
6.3.3 Auf dem Weg zur Moderne: Büchners „Woyzeck“ 98
Schaubild: Literatur und Politik in der 1. Hälfte des 19. Jahrhunderts 101

7 Realismus (1850–1890) 103

7.1 Die Epoche des Realismus 103
7.1.1 Die politische Situation 103
7.1.2 Kulturelle Voraussetzungen 104

7.2 Die Literatur des Realismus 105
7.2.1 Der „Poetische Realismus“ 106
7.2.2 Große Erzähler 106
7.2.3 Literarische Gattungen 108
7.2.4 Literarisches Leben: Leihbüchereien und populärer Roman 110

7.3 Autoren und Werke 110
7.3.1 Das Dinggedicht: Meyers „Römischer Brunnen“ 110
7.3.2 Hebbels bürgerliches Trauerspiel „Maria Magdalena“ 113
7.3.3 Der Gesellschaftsroman: Fontanes „Effi Briest“ 116
Schaubild: Realismus – Anregungen und Einflüsse 119

8 Der Naturalismus und seine Gegenströmungen (1880–1925) 121

8.1 Naturalismus, Impressionismus und Symbolismus 121
8.1.1 Die politische Situation 122
8.1.2 Kulturelle Voraussetzungen 122

8.2 Die Literatur des ausgehenden Jahrhunderts 123
8.2.1 Der Naturalismus 123
8.2.2 Die „Korrektur“ des Naturalismus: der Impressionismus . . 126
8.2.3 Gegen den Naturalismus: der Symbolismus 127
8.2.4 Literarische Gattungen 128
8.2.5 Literarisches Leben: Großstadt und Gruppenbildung 129

8.3 Autoren und Werke 130
8.3.1 Das naturalistische Programm: Hauptmanns „Weber“ 130
8.3.2 Symbolismus: Rilkes Dinggedicht „Der Panther“ 132
8.3.3 Literarischer Impressionismus: Schnitzlers „Leutnant Gustl“ 135
Schaubild: Der Naturalismus und seine Gegenströmungen 138

9 Der Expressionismus (1910–1925) 139

9.1 Die Epoche des Expressionismus 139
9.1.1 Die politische Situation 139
9.1.2 Kulturelle Voraussetzungen 140

9.2 Die Literatur des Expressionismus 140
9.2.1 Menschheitsdämmerung 140
9.2.2 Literarische Gattungen 142
9.2.3 Literarisches Leben: Massenkultur und Kino 143

9.3 Autoren und Werke 144
9.3.1 Brechts expressionistische Anfänge: „Trommeln in der Nacht“ 144
9.3.2 Lyrik des Expressionismus: Heyms „Die Stadt“ 146
9.3.3 Die Parabel bei Kafka: „Der Steuermann“ 148
Schaubild: Literatur des Expressionismus 150

10 Weimarer Republik und Drittes Reich 151

10.1 Die Zeit von 1918 bis 1945 151
10.1.1 Die politische Situation 151
10.1.2 Kulturelle Voraussetzungen 152

10.2 Die Literatur zwischen 1918 und 1945 153
10.2.1 Literatur der Weimarer Republik 153
10.2.2 Literatur der NS-Zeit 155
10.2.3 Literarisches Leben: Von der Zeitkritik zur Gleichschaltung 157

10.3 Autoren und Werke 159
10.3.1 Europa am Vorabend des Ersten Weltkriegs: Thomas Manns Roman „Der Zauberberg 159
10.3.2 Franz Biberkopf, der Antiheld: Döblins Roman „Berlin Alexanderplatz“ 162
10.3.3 Das epische Theater Brechts: „Der gute Mensch von Sezuan“ 165
Schaubild: Das epische Theater Brechts 165
10.3.4 Eine ‚unerhörte Begebenheit‘: Zweigs „Schachnovelle“ 168
Schaubild: Literatur der Weimarer Republik – Anregungen und Einflüsse 171
Schaubild: Deutschsprachige Literatur zwischen 1933 und 1945 171

11 Literatur zwischen 1945 und 1968 173

11.1 Die Zeit nach 1945 173
11.1.1 Die politische Situation 173
11.1.2 Kulturelle Voraussetzungen 174

11.2 Die Literatur nach 1945 175
11.2.1 Kahlschlag, Stunde Null oder Kontinuität? 175
11.2.2 „Trümmerliteratur“ und Gruppe 47 176
11.2.3 Die moderne deutsche Kurzgeschichte 177
11.2.4 Das Hörspiel 178
11.2.5 Lyrik nach 1945 178
11.2.6 Der zeitkritische Roman 180
11.2.7 Literatur der Arbeitswelt 182
11.2.8 Deutschsprachige Literatur der Schweiz 183
11.2.9 Literarisches Leben: Verlage und Buchgemeinschaften 185

11.3 Autoren und Werke 185
11.3.1 Das Heimkehrerdrama: Borcherts „Draußen vor der Tür“ 185
11.3.2 Die moderne deutsche Kurzgeschichte: Bölls „So ein Rummel“ 188
11.3.3 Vom Leben des Mittelstandes: Walsers Roman „Halbzeit“ 192
11.3.4 Die Parabel vom Anderssein: Frischs Drama „Andorra“ 194
Schaubild: Deutschsprachige Literatur zwischen 1945 und 1968 196

12 Literatur in der DDR (1945–1990) 197

12.1 Die DDR zwischen 1945 und 1990 197
12.1.1 Die politische Situation 197
12.1.2 Kulturelle Voraussetzungen 198

12.2 Die Literatur der DDR 198
12.2.1 Antifaschistische Sammlung (nach 1945) 198
12.2.2 Sozialistischer Realismus (ab 1950) 199
12.2.3 „Bitterfelder Weg“ (1959–1964) 199
12.2.4 Kulturpolitische Liberalisierung in der Ära Honecker und der Fall Biermann 200
12.2.5 Zwischen Repression und Anpassung in den 80er-Jahren 200
12.2.6 Literarische Gattungen 202
12.2.7 Literarisches Leben: Vom Literaturinstitut „Johannes R. Becher“ zum „Deutschen Literaturinstitut“ 203

12.3 Autoren und Werke ... 203
12.3.1 Über den Umgang mit dem literarischen „Erbe“: Plenzdorfs Roman „Die neuen Leiden des jungen W.“ ... 203
12.3.2 Heins Novelle „Der fremde Freund / Drachenblut“ ... 205
12.3.3 Ein Beispiel für Lyrik in der DDR: Kunzes „Sensible Wege“ ... 207
12.3.4 Christa Wolfs ‚Erinnerungsmonolog‘ „Kassandra“ ... 208
Schaubild: Literatur in der DDR ... 209

13 Literatur zwischen 1968 und 1990 ... 211

13.1 1968: Das Ender der Nachkriegszeit in Deutschland ... 211
13.1.1 Die politische Situation nach 1968 ... 212
13.1.2 Kulturelle und gesellschaftliche Voraussetzungen ... 213

13.2 Die Literatur der BRD nach 1968 ... 213
13.2.1 Sozialkritische Literatur ... 213
13.2.2 „Neue Subjektivität“ ... 214
13.2.3 Autobiografisches Schreiben ... 215
13.2.4 Frauenliteratur ... 215
13.2.5 Lyrik nach 1968 ... 216
13.2.6 Postmoderne Schreibweisen ... 217
13.2.7 Kinder- und Jugendliteratur ... 218
13.2.8 Literarisches Leben: Konzentration und Nischen ... 219

13.3 Autoren und Werke ... 219
13.3.1 Die BRD in den 70er-Jahren: Strauß’ „Groß und klein“ ... 219
13.3.2 Parodie des Bildungsromans: Süskinds „Das Parfum“ ... 221
13.3.3 Ransmayrs „Letzte Welt“ als postmoderner Roman ... 223
Schaubild: Literatur zwischen 1968 und 1990 ... 224

14 Literatur nach der Wiedervereinigung ... 225

14.1 Das Jahr 1990 als epochaler Einschnitt in der deutschen Geschichte ... 225
14.1.1 Die politische Situation nach 1990 ... 225
14.1.2 Kulturelle und gesellschaftliche Voraussetzungen ... 227

14.2 Die Literatur der Bundesrepublik Deutschland nach 1990 ... 228
14.2.1 „Wendeliteratur“ ... 228
14.2.2 „Junge Erzähler“ ... 230
14.2.3 Popliteratur ... 231
14.2.4 Drama nach 1990 ... 234

14.2.5 Lyrik nach 1990 . . . 234
14.2.6 Literarisches Leben: Der deutsch-deutsche Literaturstreit . . . 235

14.3 Autoren und Werke . . . 236
14.3.1 Erste Liebe und nationalsozialistische Vergangenheit: Bernhard Schlinks Roman „Der Vorleser“ . . . 236
14.3.2 Uwe Timm: „Rot“. Ein Roman vom Scheitern großer Utopien . . . 239
14.3.3 Das Projekt Aufklärung im Roman: „Die Vermessung der Welt“ von Daniel Kehlmann . . . 241
Schaubild: Literatur nach 1968 . . . 244

Bildnachweis . . . 245
Stichwortverzeichnis . . . 247

Vorwort

Literatur ist vielfach an politische, gesellschaftliche und geistesgeschichtliche Bedingungsfaktoren rückgebunden. Diese in den Blick zu bekommen, ihr Neben- und oft auch Gegeneinander aufzuzeigen, literarische Traditionen darzustellen und in ihren historischen Bezügen zu erklären, um damit Literatur und ihre Intentionen besser verstehen zu können, ist ein Ziel dieser Literaturgeschichte.

Ein anderes Ziel ist es, Ihnen diese komplexen Inhalte so zu vermitteln, dass Sie mit dem erworbenen Wissen optimal auf **Unterricht, Klausuren** und das **Abitur** vorbereitet sind.

Dieses Anliegen spiegelt sich auch im Aufbau des vorliegenden Bandes wider: Jede Epoche ist für sich dargestellt, da dies die Übersichtlichkeit erhöht und das Verständnis für die Chronologie erleichtert. Die einzelnen Kapitel sind alle weitgehend gleich aufgebaut:

- In einem ersten Teil werden die **Epoche**, ihre zeitliche Dauer, die Bedeutung und Herkunft ihres Namens sowie die **politischen und kulturellen Voraussetzungen** für die Entstehung von Literatur in der jeweiligen Zeit erläutert.
- Der zweite Teil beleuchtet die literarische Entwicklung jeder Epoche, die **literarischen Gattungen** und das **literarische Leben** der Zeit.
- Der dritte Teil ist herausragenden und **repräsentativen Werken** der Epoche vorbehalten, die nach Inhalt, Sprache und Wirkung besprochen und durch einen aussagekräftigen **Textauszug** anschaulich gemacht werden. Eine einleitende **Kurzbiografie** der jeweiligen Autoren ergänzt dieses Kapitel.
- Übersichtliche und einprägsame **Schaubilder** zu den einzelnen Epochen fassen die wichtigsten Sachverhalte auf einen Blick zusammen.

Claus J. Gigl

1 Barock (1600–1720)

1.1 Die Epoche des Barock

Der Epochenbegriff des „Barock“ leitet sich vom portugiesischen „barucco“ ab; dies bezeichnet eine schiefrunde Perle. Ursprünglich (bei J. J. Winckelmann) war der Begriff negativ besetzt: Man wollte damit die „Überladenheit“ und den Schwulst abqualifizieren. Unter dem Einfluss Jakob Burckhardts hat sich der Begriff „Barock“ zur allgemein anerkannten Bezeichnung der Epoche zwischen 1600 und 1720 gewandelt und umfasst sowohl die Literatur als auch die bildende Kunst sowie die Musik.

1.1.1 Die politische Situation

Die Epoche des Barock steht im Zeichen der ausgehenden **Gegenreformation**, des **Dreißigjährigen Kriegs** (1618–1648) und des **höfischen Absolutismus**, ist also eine insgesamt noch religiös geprägte Zeit, wobei das religiöse Element schon zunehmender Säkularisierung anheim fällt. Dies wird besonders in der Lyrik deutlich, die zwischen Diesseitsbejahung und Sehnsucht nach dem Jenseits schwankt.

Der Dreißigjährige Krieg, der sich vom Glaubenskrieg zum Kampf um die Vorherrschaft in Europa wandelte, wurde vornehmlich auf deutschem Boden ausgetragen und hat die Literatur nachhaltig beeinflusst. Zu den Siegermächten zählte das Reich dann allerdings nicht, zudem setzten die Landesfürsten territorialstaatliche Interessen gegen die Reichseinheit durch. Im **Westfälischen Frieden 1648** mussten vom Kaiser enorme Gebietsverluste hingenommen werden; die Vereinigten Niederlande und die Schweiz schieden aus dem Reich aus, Elsass, Vorpommern und Stettin mussten abgetreten werden.

Allein Frankreich ging aus dem Krieg gestärkt hervor; die folgende Blütezeit der Literatur, der bildenden und der Baukunst erscheint in der Retrospektive daher nur zu verständlich. Der kulturelle **Aufstieg Frankreichs** und die Erringung der politischen Vormacht in Europa gehen Hand in Hand und werden durch die zentralistische, auf Machtentfaltung und Zurschaustellung von Prunk und Reichtum abzielende Politik der Bourbonen verstärkt. Der Staatstheoretiker Jean Bodin definiert den idealen Herrscher als den, der über den Gesetzen steht („legibus absolutus") – eine Einschätzung, die Ludwig XIV. nicht weit genug geht: „L'état c'est moi" – „Der Staat bin ich". Dieser Ausspruch drückt die absolutistische Herrschaftsauffassung des Sonnenkönigs aus.

1.1.2 Kulturelle Voraussetzungen

In Deutschland traf man in den Jahren nach dem großen Krieg auf eine Vielzahl von kleinen Staaten, die häufig nicht mehr umfassten als ein paar Dörfer. Dies waren die denkbar schlechtesten Bedingungen für die Entfaltung einer hoch stehenden Kultur – und wirklich lag Deutschland nach 1648 kulturell fast brach. Doch nach und nach entstand auch an den kleinsten Höfen wieder das Bewusstsein von der eigenen hohen Stellung und die Fürsten wurden nun, nachdem die städtische Kultur der Renaissance verfallen war, zu den neuen Förderern und Auftraggebern von Architektur, Malerei, Musik und Literatur.

Kunst und Musik standen im 17. Jahrhundert ganz im Zeichen **fürstlicher oder kirchlicher Repräsentation**. Die Macht des jeweiligen Königs oder Kirchenfürsten (und hinter ihm stehend: die Allmacht Gottes) sollte durch gezielten Einsatz der Kunst jedem Menschen sichtbar vor Augen geführt werden. Der sinnlichen Wahrnehmung kam eine ungeheuere Bedeutung zu, die später durch die rational ausgerichtete Bewegung der Aufklärung diffamiert wurde.

Die Gartenanlage von Vaux-le-Vicomte

So wollte **Ludwig XIV.** schon durch die Anlage seines **Schlosses Versailles** auf sumpfigem Gelände außerhalb von Paris darstellen, dass er sogar in der Lage ist, die Natur zu bezwingen. Die Gartenanlage des Schlossparks mit ihren geometrischen Formen bis hin zum kugel-, quader- oder dreiecksförmigen Wuchs von Sträuchern, Hecken und Bäumen bezeugt dies noch heute. Der französische Garten ist eine Modeerscheinung des 17. Jahrhunderts.

Auch die **Architektur** stand ganz im Dienst der Repräsentation: Das gewaltige Äußere des Schlosses Versailles gibt davon ebenso Zeugnis wie die sich halbrund öffnende, verspielt und anmutig wirkende Wieskirche in Bayern. Bewusst eingesetzte Lichteffekte (z. B. Kuppeln über dem Altar), Stukkatur und Malerei arbeiten der Architektur bei der Erfüllung ihrer Aufgabe zu.

In den Rahmen der höfischen Geselligkeit war auch die **Musik** eingebunden. Die Oper, die auf der Hofbühne aufgeführt wurde, hatte besonderes Gewicht: Hier konnten Musik, Tanz (Ballett), Gesang und Kostümierung als Gesamtkunstwerk zusammenwirken und sogar das Publikum war durch seine Art, sich zu kleiden, zu parfümieren und sich selbst gleichsam zur Schau zu stellen, mit einbezogen.

Lesesaal der Herzoglichen Bibliothek in Wolfenbüttel

Die Kunst des Barock ist also eine höfische, sie wird am Hof und für den Hof ausgeübt. Nichtsdestoweniger gab es in dieser **höfischen Gesellschaft** einen Bedarf an Bürgerlichen, insbesondere an Gelehrten; oder anders ausgedrückt: Es bestand sehr wohl die Möglichkeit für Bürgerliche, durch ein Amt am Hof aufzusteigen und zu Ansehen zu gelangen. Subjektive Gefühle und Originalität spielten in der barocken Kunst noch keine Rolle – vorrangiges Ziel der Kunstschaffenden war es, die Welt von Versailles, die Kultur des absolutistischen **Frankreichs** nachzuahmen. Zwischen den einzelnen Höfen setzte ein wahrer Wettlauf in der Prunkentfaltung ein. Überhaupt darf diese **Vorbildfunktion** nicht unterschätzt werden. So hatte sich Lessing noch 1770 genötigt gefühlt, in seiner *Hamburgischen Dramaturgie* gegen den französischen Klassizismus zu polemisieren.

1.2 Die Literatur des Barock

1.2.1 Von der Regelhaftigkeit der Kunst: Martin Opitz

Martin Opitz wurde 1597 in Bunzlau (Schlesien) geboren. Während seiner Lehr- und Studienjahre übte er den Beruf des Erziehers aus, 1622 wurde er als Professor für Philosophie und Literatur an die Universität Weißenburg in Siebenbürgen berufen, schließlich war er ab 1636 polnischer Hofdichter in Danzig. Seine beruflichen Tätigkeiten unterbrach er durch ausgedehnte Reisen durch Deutschland, Holland und Jütland. Im Jahr 1625 wurde er in Schlesien sogar zum Dichter gekrönt und durfte sich von nun an „Opitz von Boberfeld" nennen. Er starb im Jahr 1639 an der Pest.

Martin Opitz, das Haupt der Schlesischen Schule, wurde durch sein *Buch von der Deutschen Poeterey* (1624), eine **normative Regelpoetik**, zum literarischen Lehrmeister mehrerer Generationen. Von einem guten Dichter forderte er: Kenntnis der antiken wie auch der europäischen Literatur, gepflegte Wortwahl, Vermeidung von mundartlichen Wendungen, Verwendung der deutschen Sprache. Fremdwörter, v. a. aus dem Lateinischen, waren verpönt.

Martin Opitz (1597–1639)

Opitz war der **erste Reformer der deutschen Sprache und Literatur**. Von sehr weit reichender Bedeutung nicht nur für die Autoren des Barock, sondern auch noch für Gottsched und Lessing, die sich erst verhalten (Gottsched), dann offen (Lessing) dagegen wandten, war die von Opitz für verbindlich erklärte Konvention, dass eine Tragödie nur von adeligen, eine Komödie nur von bürgerlichen Personen handeln dürfe (**Ständeklausel**).

Die Lyrik beeinflusste Opitz maßgeblich durch die Bevorzugung von Jambus und Trochäus als Versmaß (Vermeidung von Daktylus und Anapäst), des Alexandriners (sechshebiger Jambus mit Zäsur nach der dritten Hebung) als Vers und die Ablehnung des rührenden Reims (z. B. gleiten – begleiten).

Opitz dachte nicht daran, sich mit seinen Forderungen auf die Literatur des Mittelalters zu beziehen, wie dies später im Sturm und Drang, v. a. aber in der Romantik geschah. Zwar edierte er das *Anno-Lied* aus dem 11. Jahrhundert, die deutsche Literatur suchte er aber auf europäisches Niveau zu heben, indem er die **Nachahmung antiker Muster** propagierte. Auch Opitz selbst nahm für seine Poetik Anleihen: bei Aristoteles, Horaz, Ronsard und Scaliger u. a. Er vertrat die damals gängige Meinung, dass das **Dichten ein erlernbares Handwerk** sei.

Opitz' Stärke lag in der theoretischen Grundlegung der Dichtkunst, weniger in der poetischen Praxis. Zwar veröffentlichte er Gedichte, die man heute – im Gegensatz zur Erlebnisdichtung – der Gesellschaftslyrik zurechnet (*Deutsche Poemata*, 1624), doch sind diese ebenso vergessen wie seine Romandichtung. Das Drama *Dafne* (1626) von Martin Opitz wurde von Heinrich Schütz (1595–1672) als Oper vertont.

1.2.2 Blütezeit barocker Dichtung: Gryphius und Grimmelshausen

Mit Gryphius und Grimmelshausen traten im 17. Jahrhundert die Praktiker der Poesie in den Vordergrund. Hatte Opitz den Boden für eine neue deutsche Literatur bereitet, so setzte Gryphius dessen theoretische Forderungen in noch heute aussagekräftige Gedichte und Dramen um.

Andreas Greif (1616–1664), der seinen Namen nach der damals üblichen Mode zu **„Gryphius“** latinisierte, ist der **bedeutendste Lyriker des Barock**. Seine Gedichte umfassen nur einige Themen, die aber immer wieder neu variiert werden: Der Mensch in der Abhängigkeit eines allmächtigen Gottes, Vergänglichkeit allen irdischen Lebens („vanitas“-Motiv), Sehnsucht nach einem besseren Leben im Jenseits. Da das Leben so kurz und gefährdet ist, müsse man es weise nutzen und sich um sein Seelenheil bemühen (memento mori). Gryphius verwendet meist die tradierte Form des Alexandriner-Sonetts (bestehend aus zwei Quartetten und zwei Terzetten), da er in diesem dem der Epoche innewohnenden **Dualismus** (Diesseits – Jenseits) am besten Ausdruck verleihen konnte. Die Antithetik des Alexandriner-Verses ist kennzeichnend für die gesamte Epoche: höchstes Glück und größtes Leid, Todessehnsucht und Lebenshunger, sozialer Aufstieg und Fall liegen eng beieinander.

Gryphius war auch als Dramatiker erfolgreich: In seinen Tragödien (*Leo Armenius*, 1652; *Cardenio und Celinde*, 1657) stellte er typische Haupt- und Staatsaktionen oder die Folgen unbeherrschter Leidenschaften dar. Während das **barocke Trauerspiel** heute nur noch von literaturgeschichtlichem Interesse ist, findet man Gryphius' **Komödien** noch auf den Spielplänen: *Horribilicribrifax Teutsch* (1663), *Absurda comica oder Herr Peter Squenz* (1658) und die Doppelkomödie *Das verliebte Gespenst* und *Die geliebte Dornrose* (1660/61) halten sich an die von Opitz festgeschriebene Ständeklausel.

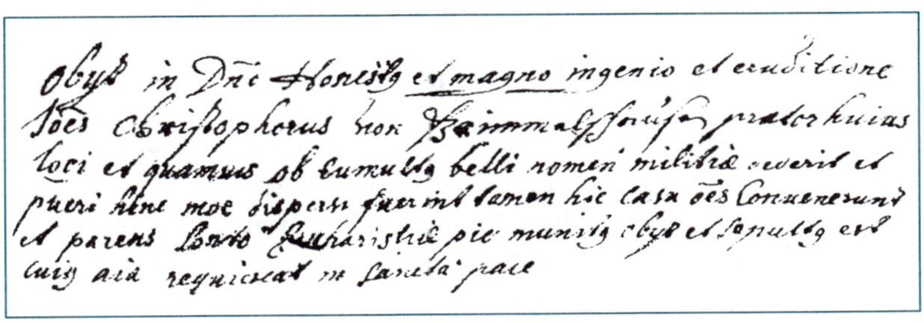
Obyt in Dñi Honestg et magno ingenio et eruditione
Joes Christophorus von Grimmelshausen praetor huius
loci et quamvis ob tumultu belli nomen militiae dederit et
pueri hinc inde dispersi fuerint tamen hic casu oēs convenerunt
et parens Sacro Eucharistiae pie munitus obyt et sepultus est
cuius aīa requiescat in sancta pace

Grimmelshausens Sterbeeintrag im Kirchenbuch der kath. Pfarrei Renchen

Auch **Grimmelshausen** war ein begabter Dichter, der sich aber weder beruflich noch gesellschaftlich in der höfischen oder großbürgerlichen Sphäre bewegte. Zwar pflegte er Beziehungen zur „Aufrichtigen Gesellschaft von den

Tannen“, einer Sprachgesellschaft in Straßburg, insbesondere zu Johann Michael Moscherosch (1601–1669), doch sonst stand er abseits von der gelehrten Welt und den literarischen Zentren des 17. Jahrhunderts. Dies erkennt man auch an seinen Werken: Kein Sonett ist von ihm überliefert, keine Tragödie und auch keine Komödie – lediglich in der Gattung des heroischen Romans versuchte er sich. Grimmelshausen war ein **Volksdichter**: Seine Stoffe entnahm er zwar auch der literarischen Tradition (Antonio de Guevara: *Adieu Welt*, H. Neville: *The Isle of Pines*, 1668), doch vermischte er sie mit eigenen, biografisch rekonstruierbaren Begebenheiten, und er verstand es, sie so zu popularisieren, dass sie der Lebenswelt der ländlichen Bevölkerung Deutschlands zu entspringen schienen. Dabei bediente sich Grimmelshausen für seinen Roman *Der abenteuerliche Simplicissimus Teutsch* (1668) eines Schwarzwälder Dialekts, der zwar diese Volkstümlichkeit unterstreicht, der aber nur von wenigen Lesern verstanden wurde. So brachte sich der Autor selbst um wesentliche materielle Früchte seines Schaffens, da der Roman, dessen Inhalt beim Volk gut ankam, sofort von findigen Verlegern in normalisiertem Deutsch nachgedruckt wurde; Raubdrucke waren dies nach damaligem Verständnis nicht, denn ein Urheberrecht in unserem Sinne war noch unbekannt.

Samuel Greifenson von Hirschfelt oder German Schleifheim von Sulsfort nannte sich Grimmelshausen als Dichter des *Simplicissimus*. Unter anderen exotisch klingenden Namen veröffentlichte er noch weitere Romane, die alle in der Tradition des überaus erfolgreichen Erstlings stehen oder gar Nebenfiguren aus dem *Simplicissimus* als Hauptfiguren in den Mittelpunkt rücken und deren Lebensgeschichte erzählen: *Trutz-Simplex oder Lebensbeschreibung der Erzbetrügerin und Landstörzerin Courasche* (1670), *Der seltsame Springinsfeld* (1679), *Das wunderbare Vogelnest* (1672) und die *Verkehrte Welt* (1672).

1.2.3 Literarische Gattungen

Die barocke Dramatik ist geprägt von den englischen Komödianten, dem Jesuitendrama und dem barocken Trauerspiel.

Die **englischen Schauspieltruppen**, die Deutschland bereisten und an den Höfen und auf Jahrmärkten spielten, stehen in der Tradition der deutschen Laienspieler (meist Handwerker) des 15. und 16. Jahrhunderts, führten aber neue Stücke, meist von Shakespeare und Marlowe *(Dr. Faustus)*, auf.

Lebten die englischen Stücke (weil man ihre Texte nicht verstand) von den Einlagen eines Harlekins und der Unterhaltung des Publikums, so setzte sich das **Jesuitendrama** ganz andere Ziele: Die Jesuiten wollten die Menschen von den reformatorischen Ideen abbringen und wieder für den Katholizismus gewinnen. Jesuitentheater ist die Kunst der Gegenreformation. Der bekannteste Autor ist Jakob Bidermann (1578–1639), sein noch heute beachtenswertes Drama *Cenodoxus* (1602) ist dem Faust-Stoff verwandt: Es ist die Geschichte des Doktors von Paris, der von übermäßigem Streben erfüllt ist und deshalb sein Seelenheil verliert. Während ihn seine irdischen Anhänger als Heiligen feiern, wird er von dem himmlischen Gericht verdammt und fährt zur Hölle.

Das **barocke Trauerspiel** thematisiert höfische Probleme: Der Mensch in der Bewährung, der Kampf um eine staatsmännische Moral, Fragen der „großen Politik" (Haupt- und Staatsaktionen) stehen im Mittelpunkt. Dabei ist die Handlung zurückgedrängt, die Konflikte werden in der sprachlichen Reflexion ausgetragen. Vertreter sind Andreas Gryphius (*Leo Arminius*, 1646) und Daniel Casper von Lohenstein (1635–1683; *Ibrahim Bassa*, 1653).

Der barocke Roman umfasst drei Hauptgattungen: den heroischen (höfischen) Roman, den Schelmenroman und den Schäferroman.

Der **heroische Roman** steht wie das barocke Trauerspiel (und die gesamte Epoche) unter französischem Einfluss („Amadisroman"). In Deutschland widmete sich vor allem Herzog Anton Ulrich von Braunschweig-Wolffenbüttel (1633–1714) dieser Gattung.

Der **Schelmenroman** ist das Gegenstück zum höfischen Roman. Er erzählt vom „einfachen Volk", von Dirnen und Bettlern, Soldaten und Räubern und natürlich vom Schelm. Dieser wird als Held dargestellt, da er sich in der wirtschaftlich und moralisch problematischen Zeit des Dreißigjährigen Kriegs zurecht findet. Dabei durchläuft die Hauptperson (wie der Simplicissimus Grimmelshausens) alle sozialen Stufen, was dem Autor ermöglicht, einen kritischen Blick auf die bestehende Gesellschaft zu werfen, worüber allerdings der Unterhaltungswert des Genres nicht leiden darf.

Philip Sidneys Roman *Arcadia* (erschienen 1590, von Opitz 1629 übersetzt) wurde zum Prototyp des **Schäferromans:** Im Mittelpunkt der Handlung stehen Liebeswirren und zu bestehende Abenteuer in einer ländlich-idyllischen Welt. Vor allem befriedigte diese Romanform die Sehnsucht des Lesers nach einem einfachen und naturverbundenen Leben.

In der barocken Lyrik muss zwischen weltlicher und geistlicher Lyrik unterschieden werden.

Weltliche Lyrik war häufig **Gelegenheitsdichtung** (Gedichte wurden zu bestimmten Anlässen wie Hochzeiten, Jubiläen, Taufen usw. bestellt), doch mit Opitz setzte eine neue Stilrichtung, der **Petrarkismus**, ein. Die Dichter verfassten Liebesgedichte im Stil des italienischen Humanisten Francesco Petrarca (1304–1374). Die verbreitetsten Themen waren: Lob der Frauen, Preisen von körperlicher Schönheit und Klage über die Unerfüllbarkeit der Liebe. Anklänge an die hochmittelalterliche „minne"-Dichtung sind dabei unübersehbar. Spätbarocke Züge und eine deutliche Tendenz zur Natur- und Erlebnislyrik des Sturm und Drang, den sie beeinflusste, zeigt die Lyrik Johann Christian Günthers (1695–1723).

Christian Hofmann von Hofmannswaldau (1617–1679)

Die **geistliche Lyrik** ist bestimmt durch die Gegenreformation und den Protestantismus. In beiden Konfessionen spielt die **Mystik**, die über Philipp Jacob Spener (1635–1705) und August Hermann Francke (1663–1727) zum **Pietismus** überleitet, eine zentrale Rolle und beschwört die Einheit des Gläubigen mit Gott.

Andere bedeutende Lyriker im Barock waren: Christian Hofmann von Hofmannswaldau (1617–1679), Georg Rudolf Weckherlin (1584–1653), Paul Fleming (1609–1640), Friedrich Logau (1604–1655), Friedrich Spee (1591–1635), Angelus Silesius (1624–1677) und Paul Gerhardt (1607–1676).

1.2.4 Literarisches Leben: Das Wirken der Sprachgesellschaften

Eine für das barocke Zeitalter typische Erscheinung ist die Entstehung von Sprachgesellschaften. Ursprünglich in Italien zu Hause, wurden zu Beginn des 17. Jahrhunderts auch in größeren deutschen Städten Gesellschaften gegründet, die sich der **Sprachpflege** widmen wollten.

Die deutsche Sprache hatte im Bewusstsein der Zeitgenossen durch den großen Krieg Schaden genommen. Fremde Truppen fast aller europäischer Nationen hatten das Heilige Römische Reich Deutscher Nation zum Hauptkriegsschauplatz gemacht und brachten dabei Elemente ihrer eigenen Kultur ins Land – auch sprachlicher Art. Engagierte Dichter und Landesfürsten machten es sich daher zur Aufgabe, die **Sprache von fremden Einflüssen zu „reinigen"**: Fremdwörter sollten systematisch durch deutsche Begriffe ersetzt werden. Viele der vorgeschlagenen Begriffe setzten sich auch wirklich durch und gehören heute zum festen Bestandteil unseres Wortschatzes: So ersetzte

Philipp von Zesen „Adresse“ durch „Anschrift“, „Nekrolog“ durch „Nachruf“ oder „Plenipotenz“ durch „Vollmacht“. Doch viele Reformer – auch Zesen – schossen in ihren puristischen Absichten weit über das Ziel hinaus, etwa wenn sie für „Nase“ „Gesichtserker“ oder für „Fenster“ „Tageleuchter“ vorschlugen.

Philipp von Zesen (1619–1689)

Als Vorbild diente den Sprachgesellschaften die „Accademia della crusca“, die 1582 in Florenz gegründet worden war. Die erste deutsche Gesellschaft fand sich 1617 in Weimar unter Fürst Ludwig von Anhalt-Köthen als **„Fruchtbringende Gesellschaft“** (Mitglieder: Opitz, Harsdörffer, Moscherosch, Logau) zusammen.

Andere wichtige Vereinigungen waren:
- der Königsberger Kreis (1630–1650; Dach, Albert),
- die Aufrichtige Tannengesellschaft (Straßburg 1633; Moscherosch),
- die Teutschgesinnte Genossenschaft (Hamburg 1642; Zesen, Harsdörffer, Birken, Joost van den Vondel, Klaj, Moscherosch),
- die Pegnitzschäfer (Nürnberg 1644; Schottel, Harsdörffer, Birken, Klaj, Zesen),
- der Elbschwanenorden (Lübeck 1660; Rist, Zesen) und
- die Deutschübende Poetische Gesellschaft (Leipzig 1677; später in „Deutsche Gesellschaft“ umbenannt).

Georg Philipp Harsdörffer (1607–1658)

1.3 Autoren und Werke

1.3.1 Das Schauspiel des Barock: Gryphius' „Herr Peter Squenz"

Kurzbiografie: Andreas Gryphius

1616	geboren in Glogau (Schlesien) als Sohn eines protestantischen Geistlichen; mit 12 Jahren Vollwaise
ab 1634	Tätigkeit als Hauslehrer (bis 1636)
1638	Studium in Leiden (Holland)
1644	Bildungsreise nach Frankreich und Italien; mehrere Berufungen an Universitäten abgelehnt (Heidelberg, Frankfurt/Oder, Uppsala)
ab 1650	Rechtsanwalt in Glogau
1664	gestorben in Glogau

Im barocken Drama gilt die Ständeklausel, wie sie in Opitz' *Buch von der Deutschen Poeterey* (1624) festgeschrieben ist. Sie besagt, dass in der Tragödie Adelige, in der Komödie Bürger und Bauern Handlungsträger sein müssten.

Gryphius nimmt diese Vorgaben in seinem Lustspiel *Herr Peter Squenz*, das er selbst ein „Schimpfspiel" nennt, auf: Peter Squenz, der „Schulmeister zu Rumpelskirchen", leitet eine Schauspieltruppe, die aus Handwerkern (einem Schmied, einem Blasebalgmacher, einem Tischler, einem Leineweber und einem Spulenmacher) besteht. Diese Truppe soll am Hof des fiktiven Königs Theodorus eine Aufführung veranstalten, bei der die gesamte Hofgesellschaft als Zuschauer anwesend sein wird. Nach langen Vorüberlegungen, welches Stück denn dargeboten werden solle (wobei sich die Handwerker als sehr gelehrt geben), stellt sich heraus, dass die Schauspieler nur einen Text beherrschen: den zu *Pyramus und Thisbe.*

Folgender Auszug aus dem 3. Akt zeigt, mit welchen Schwierigkeiten die Aufführung beginnt und dass mit weiteren „Säuen" (Fehlern) zu rechnen ist:

(Peter Squenz beginnt nach altfränkischer Verbeugung sein traurig Lustspiel.)
PETER SQUENZ. Ich wünsche euch allen eine gute Nacht.
Dieses Spiel habe ich, Herr Peter Squenz, Schulmeister und Schreiber zu Rumpelskirchen, selber gemacht.
SERENUS. Der Vers hat schrecklich viel Füße.
SQUENZ. So kann er desto besser gehen. Es werden noch mehr dergleichen folgen: nun stille! und macht mich nicht mehr irre.
Doch mangelt's wohl um einen Birnenstiel.
Fünf Aktos hat das schöne Spiel.
Daran hab drei ich selber erdicht't,
Die andern zwei hat Meister Lollinger, der Leinweber, in die Falten gericht't.
Ist kein Meistersänger und kein OX,
Versteht sich wohl auf equifox.
Wir haben gesessen manche liebe Nacht,
Eh' wir die fröhliche Tragödie zuwege 'bracht.
Nun, was des Spiels Summirum Summarum sei,
Sag ich euch hier mit großem Geschrei –
(Hierauf verstummt er und kratzt sich den Kopf.)
KASSANDRA. Vor *diesem* Geschrei kann man wohl noch bleiben.
SQUENZ *(nach langem Stillschweigen)*. Je, du diebischer Kopf! Hast du den Dreck denn gar müssen vergessen! Nun, das ist die erste Sau, der Komödianten sind sieben. Wenn jedweder eine macht, so haben wir ein halb Dutzend weniger zwo. Ei, herzlieber Herr König, habet mir doch das nicht für übel, ich habe es zu Hause schlappermentsch wohl gekonnt, ich will's mit meinem Weibe und allen Mitgesellen bezeugen. Ei, ei, ei, ei!
(Er sucht eine lange Weile den Zettel; als er ihn zuletzt in dem linken Ärmel gefunden, setzt er die Brille auf und sieht aufs Papier; dann fährt er fort:)

Aus: A. Gryphius, Herr Peter Squenz. Hg. v. H. Cysarz. Stuttgart 1980, S. 29 f.

Diese „Spiel im Spiel"-Konstellation, bei der sowohl Adelige, nämlich die Hofgesellschaft, als auch Bürger, eben die Schauspieler, anwesend sind, lässt Gryphius seine Absicht, nämlich das Verlachen der Vertreter der sozial niedrigeren Schicht, bestmöglich verwirklichen. Die am Hof schauspielernden Handwerker haben sich dem ästhetischen Empfinden der Adeligen zu unterwerfen – eine Situation, die den Ausgang der Komödie von vornherein festlegt: Die Handwerkertruppe und ihre Aufführung fallen beim Publikum durch, nichtsdestotrotz werden sie bezahlt – für die Anzahl der „Säue"!

1.3.2 Lyrik im Zeichen des Dreißigjährigen Krieges: Gryphius' „Tränen des Vaterlandes"

Gryphius' dichterische und auch seine persönliche Biografie sind geprägt von den Ereignissen des Dreißigjährigen Krieges; von seinen 48 Lebensjahren zählen 30 Kriegsjahre! Der Krieg und seine Folgen, das Elend auf Erden schlechthin sind darum auch häufige Themen seiner literarischen Werke, insbesondere der Gedichte: *Es ist alles eitel* von 1637 – der ursprüngliche Titel war *Vanitas, vanitatum et omnia vanitas* – kündet von der Vergänglichkeit und Sinnlosigkeit des irdischen Daseins, in *Tränen schwerer Krankheit* (1640) ermahnt der Dichter seine Leser dazu, sich in Anfechtungen und Leid als Nachfolger Christi zu bewähren. In *Tränen des Vaterlandes* (1636) gibt Andreas Gryphius sehr anschaulich die Auswirkungen des großen Krieges wieder:

Tränen des Vaterlandes

Wir sind doch nunmehr ganz, ja mehr denn ganz verheeret!
Der frechen Völker Schar, die rasende Posaun,
Das vom Blut fette Schwert, die donnernde Karthaun
Hat aller Schweiß und Fleiß und Vorrat aufgezehret.

Die Türme stehn in Glut, die Kirch ist umgekehret,
Das Rathaus liegt im Graus, die Starken sind zerhaun,
Die Jungfraun sind geschänd't, und wo wir hin nur schaun,
Ist Feuer, Pest und Tod, der Herz und Geist durchfähret.

Hier durch die Schanz und Stadt rinnt allzeit frisches Blut;
Dreimal sind's schon sechs Jahr, als unsrer Ströme Flut,
Von Leichen fast verstopft, sich langsam fortgedrungen;

Doch schweig ich noch von dem, was ärger als der Tod,
Was grimmer denn die Pest und Glut und Hungersnot:
Daß auch der Seelen Schatz so vielen abgezwungen.

Aus: U. Maché, V. Meid (Hg.), Gedichte des Barock. Stuttgart 1980, S. 32 (Schreibweise modernisiert)

Einsetzend mit einer pauschalen Zustandsschilderung (V. 1) geht Gryphius in diesem Gedicht zur konkreten Nennung der Kriegsfolgen über: Häuser, ja ganze Städte seien zerstört, auch Menschen hätten unter den Verhältnissen zu leiden, sei es durch unmittelbaren körperlichen Schmerz (V. 7) oder allein durch das Wissen von den Schrecknissen des Krieges (V. 8). Gryphius greift zu drastischen Bildern (V. 9, 11) und ungewöhnlichen Zeitangaben (V. 10), um die schaurige Stimmung in den verwüsteten Städten nachzuempfinden. Erst in der letzten Strophe, quasi als Pointe, nennt der Dichter dann, was ihn am meisten bedrückt: Es ist nicht das physische oder materielle Leid der Menschen, vielmehr deren Abwendung von Gott (V. 14).

Gryphius kleidet seine Gedanken hier – wie auch häufig in anderen Gedichten – in die Form des **Sonetts:** Vier Strophen, zwei Quartette und zwei Terzette, erschienen den Dichtern im 17. Jahrhundert geeignet, komplexe Sachverhalte anschaulich darzustellen. Der Alexandriner, ein sechshebiger Jambus mit Mittelzäsur, konnte Gegensatzpaare aufnehmen oder – wie man es im vorliegenden Gedicht erkennen kann – die Grundaussage des Textes steigern: „Wir sind doch nunmehr ganz, ja mehr denn ganz verheeret" (V. 1).

1.3.3 Grimmelshausens „Simplicissimus" und der barocke Roman

Kurzbiografie: Hans Jakob Christoffel von Grimmelshausen

um 1622	geboren in Gelnhausen (Hessen); früher Tod des Vaters; beim Großvater aufgewachsen
ab 1639	Soldaten- und Wanderleben; nach Kriegsende Gutsverwalter in Gaisbach; Gastwirt in Gaisbach (bis 1649)
1649	Heirat; sieben Kinder
1667	Schultheiß in Renchen; Beginn der Veröffentlichung seiner Erzählungen
1676	gestorben in Renchen (Baden)

Grimmelshausens Roman war schon zu seiner Entstehungszeit äußerst beliebt. So gab es damals bereits Raubdrucke in normalisiertem und damit leichter lesbarem Deutsch. Grimmelshausen selbst schrieb eine Fortsetzung, die *Continuatio*, die als sechstes Buch an die ursprünglich fünf Bücher angehängt wurde.

Was machte das Werk so populär? Zum einen stillte es als **Schelmenroman** (in der Tradition des spanischen pikaresken Romans *Lazarillo des Tormes*, der 1554 anonym erschien) ein erst aufkommendes Lese- und Unterhaltungsbedürfnis, zum anderen konnten sich viele Leser mit dem Ich-Erzähler, der seinen Lebensweg in den Jahren der Kriegswirren zwischen 1632 und etwa 1645 beschreibt, identifizieren. Die Zeitumstände und die Alltagsprobleme waren den Menschen nur zu vertraut. In der höfischen Welt allerdings fand der Roman keine Beachtung. Dort wurden Schlachtenbeschreibungen gelesen, auch Romane, die das Leben der Oberschicht darstellen, nicht jedoch diese satirische Ich-Erzählung eines Bauernsohnes aus dem Spessart, dem in seiner „beschränkten“ Weltsicht (vgl. Simplicius: der Einfältige) die gesellschaftlichen Konventionen der damaligen Zeit als absurd (Thema: „verkehrte Welt“) erscheinen mussten und der die Stimmigkeit der sozialen Ordnung, die als gottgegeben galt, anzweifelte.

Der Roman hat folgenden **Inhalt:**

1. BUCH: Der kleine Simplicius wird Zeuge, wie sein vermeintlicher Vater, ein Bauer im Spessart, von plündernden Soldaten überfallen wird. Auf seiner Flucht wird der Junge von einem Eremiten (seinem wirklichen Vater, was er aber erst am Ende erfährt) aufgenommen, bei dem er zwei Jahre bleibt und eine Erziehung genießt.

2. BUCH: Nach dem Tod des Einsiedlers kommt der Junge in die Obhut des Stadtkommandanten von Hanau, wo man ihn vollends zum Narren macht – eine Rolle, die er aber durchschaut und gut spielt. Als sichtbares Zeichen seines Narrendaseins hängt man ihm ein Kalbsfell um. Um diesem zu entkommen, zieht er sich Frauenkleider über, wird aber dabei entdeckt. Vor dem drohenden Prozess rettet ihn sein Herzbruder.

3. BUCH: Als „Jäger von Soest“ erwirbt sich Simplicius dann kriegerischen Ruhm. Nun überschlagen sich die Ereignisse: Er gerät in schwedische Gefangenschaft, wird zu einer Heirat gezwungen und über Köln nach Paris verschlagen. Dort steigt er auf zum Mittelpunkt der Gesellschaft, eine Rolle, der er sich aber nicht gewachsen fühlt, sodass er auch aus Paris wieder flieht. (Das dritte Buch, also das Zentrum des Romans, gibt über die kunstvolle Konzeption des Werkes Aufschluss: Simplicius befindet sich scheinbar auf dem Höhepunkt seines Daseins, ist sich dabei aber selbst so fremd geworden, dass ihm nur die Flucht aus dieser Scheinwelt bleibt, um wieder zu sich selbst zu finden.)

4. BUCH: Nach seinen Erlebnissen im „Venusberg“ (eine allegorische Einlage) und der Begegnung mit dem Räuber Olivier trifft er Herzbruder wieder.

5. BUCH: Simplicius wird Hauptmann in Wien, ehe er sich nach einigen Schicksalsschlägen im Schwarzwald als Bauer niederlässt und wie sein leiblicher Vater Eremit wird. (Man kann, da der Schluss des Romans wieder an seinen Anfang zurückführt, von einer „geschlossenen Form“ sprechen.)

Schon aus den ersten Zeilen des Romans kann man ersehen, wie Simplicius die Welt einschätzt. Simplicius macht seinem Namen alle Ehre: Er beschreibt sein bäuerliches Elternhaus, als wäre es das Schloss eines Adeligen. Das Motiv der „verkehrten Welt“ ist hier schon enthalten – weiß doch der Knabe noch nicht, dass er wirklich adeliger Abkunft ist und der Eremit sein leiblicher Vater:

Mein Knan (denn also nennet man die Väter im Spessart) hatte einen eignen Palast, so wohl als ein anderer, ja so artlich, dergleichen ein jeder König mit eigenen Händen zu bauen nicht vermag, sondern solches in Ewigkeit wohl unterwegen lassen wird; er war mit Leimen gemalet und anstatt des unfruchtbaren Schiefers, kalten Bleis und roten Kupfers mit Stroh bedeckt, darauf das edel Getreid wächst; und damit er, mein Knan, mit seinem Adel und Reichtum recht prangen möchte, ließ er die Mauer um sein Schloß nicht mit Mauersteinen, die man am Weg findet oder an unfruchtbaren Orten aus der Erden gräbt, viel weniger mit liederlichen gebackenen Steinen, die in geringer Zeit verfertigt und gebrannt werden können, wie andere große Herren zu tun pflegen, aufführen; sondern er nahm Eichenholz dazu, welcher nützliche edle Baum, als worauf Bratwürste und fette Schinken wachsen, bis zu seinem vollständigen Alter über hundert Jahr erfordert: Wo ist ein Monarch, der ihm dergleichen nachtut? Seine Zimmer, Säl und Gemächer hatte er inwendig vom Rauch ganz erschwarzen lassen, nur darum, dieweil dies die beständigste Farb von der Welt ist, und dergleichen Gemäld bis zu seiner Perfektion mehr Zeit brauchet, als ein künstlicher Maler zu seinen trefflichsten Kunststücken erfordert. Die Tapezereien waren das zarteste Geweb auf dem ganzen Erdboden, denn diejenige machte uns solche, die sich vor alters vermaß, mit der Minerva selbst um die Wett zu spinnen [...] Anstatt der Pagen, Lakaien und Stallknecht hatte er Schaf, Böcke und Säu, jedes fein ordentlich in seine natürliche Liberei gekleidet, welche mir auch oft auf der Weid aufgewartet, bis ich sie heim getrieben. Die Rüst- oder Harnischkammer war mit Pflügen, Kärsten, Äxten, Hauen, Schaufeln, Mist- und Heugabeln genugsam versehen, mit welchen Waffen er sich täglich übet'; denn Hacken und Reuten war seine disciplina militaris wie bei den alten Römern zu Friedenszeiten, Ochsen anspannen war sein hauptmannschaftliches Kommando, Mist ausführen sein Fortifikationwesen und Ackern sein Feldzug, Stallausmisten aber seine adelige Kurzweil und Turnierspiel [...] Daß ich aber nichts Ausführliches von meines Knans Geschlecht, Stamm und Namen für diesmal doziert, geschiehet um geliebter Kürze willen, vornehmlich, weil es ohne das allhier um keine adelige Stiftung zu tun ist, da ich soll auf schwören; genug ists, wenn man weiß, daß ich im Spessart geboren bin.

Aus: H. J. Chr. v. Grimmelshausen, Der Abenteuerliche Simplicissimus Teutsch. Hg. v. A. Kelletat. München 1983, S. 7–9

ZENTREN DER BAROCKLITERATUR

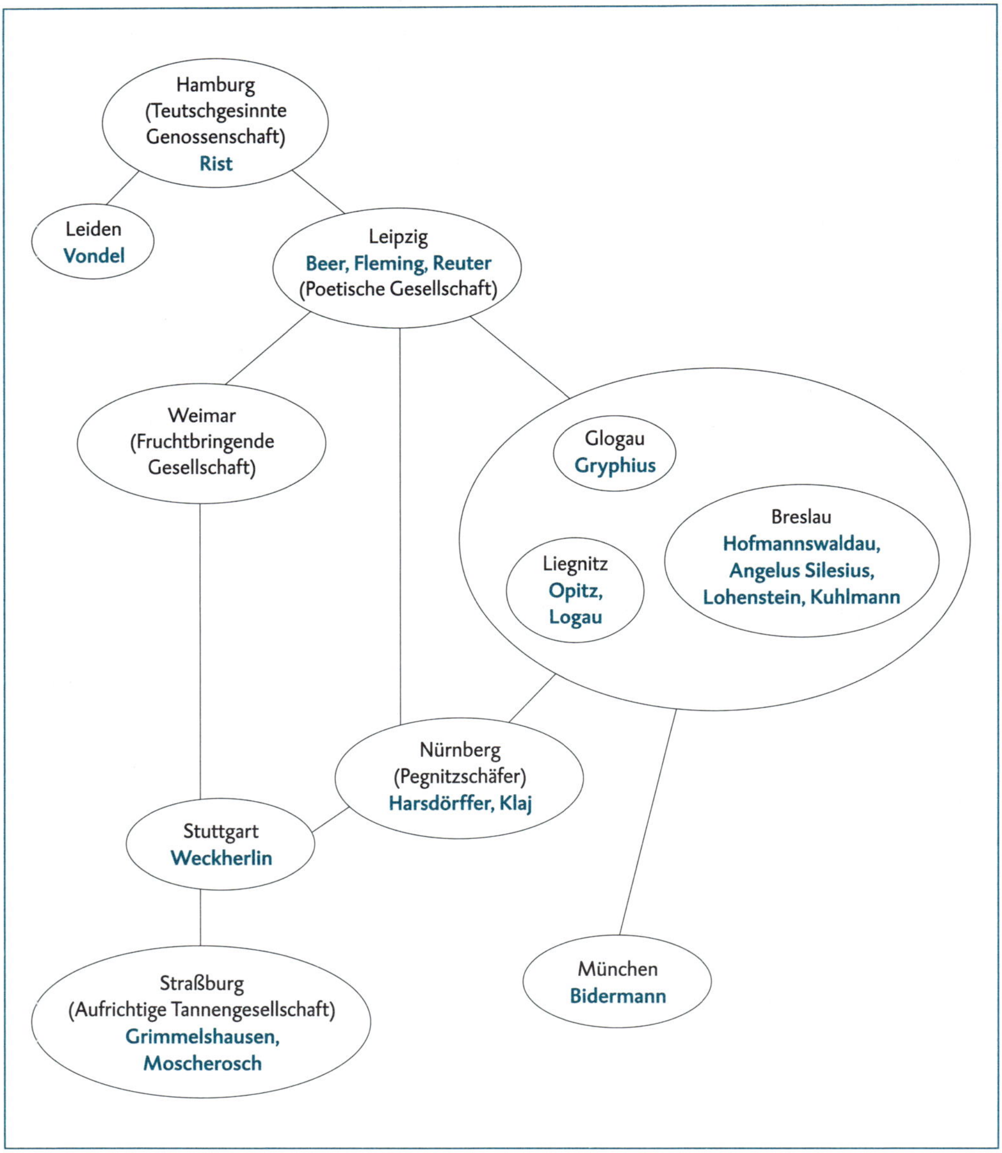

2 Aufklärung (1720–1785)

2.1 Die Epoche der Aufklärung

Die Zeit der Aufklärung kann nicht exakt definiert werden, da sie äußerst **vielgestaltig** ist. Aufklärerische Tendenzen finden sich schon im Spätbarock und weisen über die Aufklärungszeit im engeren Sinne weit hinaus. Eine übliche Periodisierung lässt die Aufklärung um 1720 beginnen und um 1785, also mit Beginn der Klassik, enden. Aufklärerische Intentionen kann man in der Literatur aber auch später immer wieder feststellen, insbesondere bei politisch oder sozial engagierten Autoren, etwa im Vormärz (Büchner) oder in den Restaurationsjahren der entstehenden Bundesrepublik (Böll, Walser).

Immanuel Kant (1724–1804). Stich von Stobbe

Als Erster spricht 1770 Martin Wieland von „Aufklärung". Wieland umschreibt damit die kulturellen Neuerungen, die seit der Auflösung des geschlossenen mittelalterlichen Weltbildes durch die sich nun durchsetzende **rationale Weltsicht** möglich geworden sind.

Verbreiteter als Wielands Auffassung ist die Definition von Immanuel Kant (1784): „Aufklärung ist der Ausgang des Menschen aus seiner selbstverschuldeten Unmündigkeit." Und weiter: „Unmündigkeit ist das Unvermögen, sich seines Verstandes ohne Leitung eines andern zu bedienen. Selbstverschuldet ist diese Unmündigkeit, wenn die Ursache derselben nicht am Mangel des Verstandes, sondern der Entschließung und des Mutes liegt, sich seiner ohne Leitung eines andern zu bedienen [...] Habe Mut, dich deines Verstandes zu bedienen!" Was Kant hier entwirft, ist das Programm der Aufklärung. Es enthält Antworten auf die Fragen: Was ist Aufklärung? Wer ist zur Aufklärung fähig? Was muss der Einzelne leisten?

2.1.1 Die politische Situation

Politische Systeme zur Zeit der Aufklärung sind der **Absolutismus** und der **aufgeklärte Absolutismus**. Als Hauptvertreter des aufgeklärten Absolutismus gelten die Habsburgerin Maria Theresia, ihr Nachfolger Joseph II. und der preußische König Friedrich der Große.

Nennenswerte politische Ereignisse sind der österreichische Erbfolgekrieg (1740–1748) und der Siebenjährige Krieg (1756–1763). Beide waren aber keine Volks-, sondern **Kabinettskriege**, was erklärt, warum diese – anders als der Dreißigjährige Krieg oder der Erste Weltkrieg – in der zeitgenössischen Literatur so selten thematisiert werden.

Die **territoriale Zersplitterung**, Relikt des späten Mittelalters, wird durch den Dreißigjährigen Krieg und die folgenden Friedensbestimmungen noch gefestigt. Dies führt zwar einerseits zu der Entstehung einer vielgestaltigen Kulturlandschaft (mit den Zentren Leipzig, Hamburg, Bremen, Wolfenbüttel, Tübingen u. a.), andererseits ist diese Zerrissenheit der deutschen Lande jedoch ein Hemmnis für die Entstehung einer geschlossenen bürgerlichen Emanzipationsbewegung. So ist der Rückzug in die Literatur, häufig gepaart mit Utopien von einer besseren Welt, die oft in der Südsee (Schnabel: *Die Insel Felsenburg*) angesiedelt sind, eine verständliche Reaktion auf die politische und gesellschaftliche **Machtlosigkeit bürgerlicher Eliten**. Der Primat der Literatur in der Frühaufklärung liegt infolgedessen auch auf der Ausbildung quasi allgemeinmenschlicher Tugenden, die aber in Wirklichkeit bürgerliche sind und sich meist konträr zu den höfischen verhalten.

2.1.2 Kulturelle Voraussetzungen

Die Aufklärung ist vor allem eine **geistige Bewegung**, die von Westeuropa, speziell Frankreich, ausgehend, ganz Europa ergreift.

„Aufklärung" ist zunächst nichts anderes als „Rationalismus" (lat. ratio: Vernunft): Was vor der **kritischen Vernunft** standhält, ist geeignet, Wissenschaft und Gesellschaft, Staat und Kirche auf ein neues Fundament zu stellen. Maßgeblich sind dabei nicht mehr alte Autoritäten, Traditionen und ständische Ordnungen. Hintergrund dieser **optimistischen Weltsicht** ist die Entdeckung der Naturgesetze ab dem 16. Jahrhundert:

- 1666: Isaac Newton entdeckt das Gesetz der Schwerkraft.
- 1752: Benjamin Franklin entwickelt den Blitzableiter.
- 1769: James Watt erfindet die Dampfmaschine.
- 1771: Antoine Lavoisier bestimmt die chemische Zusammensetzung von Wasser und Luft.

Die Franzosen wagen sich als Erste vor, den **Rationalismus** zum bestimmenden philosophischen System der Zeit zu erheben:

- Descartes (1596–1650) brachte rationalistisches Gedankengut in die Philosophie ein, indem er nur noch unbezweifelbare Tatsachen anerkannte. Seine Maxime „Ich denke, also bin ich" spiegelt das grenzenlose Vertrauen der Aufklärer in die Fähigkeiten des Verstandes wider.
- Montesquieu (1689–1755) führte aufklärerische Denkweisen in die Staatslehre ein und forderte – neben der Gleichheit und persönlichen Freiheit – die Aufteilung der bislang „absoluten" Staatsgewalt in die Bereiche Exekutive, Legislative und Jurisdiktion.
- D'Alembert (1713–1784) und Diderot (1717–1783) versuchten, das neue Wissen und die sich daraus ergebenden fortschrittlichen Entwicklungen in allen wissenschaftlichen Disziplinen in Form der Enzyklopädie zusammenzutragen und einer breiteren Öffentlichkeit zugänglich zu machen.
- Voltaire (1694–1778), selbst ein führender Kopf der europäischen Aufklärung, scharfer Kritiker jeder Adelsherrschaft, trotzdem Freund Friedrichs des Großen, trug durch publizistische Verbreitung zur Popularisierung aufklärerischen Gedankenguts bei.

Die Aufklärung ist zwar eine geistesgeschichtliche Bewegung, doch stellt sie ihr Denksystem in den Dienst des **aufstrebenden Bürgertums**. Dichter und Philosophen der Aufklärung stammen selbst meist aus bürgerlichen Schichten. So ist es verständlich, dass sie die Aufwertung der eigenen Lebenswelten mit Hilfe der Literatur betreiben, da ihnen eine Teilnahme am politischen Gestaltungsprozess weitgehend versagt bleibt.

Indem großbürgerliche Dichter die Literatur als Medium der bürgerlichen Emanzipationsbewegung einsetzen, muss diese Literatur anderen Ansprüchen genügen als die bisher dominierende höfische Literatur – ja, sie muss sich zu dieser sogar in offenen Gegensatz begeben, um ihre Eigenwertigkeit zu erweisen. Dazu dient die Zuhilfenahme der Kategorien **„Moral"** und **„Tugend"**. Die Moral ersetzt ein religiöses Wertesystem, das man nicht mehr für zeitgemäß hält und das wohl auch durch seinen Missbrauch in den Glaubenskriegen in Misskredit geraten ist. Sie gibt dem Bürger eine Orientierung für seine Lebensführung, die es diesem ermöglicht, ein tugendsames Dasein zu führen. Die Tugend war vor allem erstrebenswert, weil sich dadurch der Bürger im frühen 18. Jahrhundert vom Adeligen abgrenzen konnte, der prinzipiell der Untugend und Unmoral bezichtigt wurde.

2.2 Die Literatur der Aufklärung

2.2.1 Gottscheds Wirken in der Frühaufklärung (1720–1740)

Johann Christoph Gottsched (1700–1766) war akademischer Lehrer, er richtete seine Bemühungen auf eine **„Reinigung" der deutschen Bühne**. Führen wir uns kurz die Situation vor Augen, in der sich das Theater um 1700 befand: Zum einen gab es in den größeren Residenzstädten (München, Wien, Dresden, Prag) **Hoftheater**. Dort versuchten fest angestellte Schauspieler und Bühnenautoren, die Hofgesellschaft zu unterhalten. Dies ging jedoch meist zu Lasten der Bürger, die als tölpelhaft, ungebildet und für Kultur nicht empfänglich dargestellt wurden. Anders die Adeligen, Fürsten und Könige: Ihnen schrieb man die Fähigkeit zur Tragik zu. So erscheint es nur folgerichtig, dass im spätbarocken Hoftheater zwei Spielarten vorherrschten: die Komödie, in der Bürger und Bauern verlacht wurden, und die Tragödie, in der staatspolitisch relevante Stoffe idealtypisch dargestellt und gelöst wurden (sog. Haupt- und Staatsaktionen).

Johann Christoph Gottsched (1700–1766). Gemälde von L. Schorer (1744)

Darüber hinaus gab es auch Theater für die Bevölkerungsschichten, die sich üblicherweise nicht mit Literatur beschäftigten: **Englische Wandertruppen** brachten Theaterstücke dar, die diese Bezeichnung kaum verdienten. Handlungsstränge waren kaum noch erkennbar, mussten doch die Schauspieler ihre Dialoge in immer kürzeren Abständen unterbrechen, um Clowns und Harlekine – damals nannte man diese „Hanswurst" – auftreten zu lassen, die für Unterhaltung sorgten. Bald jedoch dominierte der Harlekin das Bühnengeschehen – verstanden doch die Zuschauer sowieso nichts von dem, was die Schauspieler zu sagen hatten.

Gottsched erkannte in dieser Dramenpraxis einen Ansatzpunkt für sein Wirken: Die Bühne, deren Aufgabe es war, das Volk zu unterhalten, sollte wieder Niveau bekommen; die Literatur sollte ihre **„Nützlichkeit"** erweisen. Gottsched konnte die befreundete Leiterin (Prinzipalin) einer Wandertruppe dazu überreden, mit ihm zusammenzuarbeiten und den Harlekin von der Bühne zu vertreiben. Caroline Neuber, genannt „die Neuberin", sollte die Stücke aufführen, die Gottsched für das „neue Theater" schreiben wollte. In Wirklichkeit überließ er dies aber seiner Frau, Luise Adelgunde Victorie Gottsched. Ihr bekanntestes Lustspiel *Die Pietisterey im Fischbein-Rocke* (1736) war ein vehementer Angriff auf den Pietismus, den ein dem Rationalismus verpflichteter Denker prinzipiell ablehnen musste. Gottscheds eigenes Wirken war auf die Tragödie gerichtet. Sein „Musterdrama" hieß *Sterbender Cato* (1732). Das Trauerspiel sollte – Gottscheds Theorie zufolge – zwar nach wie vor in der höfischen Sphäre angesiedelt bleiben, doch mussten sich Fürsten und Könige hier schon deutlich am Moralkodex des Bürgertums messen lassen.

Caroline Neuber (1697–1760)

Gottsched gehörte einer Generation an, die glaubte, dass es erlernbar sei, Literatur herzustellen, wenn man nur die gültigen Regeln beachtete. So orientierte er sich mit seiner Literaturtheorie am **französischen Klassizismus** (dieser berief sich wiederum auf Aristoteles), der für vorbildlich gehalten wurde: Die **„drei Einheiten"** (Ort, Zeit und Handlung) sollten gewahrt und somit jede Regellosigkeit der Stücke vermieden werden. Die **Ständeklausel** beanspruchte noch immer Gültigkeit – eine strikte Trennung von Komödie und Tragödie war die Konsequenz. Hier wurde Gottsched aber angreifbar: Die Schweizer Literaturtheoretiker Johann Jakob Bodmer und Johann Jakob Breitinger setzten sich für „das Wunderbare" in der Dichtung ein, wandten sich also gegen den doktrinären Rationalismus des Leipzigers.

Luise Adelgunde Gottsched (1713–1762)

Gottscheds Vorstellungen wirkten, so heftig sie auch kritisiert wurden, noch im Sturm und Drang und – in abgeänderter Form – in der Klassik weiter: Die höfische Welt musste sich der bürgerlichen Kritik, die keine ökonomische, sondern eine moralische war, stellen. Daher ist es berechtigt, im Zusammenhang mit der Literatur des 18. Jahrhunderts von einer „bürgerlichen" Literatur zu sprechen.

2.2.2 Lessing und die Hochaufklärung

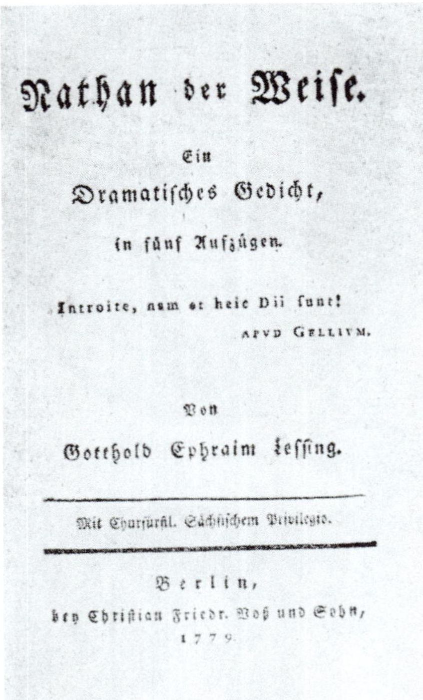
Nathan der Weise.

Ein

Dramatisches Gedicht,

in fünf Aufzügen.

Introite, nam et heic Dii sunt!

APVD GELLIVM.

Von

Gotthold Ephraim Lessing.

Mit Churfürstl. Sächsischem Privilegio.

Berlin,

bey Christian Friedr. Voß und Sohn,

1779.

Lessing, *Nathan der Weise.* Titelblatt der Erstausgabe

Gotthold Ephraim Lessing (1729–1781) hatte seine schriftstellerische Tätigkeit ganz im Sinne der Forderungen Gottscheds begonnen. Doch schon bald wandte er sich gegen die für allzu klassizistisch befundenen französischen Anreger Gottscheds, Corneille und Racine, insbesondere, da er als Vorkämpfer einer bürgerlichen Literatur nicht ein Vorbild dulden konnte, das sich am höfischen Ideal Frankreichs ausrichtete. Statt dessen forderte Lessing für die deutsche Dramatik eine **Orientierung an Shakespeare**. Die äußere Geschlossenheit des Dramas durch die „drei Einheiten" wich somit einer inneren, die an eine Einheit von Handlung und Empfindung gebunden war.

Auch die aus Aristoteles' Poetik stammenden Begriffe „phobos" und „eleos" wurden von Lessing im bürgerlichen Sinne neu gedeutet. So übersetzte er „phobos" nicht mehr mit „Schrecken" (vor dem Held), sondern mit **„Furcht"** (für den Helden). „Eleos" meint in Lessings Theorie **„Mitleid"** mit dem Helden, der nicht mehr über dem Zuschauer, sondern mit diesem auf einer Stufe stehen soll. Die **„katharsis"** würde somit nicht nur als Reinigung der Leidenschaften wirksam, sondern im Zuschauer auch tugendsames Verhalten bewirken. Lessing begründet damit das **„bürgerliche Trauerspiel"**, in dem die Ständeklausel nicht mehr gilt, da – so postuliert Lessing – auch Bürgerliche Tragik empfinden können (*Miss Sara Sampson*, 1755; *Emilia Galotti*, 1772).

Lessing entstammte einem protestantischen Pfarrhaus und studierte auch selbst Theologie und Medizin. Er war also theologisch vorgebildet, was auch in seinem Werk eine Rolle spielen sollte: Im Drama *Nathan der Weise* (1779) setzt er sich mit dem Absolutheitsanspruch der Religionen auseinander. Der *Nathan* markiert einen Höhepunkt aufklärerischen Denkens und ist zudem ein Stück, das noch heute auf den Spielplänen präsent ist. In den Mittelpunkt der Dramenhandlung, die im Jerusalem zur Zeit der Kreuzzüge angesiedelt ist, stellt Lessing die sog. **Ringparabel**: Sultan Saladin fragt den weisen jüdischen Kaufmann Nathan, welche Religion die wahre sei. Nathan antwortet, indem er

Saladin ein Märchen, eben diese Ringparabel, erzählt: In einem Königshaus wurde ein Ring, der die Eigenschaft hatte, seinen Träger „vor Gott und den Menschen angenehm zu machen", stets vom Vater auf den ihm im Amt nachfolgenden Sohn vererbt. Doch ein König konnte sich am Ende seiner Tage nicht entscheiden, welchen seiner drei Söhne er durch die Übergabe des Rings vor den anderen auszeichnen sollte. So ließ er zwei weitere Ringe anfertigen, die man von dem ursprünglichen nicht unterscheiden konnte. Als die Söhne nach dem Tod des Vaters den Betrug bemerkten, riefen sie einen Richter an, der ihnen riet, sie sollten sich durch praktisches Handeln des ihnen jeweils anvertrauten Ringes würdig erweisen. Diese Erzählung macht auf Saladin gehörigen Eindruck und er sieht ein: Alle Religionen (Islam, Judentum und Christentum; verkörpert durch die drei Ringe) sind gleich wahr, es kommt darauf an, dass sich die Gläubigen durch praktische Humanität auszeichnen.

2.2.3 Empfindsamkeit bei Klopstock und Claudius

Als um die Mitte des 18. Jahrhunderts die rationalistisch geprägte erste Phase der Aufklärung zu Ende geht, wird sie von einer empfindsamen Richtung abgelöst. **Gefühle und Stimmungen**, die im Rationalismus geleugnet wurden, stehen nun im Zentrum dichterischen Schaffens. Jetzt gewinnt auch die besonders in Frankreich bekämpfte Frömmigkeit wieder an Daseinsberechtigung. Religion wird nicht mehr nur als Offenbarungsreligion im Sinne des Deismus verstanden, vielmehr kommt mit dem **Pietismus** (lat. pietas: Frömmigkeit) eine neue Religion der **Innerlichkeit** auf. Die Pietisten fühlen sich Gott (in der Figur des Christus) unmittelbar zugetan, verzichten also auf den Pastor als Vermittlungsinstanz. Beeinflusst wurden die Autoren der Empfindsamkeit von Jean-Jacques Rousseau (1712–1778) und englischen Schriftstellern, vor allem Samuel Richardson (1689–1761; *Pamela*, Roman 1740).

Friedrich Gottlieb Klopstock (1724–1803). Gemälde von Jens Juel (1780)

Den Höhepunkt empfindsamer Dichtung markiert Friedrich Gottlieb Klopstock (1724–1803). Das in Hexametern verfasste biblische Epos *Messias* (1748), an dem Klopstock 33 Jahre lang arbeitete, stellt das Leben Jesu dar. Ziel des Autors war es nicht nur, ein religiöses Werk zu schaffen, er wollte auch die Epen Homers *(Ilias, Odyssee)* und Miltons *Paradise Lost* durch Verwendung einer damals bahnbrechend neuen Sprache (Wortneuschöpfungen, ungewöhnlicher

Satzbau, unübliche Personifikationen) übertreffen. Daran wird ersichtlich, welch exponierte Stellung Klopstock dem Stand des Dichters schon um die Mitte des 18. Jahrhunderts zuschrieb.

Empfindsame Töne finden sich auch bei Matthias Claudius (1740–1815), dem Herausgeber des *Wandsbecker Boten* (1771–1775), im Roman *Geschichte des Fräuleins von Sternheim* von Sophie von La Roche (1771/72) und noch 1774 in Goethes *Die Leiden des jungen Werthers.*

2.2.4 Literarische Gattungen

Im Bereich der Lyrik bedienten sich die Autoren neben der anakreontischen oder **Rokoko-Lyrik** (leicht, verspielt; Themen: Liebe, Wein, Natur, Geselligkeit) häufig der weltlichen oder geistlichen **Ode**, allen voran Klopstock, der den Akt des Dichtens selbst durch seine Dichtung feierte. Im *Messias* (1748/73) verwendete er reimlose antike Versmaße, die er zu **freien Rhythmen** weiterentwickelte, um seinem Enthusiasmus Ausdruck geben zu können. Mit **Lehrgedichten**, meist Alexandrinergedichten mit religiösen oder philosophischen Themen, traten Hagedorn, E. v. Kleist und Wieland hervor.

Sophie von La Roche (1731–1807).

Bürgerliche Familienstrukturen und die dort geltenden Tugenden sowie die Abkehr vom heroischen Helden stellten zuerst die **Romane** englischer Autoren dar: *Pamela* und *Clarissa* von Samuel Richardson, *Tom Jones* von Henry Fielding und *Robinson Crusoe* von Daniel Defoe. Diese vorgebildeten Muster übernahmen deutsche Autoren, z. B. Johann Gottfried Schnabel in seiner *Insel Felsenburg* (1731–1743), Gellert in *Leben der Schwedischen Gräfin von G.* (1747/48), Wieland in *Die Abenteuer des Don Sylvio von Rosalva* (1764) und *Geschichte des Agathon* (1766/67) sowie Sophie von La Roche in *Geschichte des Fräuleins von Sternheim* (1771/72). Eine beliebte literarische Form aus dem Bereich der Epik war die **Fabel**, da durch sie der Rezipient belehrt und im Sinne der Aufklärung erzogen werden konnte. Zudem bot sich mit der Fabel durch die in Tieren personifizierte Darstellung menschlicher Schwächen die Möglichkeit zu verbrämter und doch offensichtlicher Kritik an den bedrückenden sozialen Verhältnissen.

Im Bereich des Dramas pflegten die Autoren vor allem das bürgerliche Trauerspiel, die sächsische Typenkomödie und das empfindsame Lustspiel.

Das **bürgerliche Trauerspiel** kann nach ersten Versuchen bei Gryphius (*Cardenio und Celinde*, 1657) und Chr. Weise (*Masaniello*, 1683) erst von Lessing mit *Miss Sara Sampson* (1755) und *Emilia Galotti* (1772) erfolgreich auf deutschen Bühnen etabliert werden. Im Mittelpunkt steht eine tragische Konfliktsituation, die sich in der bürgerlichen Welt, meist in der Familie als deren reinster Ausprägung, ereignet. Angehörige des Bürgerstandes werden jetzt tragischer Verwicklungen für würdig und befähigt erachtet, die Ständeklausel ist damit gefallen. Lessing und später die Stürmer und Dränger nutzen diese neue Gattung für ihre Anklage sozialer Missstände, die meist aus einem Konflikt zwischen positiv dargestellter bürgerlicher und moralisch korrumpiert dargestellter höfischer Lebenswelt resultieren.

Miß
Sara Sampson
Ein bürgerliches
Trauerspiel
in fünf Aufzügen.
1757.

Lessing, *Miss Sara Sampson*. Titelblatt der Ausgabe von 1757

Die **sächsische Komödie** hatte ihre Blütezeit in der ersten Hälfte des 18. Jahrhunderts und wurde vor allem von Vertretern der Gottsched-Schule gepflegt: Luise Gottscheds *Die Pietisterey im Fischbein-Rocke* (1736), Heinrich Borkensteins *Bookesbeutel* (1741), Johann Theodor Quistorps *Der Hypochondrist* (1745) und Johann Elias Schlegels *Die stumme Schönheit* (1747). Ziel dieses Komödientypus war es, die Gattung aufzuwerten und für eine Erziehung des Bürgertums zu tugendhaftem Verhalten nutzbar zu machen, indem die von der klassizistischen französischen Poetik aufgestellten Regeln (drei Einheiten, Ständeklausel etc.) zur Norm erklärt wurden.

Das **rührende Lustspiel** Gellerts (*Die Betschwester*, 1745; *Die zärtlichen Schwestern*, 1747) geht über diese Vorgaben Gottscheds hinaus, wenn es die Zuschauer nicht durch Verlachen, sondern durch die Darstellung nachahmenswerter Tugenden bessern will.

2.2.5 Literarisches Leben: Bürgertum und moralische Wochenschriften

Die neue bürgerliche Literaturbewegung war an den Orten zu Hause, wo auch ein **bürgerliches Publikum** zu finden war: in Handels- und Messestädten wie Hamburg, Leipzig und Zürich. Dort war es für die Autoren schon in Ansätzen möglich, ihr Dasein als **freie Schriftsteller**, also unabhängig von einem fürstlichen Gönner oder Auftraggeber, zu fristen. Das bedeutete jedoch, dass die Autoren Themen finden mussten, die für das – jetzt anonyme – Publikum interessant genug waren, dass es dafür bezahlte.

Einen wesentlichen Beitrag zur Heranbildung eines bürgerlichen Lesepublikums leisteten die in der ersten Hälfte des 18. Jahrhunderts herausgegebenen **moralischen Wochenschriften**, die Ratschläge zur praktischen Lebensführung enthielten. Muster hierfür waren englische Zeitschriften, die von Joseph Addison und Richard Steele bearbeitet wurden: *The Tatler* (1709–1711), *The Spectator* (1711/12) und *The Guardian* (1713). Gottsched machte die moralischen Wochenschriften mit den *Vernünftigen Tadlerinnen* (1725–1727, Leipzig) und dem *Biedermann* (1727–1729, Leipzig) in Deutschland populär.

2.3 Autoren und Werke

2.3.1 Lessings „Emilia Galotti“ und das bürgerliche Trauerspiel

Kurzbiografie: Gotthold Ephraim Lessing

1729	geboren in Kamenz/Oberlausitz
1741–1746	Besuch der Fürstenschule St. Afra in Meißen
1746–1748	Studium der Theologie und Medizin in Leipzig
1748–1755	Redakteur in Berlin; Bekanntschaft mit den Berliner Aufklärern Moses Mendelssohn und Friedrich Nicolai
1767–1770	lebt in Hamburg und arbeitet u. a. als Dramaturg
ab 1777	Fehde um die Reimarus-Fragmente
1781	gestorben in Braunschweig

Der Begriff „bürgerliches Trauerspiel“ bedeutet – nach der tradierten Poetik – einen Widerspruch: Hatte man doch bisher Aristoteles so verstanden, dass in der Tragödie nur Adelige, Fürsten und Könige auftreten dürften, die Komödie dagegen „einfachen Menschen“ vorbehalten sei. Besonders im höfischen Zeitalter wurde diese Lesart der Ständeklausel betont und noch in Opitz’ *Buch von der Deutschen Poeterey* theoretisch begründet.

Emilia Galotti.

Ein Trauerspiel

in

fünf Aufzügen.

Von

Gotthold Ephraim Lessing.

Berlin,

bey Christian Friedrich Voß, 177[illegible].

Lessing, *Emilia Galotti*. Titelblatt der Erstausgabe

Entgegen dieser Tradition eröffnet Lessing die Tragödie einem neuen Personenkreis: der bürgerliche Held wird nun der „hohen Handlung“ der Tragödie für würdig und fähig befunden. Das Drama wird im 18. Jahrhundert zum **Medium der bürgerlichen Emanzipation**. Gerade im bürgerlichen Trauerspiel konnte die höfische Lebenswelt und deren Moral gegen die bürgerliche ausgespielt werden.

Lessings *Emilia Galotti* von 1772 ist dafür exemplarisch: Emilia Galotti ist dem Grafen Appiani zur Ehe versprochen. Da fällt sie dem Landesfürsten Hettore Gonzaga auf – sein einziges Streben richtet sich fortan darauf, Emilia für sich zu gewinnen. Zu diesem Zweck bedient er sich der Hilfe seines zynischen Kammerherrn Marinelli, der dafür sorgen soll, dass Emilias Verlobter kaltgestellt wird. Bei einem inszenierten Überfall wird Appiani getötet und Emilia fällt dem Prinzen in die Hände. Dieser verhält sich allerdings so ungeschickt, dass Emilias Vater, Odoardo Galotti, das Komplott bemerkt und seiner Tochter auf deren Bitten mit dem Dolch den Todesstoß gibt. Emilia kann somit ihre Unschuld, wenn auch nicht ihr Leben bewahren.

Folgender Auszug aus dem 2. Akt von Lessings Trauerspiel veranschaulicht, in welcher Weise bürgerliche Autoren versuchten, die höfische Lebenswelt als moralisch verdorben und lasterhaft darzustellen:

EMILIA. Eben hatt’ ich mich – weiter von dem Altare, als ich sonst pflege – denn ich kam zu spät –, auf meine Knie gelassen. Eben fing ich an, mein Herz zu erheben: als dicht hinter mir etwas seinen Platz nahm. So dicht hinter mir! – Ich konnte weder vor noch zur Seite rücken – so gern ich auch wollte; aus Furcht, daß eines andern Andacht mich in meiner stören möchte. – Andacht! das war das Schlimmste, was ich besorgte. – Aber es währte nicht lange, so hört’ ich, ganz nah an meinem Ohre – nach einem tiefen Seufzer – nicht den

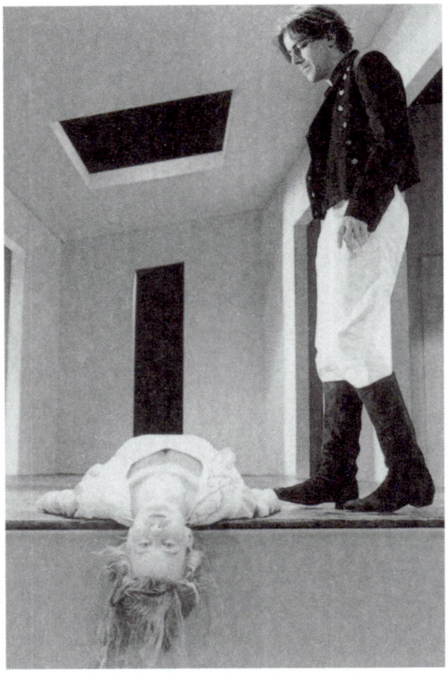

Szenenbild aus *Emilia Galotti* in der Inszenierung von Petra Dannenhöfer am Theater der Freien Hansestadt Bremen 1990

Namen einer Heiligen – den Namen – zürnen Sie nicht, meine Mutter – den Namen Ihrer Tochter! – Meinen Namen! – O daß laute Donner mich verhindert hätten, mehr zu hören! – Es sprach von Schönheit, von Liebe – Es klagte, daß dieser Tag, welcher mein Glück mache – wenn er es anders mache – sein Unglück auf immer entscheide. – Es beschwor mich – hören mußt' ich dies alles. Aber ich blickte nicht um; ich wollte tun, als ob ich es nicht hörte. – Was konnt' ich sonst? – Meinen guten Engel bitten, mich mit Taubheit zu schlagen; und wann auch, wenn auch auf immer! – Das bat ich; das war das einzige, was ich beten konnte. – Endlich ward es Zeit, mich wieder zu erheben. Das heilige Amt ging zu Ende. Ich zitterte, mich umzukehren. Ich zitterte, ihn zu erblicken, der sich den Frevel erlauben dürfen. Und da ich mich umwandte, da ich ihn erblickte –

CLAUDIA. Wen, meine Tochter?

EMILIA. Raten Sie, meine Mutter, raten Sie – ich glaubte in die Erde zu sinken – Ihn selbst.

CLAUDIA. Wen, ihn selbst?

EMILIA. Den Prinzen.

Aus: G. E. Lessing, Emilia Galotti. Stuttgart 1990, S. 25 f.

2.3.2 Die Fabel als Erziehungsmedium bei Lessing

Die Besonderheit der Fabel ist, dass in ihr Tiere sprechen, sich gebärden und verhalten wie Menschen. Deshalb kann sie fruchtbar gemacht werden für die aufklärerische Erziehung des Individuums. Da sich für den Leser der zwingende Vergleich (dargestelltes Tier der Fabel – gemeinter menschlicher Wesenszug) ergibt, wohnt der Fabel immer eine **moralisch-didaktische Absicht** inne: Die Fabel formuliert eine Verhaltenslehre. Dabei wird diese Gattung seit der Aufklärung bis hin zu Bertolt Brecht zunehmend sozialkritisch.

Der Esel mit dem Löwen

Als der Esel mit dem Löwen des Äsopus, der ihn statt seines Jägerhorns brauchte, nach dem Walde ging, begegnete ihm ein anderer Esel von seiner Bekanntschaft und rief ihm zu: Guten Tag, mein Bruder! – Unverschämter! war die Antwort. – Und warum das? fuhr jener Esel fort. Bist du deswegen, weil du mit einem Löwen gehst, besser als ich? mehr als ein Esel?

Aus: G. E. Lessing, Werke. Bd. 1. Hg. v. H. G. Göpfert. München 1973, S. 248

2.3.3 Gleims Gedicht „Anakreon" als Programm einer Generation

Kurzbiografie: Johann Wilhelm Ludwig Gleim

1719	in Ermsleben geboren
1736	gründet mit seinen Freunden Uz, Rudnik und Götz den anakreontischen „Halleschen Dichterkreis"; steht im Briefwechsel mit vielen Autoren seiner Zeit; fördert junge Talente
1738–1741	Studium der Rechtswissenschaften und Philosophie in Halle
1743	Hauslehrer in Potsdam
1744–1747	Sekretär an verschiedenen Fürstenhöfen; anschließend „freier Schriftsteller"
1744–1758	*Versuch in Scherzhaften Liedern*
1756/57	*Fabeln*; 2 Bände
1766	*Lieder nach dem Anakreon*
1803	gestorben in Halberstadt

Gleims Gedicht *Anakreon* ist programmatisch zu verstehen: Gleim ist ein Vertreter der anakreontischen Literatur, also der lyrischen Schule, die versucht, dem Vorbild des historischen Anakreon nachzueifern. Wer war Anakreon? Die Nachwelt weiß von ihm recht wenig: Er soll zwischen 580 und 490 v. Chr. in Ionien gelebt und Gedichte verfasst haben, die das Leben und seine Annehmlichkeiten preisen. Der sich um Gleim bildende Hallesche Dichterkreis versuchte nun den Duktus Anakreons nachzuahmen:

Anakreon

Anakreon, mein Lehrer,
Singt nur von Wein und Liebe,
Er salbt den Bart mit Salben,
Und singt von Wein und Liebe;
Er krönt sein Haupt mit Rosen,
Und singt von Wein und Liebe;
Er paaret sich im Garten,
Und singt von Wein und Liebe;
Er wird beim Trunk ein König,
Und singt von Wein und Liebe;
Er spielt mit seinen Göttern,
Er lacht mit seinen Freunden,
Vertreibt sich Gram und Sorgen,
Verschmäht den reichen Pöbel,
Verwirft das Lob der Helden,
Und singt von Wein und Liebe;
Soll denn sein treuer Schüler
Von Haß und Wasser singen?

Aus: J. W. L. Gleim, Versuch in Scherzhaften Liedern und Lieder. Hg. v. A. Anger. Tübingen 1964, S. 5

In diesem Gedicht Gleims sind die Motive genannt, die die Anakreontik prägen: **Wein, Liebe, Gesang, Natur, Freunde**. Doch bleibt es bei dieser Nennung, thematisiert werden diese Topoi nicht. Die anakreontische Lyrik bleibt an der Oberfläche, gibt sich **leicht und spielerisch**, was hier durch das jambische Versmaß mit seinen drei Hebungen unterstrichen wird; auch die Wiederholungen – vor allem des vierten Verses – tragen dazu bei, die Unverbindlichkeit des Gesagten zu betonen. Eine strenge Form fehlt diesem Gedicht. Gleim verzichtet auf Endreim und Stropheneinteilung und stellt stattdessen einen vom Rhythmus getragenen Zusammenhang her.

Der Dichter stellt sich mit diesem Text in einen deutlichen Gegensatz zum Rationalismus Gottsched'scher Prägung: Einer moralischen und tugendhaften Lebensführung wird hier geradezu der Kampf angesagt. Und doch unterscheidet sich Gleims *Anakreon* von barocken Gedichten, steht doch hier ein sich selbst verwirklichendes, keine gesellschaftliche Normen achtendes Individuum im Mittelpunkt, das sich seiner selbst jedoch noch nicht ganz sicher zu sein scheint: Anakreons Vorbildfunktion und das Fragezeichen am Ende deuten darauf hin.

DIE LITERATUR DER AUFKLÄRUNGSZEIT

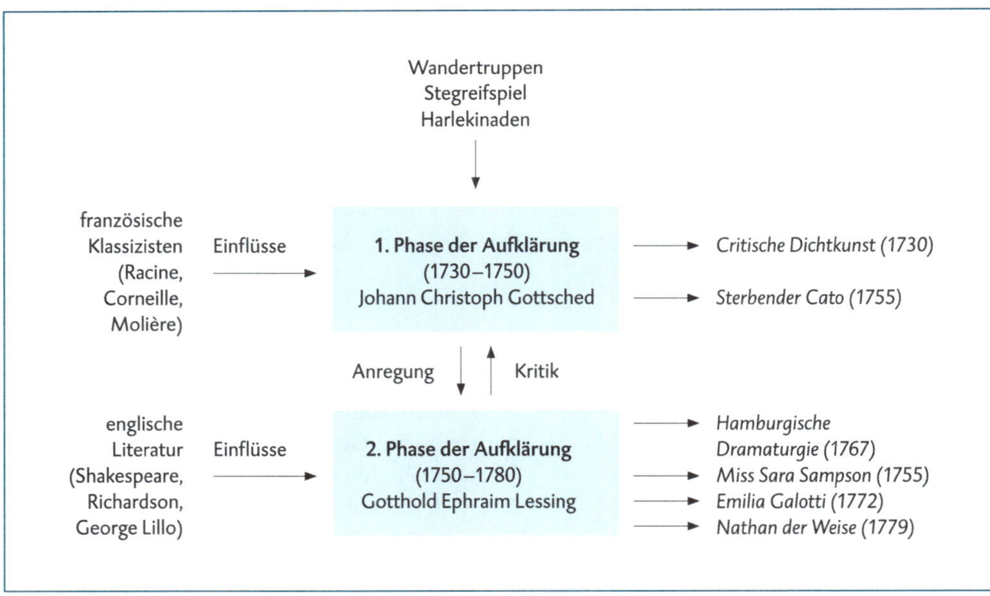

3 Sturm und Drang (1765–1785)

3.1 Die Epoche des Sturm und Drang

Die Epoche des Sturm und Drang ist auf die deutsche Literatur beschränkt und wurde nur von einer relativ kleinen Autorengruppe getragen. Der Sturm und Drang stellt eine **Jugendbewegung** dar, die sich nach ungefähr zehn Jahren auflöste. Man setzt ihren Beginn gewöhnlich mit dem Erscheinen von Herders *Fragmenten über die neuere deutsche Literatur* (1767), ihr Ende nach Schillers *Kabale und Liebe* (1784) an. Schiller verstummte danach für zehn Jahre als Dichter – auch Goethes erstes vorklassisches Weimarer Jahrzehnt ging 1786 mit dem Beginn der Italienischen Reise zu Ende. Der Schweizer Christoph Kaufmann benannte Friedrich Maximilian Klingers Schauspiel *Wirrwarr* (1776) in *Sturm und Drang* um und gab damit der gesamten Bewegung den Namen.

Zeitgenössische Buchillustration zu Klingers Schauspiel *Die Zwillinge* (1776)

3.1.1 Die politische Situation

Die Aufklärung und der Sturm und Drang verlaufen zeitlich parallel (wenn auch die Geniezeit wesentlich kürzer war). Daher deckt sich das politische System in Deutschland zur Zeit des Sturm und Drang mit dem der späten Aufklärung. Es handelt sich um den **aufgeklärten Absolutismus**. Friedrichs II. Äußerung, er fühle sich als „erster Diener des Staates", kennzeichnet den Wandel von der höfischen zur aufgeklärten absolutistischen Herrschaftsform. Trotz der relativ fortschrittlichen, reformfreudigen Haltung vieler Monarchen (für Österreich ist Joseph II. zu nennen), empfanden die jungen Sturm-und-Drang-Autoren ein Ungenügen an den sozialen Verhältnissen.

3.1.2 Kulturelle Voraussetzungen

Die Stürmer und Dränger standen auf dem geistigen Boden der Aufklärung. Der Verstandeskult und der Vernunftoptimismus hatten Goethe und Herder ebenso wie Bürger, Lenz oder Leisewitz geprägt. Das Streben der Sturm-und-Drang-Dichter nach persönlicher und gesellschaftlicher Autonomie ist ohne das **Gedankengut der Aufklärung** nicht vorstellbar.

Doch die junge Generation hielt die Vernunftorientierung der Aufklärung für zu einseitig. Sie zweifelte am Fortschrittsglauben der Vätergeneration. Schiller sprach in den *Räubern* gar vom „tintenklecksenden Säkulum“ und beschrieb damit die Erstarrung und die Unwirksamkeit der Spätaufklärung.

Die Dichter des Sturm und Drang waren beeinflusst von Jean-Jacques **Rousseau** (1712–1778), dessen Schriften stark kulturpessimistische Züge tragen. Vor allem sein Roman *Julie ou la Nouvelle Héloïse* (1761) schildert Liebe und Ehe in empfindsamen, gefühlvollen Szenen und wirkte stark auf die Literatur seiner Zeit, ebenso der Erziehungsroman *Emile ou de l'Education* (1762) und die gesellschaftskritische Abhandlung *Contrat social* (1762). „Zurück zur Natur“ – auf diese Losung Rousseaus wartete damals die europäische Geisteswelt, die es nicht länger hinnehmen wollte, dass der Mensch auf die Vernunft als seine einzige Qualität begrenzt werden sollte. Die Natur wurde zum Gegenraum einer auf Ungleichheit gegründeten und daher „unnatürlichen“ Feudalherrschaft verklärt.

Die Stürmer und Dränger legten ein anderes Menschenbild zugrunde als die Aufklärer Gottsched, Lessing und Friedrich Nicolai (1733–1811). Sie fühlten sich von Rousseau bestätigt und betonten, dass jeder Mensch über Gefühle verfüge, und forderten diese auch ein. Der Literatur eröffnete sich dadurch eine neue, **subjektivistische Dimension**, die die Zeitgenossen emotional viel stärker ansprach als die etablierte Kunst. Der Erfolg des *Götz von Berlichingen*, des *Werther* oder der *Räuber* verdeutlicht dies.

3.2 Die Literatur des Sturm und Drang

3.2.1 Hamann und Herder – die großen Anreger

Ein Vordenker der Sturm-und-Drang-Literatur war Johann Georg Hamann (1730–1788) aus Königsberg (Ostpreußen), der als einer der Ersten den **Genie-Begriff** verwendete. Sein Beinamen „Magus (Magier) des Nordens“ deutet auf den irrationalen Sprachstil hin, mit dem er sich ganz konsequent dem Rationalismus der Aufklärung entzogen hatte.

Johann Gottfried Herder (1744–1803) war ein Schüler Hamanns und übernahm dessen Genie-Begriff. Er studierte in Königsberg Theologie und siedelte anschließend als Pfarrer nach Riga über. Schon nach fünf Jahren gab er seinen Brotberuf auf, unternahm Reisen und veröffentlichte das *Journal meiner Reise im Jahre 1769*. Darin stellte Herder das sich von gesellschaftlichen Normen lösende und nur auf sich und seine Erfahrung bauende **Individuum** in den Mittelpunkt. Dies bedeutete eine erste Umsetzung des Genie-Gedankens von Hamann.

Johann Gottfried Herder (1744–1803). Gemälde von J. L. Strecker (1775)

Herder führte ein bewegtes Leben: Auf einer weiteren Reise lernte er Lessing kennen, eine Begegnung, die keine geistige Verwandtschaft ergab. In Straßburg traf er auf Goethe, der für ungefähr zwei Jahre sein „Schüler" wurde. Die Kritik und Anregung, die Goethe von Herder erfuhr, dankte er diesem, indem er ihn 1776 als Generalsuperintendenten nach Weimar holte. Dort blieb Herder Zeit für wichtige Veröffentlichungen: *Stimmen der Völker in Liedern* (1778/79), eine Volksliedsammlung, an der auch Goethe und Lessing mitgearbeitet hatten, die *Ideen zur Philosophie der Geschichte der Menschheit* (1784) und die *Briefe zur Beförderung der Humanität* (1793).

3.2.2 Goethe in Straßburg (1770/71), Frankfurt (1771–1775) und Weimar (1775–1786)

Als der 21-jährige Johann Wolfgang Goethe im März 1770 nach **Straßburg** kam, sollte er dort sowohl eine Krankheit auskurieren als auch das in Leipzig begonnene Studium der Rechte abschließen. Beides gelang in den eineinhalb Jahren bis August 1771; darüber hinaus geschah noch etwas Entscheidenderes: Goethe lernte **Herder** kennen, der ihn mit völlig neuen Gedanken über Kunst und Kultur bekannt machte – Gedanken, die Goethe, der literarische Anfänger, begeistert aufsog, in ein eigenes System integrierte und wesentlich dazu beitrug, die deutsche Literatur des 18. Jahrhunderts in ganz neue Bahnen zu lenken. Die unmittelbaren Auswirkungen der Bekanntschaft von Goethe und Herder führen zur Entstehung des Sturm und Drang als literarischer Bewegung. Ihre weit reichenden Folgen sind Einflüsse auf spätere Epochen, die Klassik und Romantik vor allem, und – in der Auseinandersetzung mit diesen – auf die Literatur des 19. Jahrhunderts (Vormärz, Naturalismus).

Herder war – ähnlich Lessing – ein kritischer, streitbarer Geist. Er ging davon aus, dass jedes Volk eine eigene Kultur besitzt, die der jedes anderen Volkes prinzipiell gleichwertig ist. Herder lehnte damit implizit die Bevorzugung und Nachahmung der Völker ab, die von den Zeitgenossen als vorbildlich betrachtet wurden. Auf die deutschen Verhältnisse um die Mitte des 18. Jahrhunderts bezogen bedeutet dies, dass man nicht versuchen sollte, es den Dramatikern der klassizistischen französischen Epoche gleich zu tun. Vielmehr sollte man sich auf die **eigene nationale Kultur** besinnen und ihre Wurzeln, die mittelalterliche Dichtung und vor allem die Volkspoesie, entdecken.

Goethe wurde durch diese Vorstellung entscheidend beeinflusst: Er pries das Straßburger Münster in der Abhandlung *Von deutscher Baukunst*, stellte eine Gestalt aus den Bauernkriegen in den Mittelpunkt seines ersten Dramas *Götz von Berlichingen*, dichtete die Lyrik der Straßburger Zeit im Stil der Volksdichtung *(Sesenheimer Lieder)* und beschäftigte sich mit dem *Faust*, den er aus Kindertagen als Puppenspiel kannte.

Auch ein ganz bestimmtes Motiv prägte die Literatur des Sturm und Drang: der große Kerl, das **Kraft- oder Originalgenie**. Diese Vorstellung der autonomen, nur sich selbst verantwortlichen Persönlichkeit übernahm Goethe ebenfalls von Herder. Die Rückkehr einer derart übermenschlichen Figur, deren Existenz man idealtypisch in das Mittelalter projizierte, schien einen Ausweg aus der absolutistischen Enge zu bieten. Die Autoren des Sturm und Drang empfanden sich jeweils selbst als „Genie“ und befanden sich somit in Konflikt zu den realen gesellschaftlichen Zuständen, wenn nicht gar der Gesellschaft ganz enthoben. Von diesem übergeordneten Standpunkt aus konnten sie dann an den bestehenden Verhältnissen Kritik üben.

Als Vorbild galt den Stürmern und Drängern – ausgehend von Herder und vermittelt durch Goethe – **William Shakespeare** (1564–1616). Seine Dramen verkörperten die Volkspoesie. Ebenso verhielt es sich mit der Gestalt des altgälischen Barden **Ossian**: Der Schotte James Macpherson (1736–1796) veröffentlichte angeblich bislang verschollene und nun neu entdeckte Lieder Ossians (*Fragments of Ancient Poetry, collected in the Highlands*; 1760 ff.), von denen sich bald herausstellte, dass es Fälschungen waren. Nichtsdestoweniger erfüllten sie den Anspruch, den man an **„Volkspoesie“** richtete, so genau, dass sie von Herder und Goethe übersetzt, von Letzterem sogar in seinem Roman *Die Leiden des jungen Werthers* (1774) zitiert wurden.

Literarischen Niederschlag fand die Bekanntschaft Goethes mit Friederike Brion. Auf einem seiner Ausflüge ins Umland von Straßburg kam Goethe in die Ortschaft Sesenheim, wo er im Pfarrhaus einkehrte und dabei freundlich aufgenommen wurde. Zur Tochter Friederike pflegte Goethe bis zu seiner

Abreise ein inniges, liebevolles Verhältnis, das ihn (unter Einfluss von Herders Ideen) zu volksliedhaften Gedichten inspirierte. Das wohl bekannteste dieser *Sesenheimer Lieder*, einer Sammlung Goethe'scher Erlebnislyrik aus den Jahren 1770/71, ist das Gedicht *Willkommen und Abschied.*

Die Jahre 1771 bis 1775 verbrachte Goethe wieder in **Frankfurt**, wo er als Rechtsanwalt arbeitete. Nebenher schuf er seine großen Sturm-und-Drang-Dichtungen: 1771 die *Geschichte Gottfriedens von Berlichingen, dramatisiert*, den „Urgötz", dem er 1773 als *Götz von Berlichingen* seine endgültige Form gab, 1774 *Clavigo*, die Tragödie um Liebe und Treue unter dem Eindruck einer neuen Liebe (zu Charlotte Buff), noch im selben Jahr *Die Leiden des jungen Werthers* und die berühmten Hymnen *Prometheus*, *Ganymed*, *Wanderers Sturmlied*, *Mahomets Gesang*, *An Schwager Kronos*, in denen er dem genialischen Lebensgefühl der jungen Generation eine poetische Form gab.

1775 wurde Goethe schließlich von dem erst 18-jährigen Herzog Karl August aufgrund ihrer persönlichen Freundschaft nach **Weimar** gerufen. Man spricht von Goethes „erstem Weimarer Jahrzehnt", das bis 1786 dauerte. In der ersten Zeit gebärdeten sich der Herzog und Goethe wahrhaft „genialisch", doch schon 1776 war Goethe der oberste Beamte im Staate Sachsen-Weimar und hatte sich dabei als Kriegs- und Finanzminister ebenso zu bewähren wie als Leiter der Verwaltung. Diese Aufgaben hemmten den Dichter nicht: Schon 1776 entstand der Einakter *Die Geschwister*, außerdem begann Goethe die Arbeit an *Egmont*, *Iphigenie* (die Prosafassung wurde 1779 vollendet), *Tasso* und *Wilhelm Meisters theatralischer Sendung*.

3.2.3 Die Sturm-und-Drang-Zeit Schillers

Friedrich Schiller gehört nicht zum eigentlichen literarischen Kreis des Sturm und Drang, denn als Goethe 1773 seinen *Götz* veröffentlichte, war Schiller gerade 14 Jahre alt.

1759 (zehn Jahre nach Goethe) wurde Schiller in Marbach am Neckar als Sohn eines Wundarztes geboren, er entstammte also kleinbürgerlichen Verhältnissen. So war es für die Familie von materiellem Vorteil, dass der württembergische Herzog Karl Eugen Friedrich ein

Schillers Geburtshaus in Marbach am Neckar

Studium an der Militärakademie in Stuttgart ermöglichte – allerdings auf Kosten des gewünschten Theologiestudiums. Schiller entschied sich für die Jurisprudenz, später für die Medizin.

Innerlich lehnte sich Schiller bald gegen den militärischen Geist auf, der über der Karlsschule (so hieß die Akademie) schwebte. Aufrührerische Wirkung hatte auch die an dieser Akademie eigentlich verbotene Lektüre der Studenten: Schiller und seine Freunde lasen Klopstock, Lessing, Haller und die Stürmer und Dränger, in deren Werken sie ihre eigenen Gedanken wiederfanden.

Friedrich Schiller begann seine literarische Produktion sehr früh. Erste dramatische Versuche des erst 13-Jährigen sind nicht erhalten, doch schon mit 21 Jahren gelang Schiller mit seinem Schauspiel *Die Räuber* der „große Wurf“: Das Stück, das 1780 im Mannheimer Nationaltheater uraufgeführt wurde, fand beim Publikum begeisterte Aufnahme, da es die fürstliche Willkür, die im 18. Jahrhundert in deutschen Kleinstaaten häufig zu finden war, anprangerte. Doch einer konnte sich am **sozialen Protest** des jungen Dichters nicht erfreuen: Herzog Karl Eugen befahl seinem Untertan Schiller, das Schreiben künftig zu lassen und forderte ihn auf, seinen Beruf als Militärarzt gewissenhaft auszuüben. Der so Gerügte dachte jedoch nicht daran, dieser Aufforderung Folge zu leisten. Schon 1782 erschien die Gedichtsammlung *Anthologie auf das Jahr 1782*. Doch Schiller erkannte, dass er nicht in Württemberg bleiben konnte, wo es Karl Eugen jederzeit möglich gewesen wäre, ihn ins Gefängnis werfen zu lassen. Er wusste, dass der Dichter Christian Daniel Schubart (1739–1791) aufgrund seiner Kritik an der Obrigkeit vom Herzog ins Land gelockt und dann ohne Prozess zehn Jahre auf dem Hohenasperg eingekerkert worden war. Um sich dem Zugriff des Herzogs zu entziehen, flüchtete Friedrich Schiller noch 1782 nach Mannheim, also in die Kurpfalz. Schon im Jahr 1783 erschien *Die Verschwörung des Fiesco zu Genua*, ein politisches Trauerspiel, ein Jahr später das bürgerliche Trauerspiel *Luise Millerin*, dem der Schauspieler und Autor rührseliger Familienstücke August Wilhelm Iffland (1759–1814) den publikumswirksameren Titel *Kabale und Liebe* gegeben hatte.

Titelblatt der Ausgabe von 1781

Friedrich Schiller trägt im Bopserwald *Die Räuber* vor. Lavierte Federzeichnung von Victor Wilhelm Peter Heideloff

3.2.4 Literarische Gattungen

Die von den Sturm-und-Drang-Autoren am intensivsten gepflegte Gattung ist das **Drama**. Anknüpfend an die Sozialkritik der Aufklärung, speziell des bürgerlichen Trauerspiels, steigerten Goethe, Lenz, Leisewitz, Schiller und die anderen diese Kritik noch und zeigten dabei den Willen zur radikalen Veränderung der gesellschaftlichen Strukturen und der geltenden Werte und Normen. **„Freiheit des Individuums"** war eine zentrale Forderung der jungen Generation, die besonders im Drama thematisiert wurde. Diese verlangte aber auch eine konsequentere Abkehr von herkömmlichen literarischen Formen. Haupt- und Staatsaktionen interessierten die Stürmer und Dränger nicht, das bürgerliche Trauerspiel ging ihnen in seinen politischen Implikationen nicht weit genug. So wurden neue Vorbilder gesucht und in Shakespeare und der volkstümlichen mittelalterlichen Literatur gefunden.

Shakespeares Dramen sprengten durch ihre **„Regellosigkeit“** alles auf dramatischem Gebiet bisher Dagewesene. Goethes *Götz von Berlichingen* (1773) mit seinen typischen „Fetzenszenen“ (Abkehr vom 3- oder 5-aktigen Aufbau; Aufteilung der Handlung in eine lockere Szenenfolge mit schnellem Personal- und Schauplatzwechsel) zeigt diese Orientierung am englischen Vorbild. Auch die Sprache war neu: Kraftausdrücke, Wortneuschöpfungen, volkstümliche Wendungen schienen für das „Originalgenie“, den „großen Kerl“ angemessen.

Die Themen des Sturm-und-Drang-Dramas sind durchweg vor gesellschaftlichem Hintergrund zu verstehen: Kindsmord und Probleme der Geschlechtermoral (H. L. Wagner: *Die Kindermörderin*, 1776; Lenz: *Die Soldaten*, 1777), Liebe über Standesgrenzen hinweg (Schiller: *Kabale und Liebe*, 1784), das Genie, das an sozialen Widrigkeiten scheitert (Goethe: *Götz von Berlichingen*, 1773).

Die Lyrik des Sturm und Drang ist vorwiegend **Erlebnislyrik**, das schaffende Individuum, das „Genie“, dominiert auch hier. Demgemäß wurden die tradierten und für überkommen erachteten Formen (z. B. das Sonett) abgelehnt. Die Lyrik machte sich von äußeren Zwängen frei. Unregelmäßiger Strophenbau und uneinheitliches Metrum sind die Folge. Die Autoren thematisierten nicht mehr – wie im Barock üblich – allgemein-menschliche Probleme, sondern sie ließen ihren Gefühlsregungen scheinbar freien Lauf. Gefühlsstarke Liebesgedichte wie *Es schlug mein Herz* oder *Maifest* sind das Ergebnis.

Klopstock wurde zum verehrten Vorbild sowohl für den „Göttinger Hainbund“ um Heinrich Christian Boie (Oden) als auch für Goethe (Hymnen), der den gesteigerten Empfindungen durch **freie Rhythmen** Ausdruck verlieh *(An Schwager Kronos, Ganymed, Mahomets Gesang).* Goethes Hymnen artkulieren oft pathetische und affektvolle Anklagen an eine für ungerecht gehaltene Weltordnung *(Prometheus).*

Eine Mischform der literarischen Gattungen stellt die im Sturm und Drang zu einer Blütezeit aufstrebende **Ballade** dar. Goethe nannte sie das „Ur-Ei“ der Dichtung, da sie epische, lyrische und dramatische Elemente in sich vereine. Wichtige Beispiele für diese Erzählgedichte sind: Goethes *Erlkönig* und *Der Fischer* sowie Gottfried August Bürgers *Lenore* (1773).

Epische Formen wurden im Sturm und Drang seltener gepflegt – zu kurz und zu schnelllebig war die Epoche. Goethe verfasste in dieser Zeit nur den Briefroman *Die Leiden des jungen Werthers* (1774), der im Hinblick auf Sprachverwendung und Thematik deutlich empfindsame Züge zeigt. Andere, noch heute bekannte und lesenswerte Romane stammen von Johann Heinrich Jung-Stilling (*Heinrich Stillings Jugend*, 1777) und Karl Philipp Moritz (*Anton Reiser*, 1785–1790). Beide Werke haben – wie der *Werther* – autobiografischen Charakter und stehen damit für die subjektivistische Ausrichtung der Sturm-und-Drang-Literatur.

3.2.5 Literarisches Leben: Freundschaftsbund und Originalität

Der **Göttinger Hainbund** (1772–1774) war ein Freundschaftsbund empfindsam gesinnter junger Männer aus Süd- und Norddeutschland, die sich in Göttingen zusammenfanden, um ihrem **Vorbild Klopstock** nachzueifern. Klopstocks Ode *Der Hügel und der Hain* (1767) wirkte namengebend. Gründer des Bundes war Heinrich Christian Boie (1744–1806). Das literarische Forum der Bewegung war der seit 1770 erscheinende *Göttinger Musenalmanach.*

Mitglieder des Bundes waren:
- Johann Heinrich Voß (1751–1826), der durch seine Homer-Übersetzung bekannt wurde,
- Johann Martin Miller (1750–1814), der Dichter des in der *Werther*-Nachfolge stehenden Romans *Siegwart, eine Klostergeschichte*,
- die Brüder Friedrich Leopold (1750–1819) und Christian Stolberg (1748–1821) und
- Ludwig Heinrich Christoph Hölty (1748–1776).

Gottfried August Bürger (1747–1794) und Matthias Claudius (1740–1815), der Herausgeber des *Wandsbecker Boten*, standen dem Bund nahe.

Die sich um Boie sammelnden Dichter feierten Klopstock als „deutschen Homer“ und gebärdeten sich, wie sie es aus seinen Dichtungen kannten. Der Ort ihrer Zusammenkünfte war der „Hain“, den sie als typisch nordisch dem „Hügel“, also dem Helicon als Sitz der Musen gegenüberstellten. Zum Triumph Klopstocks begingen sie auch Feierstunden, wobei sie sich empfindsamen Gefühlen hingaben: Sie fielen sich voller Rührung um den Hals, vergossen gemütvolle Tränen und feierten jeden Tag, als wäre er ihr letzter.

Die Hainbund-Bewegung löste sich auf, da sich die Mitglieder weiterentwickelten, ihr Studium in Göttingen abschlossen und so auch geografisch Abstand zueinander und zu ihren früheren Idealen gewannen. Hölty verstarb früh, die Brüder Stolberg konvertierten zum Katholizismus und sind später im Umkreis der Romantik wiederzufinden.

SHAKESPEARE-REZEPTION IN DEUTSCHLAND

Elisabethanische Klassik	**William Shakespeare (1564–1616)**
Barock	englische Komödianten/Wanderbühnen
	↓
Aufklärung	Lessing: 17. Literatur-Brief/ 81. Stück der Hamburgischen Dramaturgie
	↓
	Wieland: Shakespeare-Übersetzung
	↓
	Lenz: Anmerkungen übers Theater
	↓
Sturm und Drang	Herder: Von deutscher Art und Kunst
	↓
	Goethe: *Zum Shakespeares-Tag, Götz von Berlichingen*
	↓
Klassik	Goethe: *Wilhelm Meister, Shakespeare und kein Ende*
	↓
Romantik	Schlegel/Tieck: Shakespeare-Übersetzungen
	↓
Realismus	Büchner: *Leonce und Lena*
	↓
Moderne	Brecht: geplante Shakespeare-Übersetzungen
	↓
	Erich Fried: Shakespeare-Übersetzungen

3.3 Autoren und Werke

3.3.1 Genialisches Lebensgefühl: Goethes „Prometheus“

Kurzbiografie: Johann Wolfgang Goethe

1749	in Frankfurt/Main geboren
1765–1768	Jurastudium in Leipzig
1768–1770	Aufenthalt in Frankfurt
1770/71	Abschluss des Studiums in Straßburg
1771–1775	Frankfurter „Geniezeit“
1775–1786	„Erstes Weimarer Jahrzehnt“
1782	Erhebung in den erblichen Adelsstand
1786–1788	Erste italienische Reise
1786	Beginn von Goethes „klassischer Phase“
1794	Beginn der Freundschaft zu Schiller
1789	Geburt des Sohnes August (gest. 1830)
1806	Heirat mit Christiane Vulpius
1832	Goethe stirbt am 22. März

Die Prometheus-Figur, die Goethe in der väterlichen Bibliothek in Frankfurt kennen gelernt hatte, gewann für ihn in der Sturm-und-Drang-Zeit an Bedeutung. Goethe dachte damals sogar daran, ein Prometheus-Drama zu verfassen. In der griechischen Mythologie hat Prometheus eine doppelte Funktion: Er bringt den Menschen das Feuer und er erschafft Menschen. Seine Auflehnung gegen den höchsten Gott Zeus machte ihn für die jungen „Genies“ attraktiv.

Prometheus

Bedecke deinen Himmel, Zeus,
Mit Wolkendunst!
Und übe, Knaben gleich,
Der Diesteln köpft,
An Eichen dich und Bergeshöhn!
Mußt mir meine Erde
Doch lassen stehn,
Und meine Hütte,
Die du nicht gebaut,
Und meinen Herd,
Um dessen Glut
Du mich beneidest.
Ich kenne nichts Ärmer's
Unter der Sonn' als euch Götter.
Ihr nähret kümmerlich
Von Opfersteuern
Und Gebetshauch
Eure Majestät
Und darbtet, wären
Nicht Kinder und Bettler
Hoffnungsvolle Toren.

Da ich ein Kind war,
Nicht wußt', wo aus, wo ein,

Prometheus. Lavierte Federzeichnung von Johann Wolfgang von Goethe (1820)

Kehrte mein verirrtes Aug'
Zur Sonne, als wenn drüber wär'
Ein Ohr, zu hören meine Klage,
Ein Herz wie meins,
Sich des Bedrängten zu erbarmen.

Wer half mir wider
Der Titanen Übermut?
Wer rettete vom Tode mich,
Von Sklaverei?
Hast du's nicht alles selbst vollendet,
Heilig glühend Herz?
Und glühtest, jung und gut,
Betrogen, Rettungsdank
Dem Schlafenden dadroben?

Ich dich ehren? Wofür?
Hast du die Schmerzen gelindert
Je des Beladenen?
Hast du die Tränen gestillet
Je des Geängsteten?
Hat nicht mich zum Manne geschmiedet
Die allmächtige Zeit
Und das ewige Schicksal,
Meine Herrn und deine?

Wähntest du etwa,
Ich sollte das Leben hassen,
In Wüsten fliehn,
Weil nicht alle Knabenmorgen-
Blütenträume reiften?

Hier sitz' ich, forme Menschen
Nach meinem Bilde,
Ein Geschlecht, das mir gleich sei,
Zu leiden, weinen,
Genießen und zu freuen sich,
Und dein nicht zu achten,
Wie ich.

Aus: J. W. v. Goethe, Werke. Hamburger Ausgabe. Hg. v. E. Trunz. München 1988. Bd. 1, S. 44 f.

In dieser Hymne aus dem Jahr 1773 thematisiert Goethe vor allem das Motiv der Auflehnung gegen die Götter. Das imaginierte Gegenüber des Prometheus, Zeus, wird direkt angesprochen: „Bedecke deinen Himmel, Zeus …“ (V. 1 f.).

Zeus wird damit als der menschlichen Welt fern stehend beschrieben, Prometheus ist sein Gegenspieler („deinen Himmel“, V. 1 – „meine Erde“, V. 6). So kann Prometheus keinen Respekt mehr empfinden, er hat die Ohnmacht des Zeus (und mit ihm die der anderen Götter) erkannt (V. 39–42) und kennt die ihn bestimmenden Gesetzmäßigkeiten: die „allmächtige Zeit“ (V. 44) und das „ewige Schicksal“ (V. 45), denen auch der Göttervater unterstellt ist (V. 46). Damit stehen Zeus und Prometheus auf einer Daseinsstufe.

Prometheus war für die Stürmer und Dränger eine **Identifikationsfigur:** So wie sich Prometheus gegen die Götter auflehnt, so waren auch die jungen Dichter um 1770 gewillt, die weltliche und kirchliche Obrigkeit, vor allem aber die traditionellen literarischen Gepflogenheiten zu missachten. Prometheus, der Menschen „nach seinem Bilde schafft“, zeigt sich dabei als Schöpfer. Als Schöpfer, Genie, ja als Originalgenie fühlten sich auch Goethe, Lenz, Wagner und die anderen Autoren aus diesem Kreis.

Goethe setzte sich in seiner Dichtung über alle Regeln einer normativen Poetik hinweg – **Originalität** ist die Losung der Zeit. Das Rollengedicht *Prometheus* ist in freien Rhythmen verfasst, ein durchgängiges Versmaß ist also nicht vorhanden. Auch auf ein strenges Reimschema und einen einheitlichen Strophenbau verzichtet Goethe. Lediglich der Inhalt des Gedichts und ein flüssiger Rhythmus halten die einzelnen Verse zusammen. Form wie Inhalt spiegeln das jugendliche Aufbegehren wider.

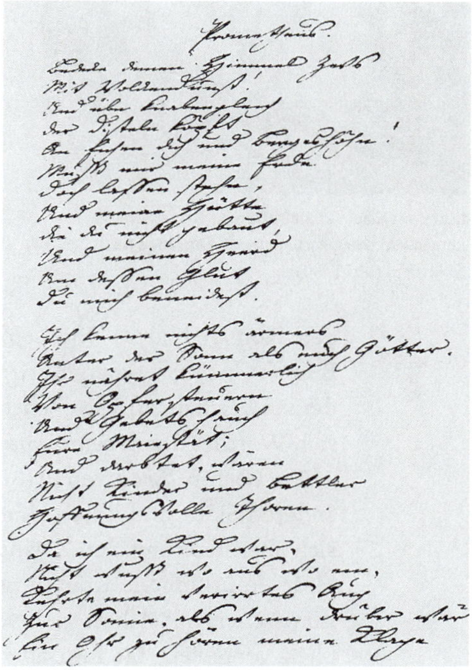

Prometheus. Handschrift von J. W. v. Goethe

3.3.2 Unbedingter Subjektivismus der Jugend: Goethes „Werther“

Goethes Briefroman von 1774 *Die Leiden des jungen Werthers* ist wohl der erste **„Bestseller“ der deutschen Literatur**; man sprach sogar von einem um sich greifenden „Werther-Fieber“. So erfuhr das Werk zahlreiche Auflagen, auch zwei Überarbeitungen durch Goethe (1782 und 1786), außerdem mannigfache Übersetzungen und viele Nachdrucke. Selbst von Napoleon ist überliefert, dass er den Roman mehrmals, angeblich sieben Mal, gelesen habe. Es

Lotte am Klavier. Illustration zu *Die Leiden des jungen Werthers*. Farbstich von Morange nach S. Amand (um 1780)

war damals Mode, sich wie Werther zu kleiden (blauer Frack, gelbe Weste) und wie er empfindsame Briefe zu verfassen. Mehrere Selbstmorde aus Liebeskummer sind erwiesenermaßen durch die Romanlektüre wenn nicht angeregt, so doch gefördert worden. Worum geht es in diesem Werk, das Generationen zu Tränen rührte, aber auch viele Theologen in Rage versetzte?

Der Roman ist in zwei Bücher gegliedert: Im ersten Buch verlässt Werther nach Unstimmigkeiten mit seiner Mutter das Elternhaus und reist nach Wahlheim. Dort verliebt er sich auf einem Tanzfest in Lotte, die Tochter des Dorfamtmannes. Albert, der Verlobte Lottes, befindet sich zu dieser Zeit auf einer mehrtägigen Dienstreise, kann also die Treffen der beiden nicht verhindern. Werther berichtet indessen in Briefen an seinen Freund Wilhelm (die die Grundlage für den Roman bilden) von seiner schwärmerischen Zuneigung zu Lotte. Die Besuche bei ihr werden immer häufiger und führen trotz der Toleranz Alberts, der inzwischen zurückgekehrt ist, zu ernsten Schwierigkeiten. Diesen entzieht sich Werther durch seine Abreise aus Wahlheim.

Zu Beginn des zweiten Buches erfährt der Leser, dass Werther in einer anderen Stadt und durch eine berufliche Tätigkeit Ablenkung sucht. Er kann sich aber nicht mit den Zwängen des Arbeitslebens abfinden, erfährt auch bei Hofe empfindliche Kränkungen und kehrt schließlich zu Lotte zurück, die inzwischen mit Albert verheiratet ist. Lotte hat Werther zwar keinen Augenblick vergessen, rät ihm aber trotzdem, seine Besuche bei ihr einzustellen. Dazu ist dieser in seiner völligen gesellschaftlichen Isolation aber nicht bereit. Er ist erfüllt von seiner grenzenlosen Liebe zu Lotte und sieht keinen anderen Ausweg, als sich mit Alberts Pistole zu erschießen, die er sich von diesem unter dem Vorwand borgt, er würde eine längere Reise unternehmen.

Die beiden nachfolgenden Textstellen stammen aus dem ersten Buch; sie zeigen deutlich die veränderte Stimmungslage Werthers:

am 10. Mai

Eine wunderbare Heiterkeit hat meine ganze Seele eingenommen, gleich den süßen Frühlingsmorgen, die ich mit ganzem Herzen genieße. Ich bin allein, und freue mich meines Lebens in dieser Gegend die für solche Seelen geschaffen ist wie die meine. Ich bin so glücklich, mein Bester, so ganz in dem Gefühle von ruhigem Dasein versunken, daß meine Kunst darunter leidet. Ich könnte jetzt nicht zeichnen, nicht einen Strich, und bin nie ein größerer Maler gewesen als in diesen Augenblicken [...]

am 22. Aug.

Es ist ein Unglück Wilhelm, meine tätigen Kräfte sind zu einer unruhigen Lässigkeit verstimmt, ich kann nicht müßig sein und kann doch auch nichts tun. Ich habe keine Vorstellungskraft, kein Gefühl an der Natur und die Bücher ekeln mich an. Wenn wir uns selbst fehlen, fehlt uns doch alles. Ich schwöre dir, manchmal wünschte ich ein Tagelöhner zu sein, um nur des Morgens beim Erwachen eine Aussicht auf den künftigen Tag, einen Drang, eine Hoffnung zu haben.

Aus: J. W. Goethe, Erstes Weimarer Jahrzehnt. Münchner Ausgabe. Band 2.2. Hg. v. K. Richter u. a. München 1987, S. 351 und 395

Was faszinierte das meist bürgerliche Lesepublikum damals so sehr an diesem Roman? Es gibt mehrere Gründe für Goethes Erfolg: Zum einen wählte er den richtigen Zeitpunkt, um den empfindsamen Stil mit einer publikumswirksamen, sensationsträchtigen Handlung zu verbinden. Zudem spielte der Roman in der Gegenwart, war also für ein nicht-gebildetes Publikum attraktiver als etwa Wielands *Geschichte des Agathon*, die ebenfalls sehr beliebt war, aber auf Bildungsgut der Antike zurückgriff. Außerdem wirkte das Geschehen durch Verwendung fiktiver Briefe weniger konstruiert, authentischer. Zuletzt spielte wohl noch die Sensationsgier des Publikums eine Rolle, verarbeitete der Roman doch biografische Einzelheiten angesehener Bürger aus Goethes persönlichem Bekanntenkreis in Wetzlar.

3.3.3 „Kabale und Liebe" und Schillers Kritik am 18. Jahrhundert

Kurzbiografie: Friedrich Schiller

1759	in Marbach/Neckar geboren
1773–1780	Studium der Rechtswissenschaften und der Medizin an der Herzoglichen Militärakademie (Karlsschule) in Stuttgart
1782	Flucht von Stuttgart nach Mannheim
1783/84	Theaterdichter in Mannheim
1787	Reise nach Weimar: vergebliche Hoffnung auf finanzielle Unterstützung durch den Herzog
1787–1792	Geschichtsstudien
1788–1791	Geschichtsprofessur in Jena

1790	Heirat mit Charlotte von Lengefeld
1791	schwere Erkrankung (Lungenleiden)
1792–1796	philosophische und ästhetische Studien
1794	Freundschaft mit Goethe
1799	Übersiedelung von Jena nach Weimar
1805	Schiller stirbt am 9. Mai

Das bürgerliche Trauerspiel des 18. Jahrhunderts wird am treffendsten durch Lessings *Miss Sara Sampson* (1755), *Emilia Galotti* (1772) und durch Schillers *Kabale und Liebe* aus dem Jahr 1784 repräsentiert.

Wie in allen Werken dieser Gattung steht auch in Schillers Drama der Konflikt zwischen moralisch hoch stehenden Bürgern und nur auf Staatsraison und Eigennutz sinnenden Adeligen im Mittelpunkt. Das Schauspiel wird damit zum Medium der **Gesellschaftskritik** und zu einer scharfen Anklage politischer und sozialer Missstände.

D. N. Chodowiecki, Kupferstich zu *Kabale und Liebe*

Inhalt: Luise, Tochter des Stadtmusikanten Miller, und Ferdinand, Sohn des Gerichtspräsidenten von Walter, lieben sich, doch die Väter der beiden wollen eine Eheschließung verhindern: Miller weiß, dass derartige Standesunterschiede nicht durch eine Hochzeit aufgehoben werden können; von Walter favourisiert Lady Milford als Gattin seines Sohnes, eine Dame, die ihm als Mätresse des Herzogs bei Hof den gewünschten Einfluss sichern könnte. So setzen beide Elternhäuser alles daran, die Verbindung ihrer Kinder zu beenden. Der Gerichtspräsident greift dabei zu einer List: Luises Eltern werden verhaftet, sie selbst gezwungen, einen derart verfänglichen Brief zu verfassen, dass Ferdinand, dem dieser in die Hände gespielt wird, von der Untreue Luises überzeugt sein muss. In maßloser Eifersucht vergiftet Ferdinand Luise und anschließend sich selbst.

Die nachfolgende Szene II,2 ist eine Kernstelle des Dramas und die wohl deutlichste Absolutismuskritik des Sturm und Drang: Schiller thematisiert hier den Verkauf von Untertanen nach Amerika, wo diese als Söldner im Siebenjährigen Krieg kämpfen müssen. Mit dem Gewinn aus diesem „Geschäft“ erwirbt der Herzog Brillanten, die er Lady Milford als Hochzeitsgabe schickt.

Ein alter Kammerdiener des Fürsten, der ein Schmuckkästchen trägt. Die Vorigen.

KAMMERDIENER. Seine Durchlaucht der Herzog empfehlen sich Mylady zu Gnaden und schicken Ihnen diese Brillanten zur Hochzeit. Sie kommen soeben erst aus Venedig.

LADY *(hat das Kästchen geöffnet und fährt erschrocken zurück).* Mensch! was bezahlt dein Herzog für diese Steine?

KAMMERDIENER *(mit finsterm Gesicht).* Sie kosten ihn keinen Heller.

LADY. Was? Bist du rasend? *Nichts?* – und *(indem sie einen Schritt von ihm wegtritt)* du wirfst mir ja einen Blick zu, als wenn du mich durchbohren wolltest – *Nichts* kosten ihn diese unermeßlich kostbaren Steine?

KAMMERDIENER. Gestern sind siebentausend Landskinder nach Amerika fort – Die zahlen alles.

LADY *(setzt den Schmuck plötzlich nieder und geht rasch durch den Saal, nach einer Pause zum Kammerdiener).* Mann, was ist dir? Ich glaube, du weinst?

KAMMERDIENER *(wischt sich die Augen, mit schrecklicher Stimme, alle Glieder zitternd).* Edelsteine wie *diese* da – Ich hab auch ein paar Söhne drunter.

LADY *(wendet sich bebend weg, seine Hand fassend).* Doch keinen Gezwungenen?

KAMMERDIENER *(lacht fürchterlich).* O Gott – Nein – lauter Freiwillige. Es traten wohl so etliche vorlaute Bursch' vor die Front heraus und fragten den Obersten, wie teuer der Fürst das Joch Menschen verkaufe? – aber unser gnädigster Landesherr ließ alle Regimenter auf dem Paradeplatz aufmarschieren und die Maulaffen niederschießen. Wir hörten die Büchsen knallen, sahen ihr Gehirn auf das Pflaster spritzen, und die ganze Armee schrie: *Juchhe nach Amerika!* –

LADY *(fällt mit Entsetzen in den Sofa).* Gott! Gott! – Und ich hörte nichts? Und ich merkte nichts?

KAMMERDIENER. Ja, gnädige Frau – warum mußtet Ihr denn mit unserm Herrn gerad auf die Bärenhatz reiten, als man den Lärmen zum Aufbruch schlug? – Die Herrlichkeit hättet Ihr doch nicht versäumen sollen, wie uns die gellenden Trommeln verkündigten, es ist Zeit, und heulende Waisen dort einen lebendigen Vater verfolgten, und hier eine wütende Mutter lief, ihr saugendes Kind an Bajonetten zu spießen, und wie man Bräutigam und Braut mit Säbelhieben auseinanderriß und wir Graubärte verzweiflungsvoll dastanden und den Burschen auch zuletzt die Krücken noch nachwarfen in die Neue Welt – Oh, und mitunter das polternde Wirbelschlagen, damit der Allwissende uns nicht sollte beten hören –

LADY *(steht auf, heftig bewegt).* Weg mit diesen Steinen – sie blitzen Höllenflammen in mein Herz. *(Sanfter zum Kammerdiener.)* Mäßige dich, armer alter Mann. Sie werden wiederkommen. Sie werden ihr Vaterland wiedersehen.

Aus: F. Schiller, Kabale und Liebe. Stuttgart 1978, S. 29 f.

ANREGUNGEN UND EINFLÜSSE IM STURM UND DRANG

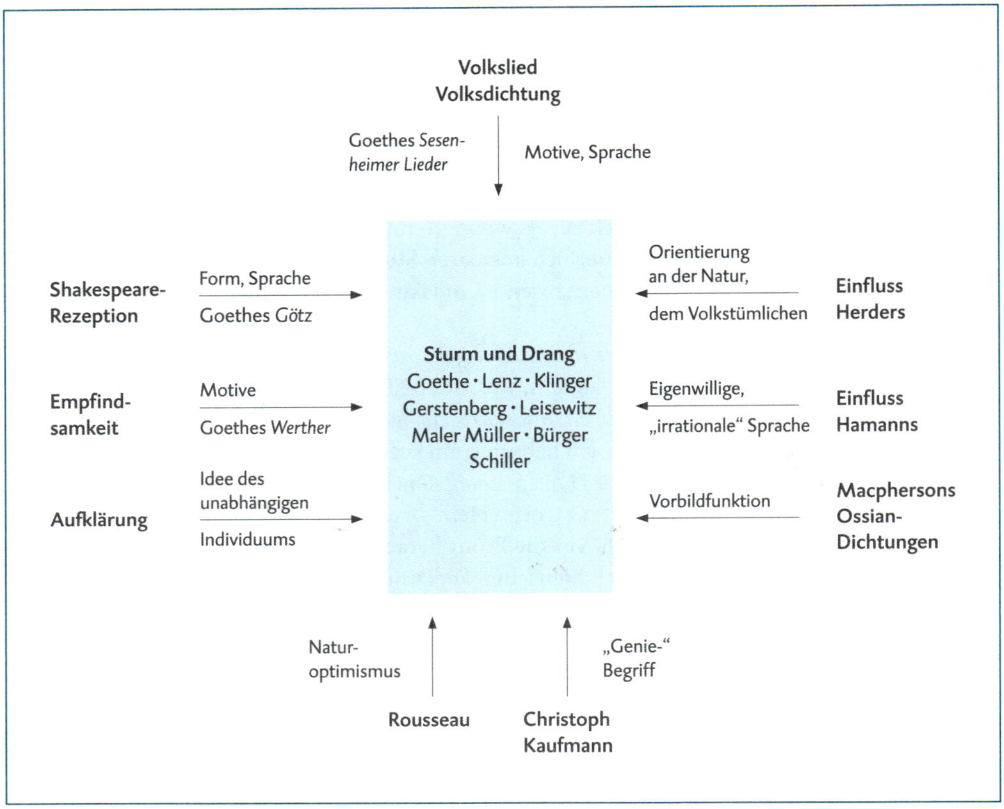

4 Klassik (1786–1805)

4.1 Die Epoche der Klassik

„Klassik“ leitet sich vom lateinischen Begriff „classicus“ her, was ursprünglich eine soziale Kategorie anzeigte: Die „classici“ waren die Angehörigen der höchsten Steuerklasse in Rom. Doch schon um 170 n. Chr. nahm der römische Schriftsteller Gellius eine Begriffserweiterung vor: „scriptores classici“ waren nun herausragende Autoren und „klassisch“ bedeutete „vorbildlich, mustergültig“. In Bezug auf die Literatur gelten mehrere Epochen als „klassisch“: Die gesamte griechisch-römische Antike (mit ihren Höhepunkten unter Perikles und Augustus) ist damit ebenso gemeint wie die Renaissance in Italien (Dante, Tasso), das 16. und 17. Jahrhundert in Spanien (Cervantes, Calderon) und das Elisabethanische Zeitalter in England (Shakespeare). Die **Blütezeit jeder europäischen Literatur** kann daher als „klassische“ Epoche bezeichnet werden.

Im deutschen Sprachraum gibt es zwei „klassische“ Epochen. Die erste ist um 1200 anzusetzen, man spricht in Anlehnung an das herrschende (und damit die Kultur bestimmende) Königsgeschlecht von der **„Staufischen Klassik“**. Eine zweite Blütezeit gab es um 1800. Hierbei spielt noch eine weitere Begriffsveränderung von „klassisch“ eine Rolle: Als „klassisch“ wird nun auch die Literatur bezeichnet, die sich in Form und Inhalt auf die **Antike** Griechenlands und Roms bezieht. Da man mit dem Begriff der „Deutschen Klassik“ in erster Linie die Namen Goethe und Schiller verbindet, es aber zur gleichen Zeit noch eine Vielzahl anderer literarischer Strömungen gab (Unterhaltungsliteratur, Literatur der deutschen Jakobiner und der Spätaufklärung), sollte differenzierter von **„Weimarer Klassik“** gesprochen werden, wenn die Literatur von Goethe und Schiller gemeint ist.

Zwei Ereignisse markieren die zeitliche Einordnung der „Weimarer Klassik“: 1786 brach Goethe zu seiner **Italienreise** auf, während der er ganz unmittelbar mit den Zeugnissen der römischen Vergangenheit konfrontiert wurde. Nach 1805, also dem **Todesjahr Schillers,** wandte sich Goethe von den gemeinsam erarbeiteten klassischen Positionen ab; seine Dichtung nimmt romantische Züge an. Man spricht auch vom „Alterswerk“ Goethes.

KLASSISCHE EPOCHEN DER LITERATUR

Zeit	Epoche	Dichter
um 500 v. Chr.	Athen zur Zeit des Perikles	Aischylos, Sophokles, Euripides
um Christi Geburt	Rom zur Zeit des Augustus	Vergil, Horaz, Ovid
um 1200	Staufische Klassik	Walther von der Vogelweide, Hartmann von Aue, Gottfried von Straßburg, Wolfram von Eschenbach
13.–16. Jh.	Italienische Renaissance	Dante, Tasso
16./17. Jh.	Frankreich: Klassizismus England: Elisabethanisches Zeitalter Spanien: Siglo d'Oro	Racine, Corneille, Molière Shakespeare Cervantes, Calderon
um 1800	Deutsche Klassik	Goethe, Schiller (Hölderlin, Kleist, Jean Paul)
19./20. Jh.	„Klassiker der Moderne"	Kafka, Th. Mann, Brecht, Frisch

4.1.1 Die politische Situation

Die Zeit um 1800 war geprägt von politischer Unruhe und großen Umwälzungen. Die Krise des Ancien Régime in Frankreich warf seine Schatten auf das Deutsche Reich. Die Auswirkungen der **Französischen Revolution** waren auch hier deutlich zu spüren, man denke nur an die Jakobinerherrschaft in Mainz. Der Ruf der Französischen Revolution nach Freiheit, Gleichheit und Brüderlichkeit löste zunächst Begeisterung im Deutschen Reich aus, doch führten wachsendes Chaos und fortschreitender Terror (Jakobinerherrschaft) bald zu kritischer Sicht und Ablehnung.

In der deutschen Geisteswelt gingen nach der Ermordung Ludwigs XVI. die Urteile über die Vorgänge in Frankreich stark auseinander. Wandten sich Schiller, Goethe und Kant nach den Septembermorden enttäuscht und entsetzt von der Revolution ab, so hielt Herder auch dann noch an deren Idealen fest.

Den Naturforscher und Reiseschriftsteller Georg Forster zog es (wie Joseph Görres, Johann Heinrich Campe und Wilhelm von Humboldt) nach Paris: Zu faszinierend und bedeutend fand er die revolutionären Vorgänge, um ihnen fern zu bleiben. Als Abgeordneter der Mainzer Republikaner war er 1793 zu Anschlussverhandlungen in Paris.

Goethe entwarf das Ideal einer kosmopolitisch ausgerichteten Geisteskultur, die die harmonische Vervollkommnung des Menschen beabsichtigte. Die Kunst sollte das Bürgertum dafür entschädigen, dass es von der Politik weitgehend ausgeschlossen war.

4.1.2 Kulturelle Voraussetzungen

Zur Entstehung einer klassischen deutschen Literatur bedurfte es mannigfacher Voraussetzungen: Die Gefühlskultur der Empfindsamkeit war ebenso maßgeblich wie der radikale Subjektivismus des Sturm und Drang, die Vernunftorientierung der Aufklärung und die durch sie angeregte Säkularisierung des Geisteslebens. Entscheidenden Einfluss übten auch die philosophischen Werke des Idealismus und die kunsttheoretischen und kunstgeschichtlichen Studien Winckelmanns aus.

Immanuel Kant (1724–1804) beeinflusste die Autoren des späten 18. und 19. Jahrhunderts; vor allem Schiller, Kleist und die Brüder Schlegel orientierten sich an seinen theoretischen Postulaten.

In der *Kritik der reinen Vernunft* (1781) setzt sich Kant mit der Erkenntnisfähigkeit des Menschen auseinander und stellt die These auf, dass das „Ding an sich" nicht wahrgenommen werden könne. Absolute Erkenntnisfähigkeit sei dem Individuum nicht gegeben. Dieses sei, bedingt durch seine eigene Geschichtlichkeit, nur in der Lage, die jeweiligen Ausprägungen des Absoluten zu erkennen. Diese Schrift war es vor allem, die die Ästhetik Kleists befruchtete.

Die *Kritik der praktischen Vernunft* (1788) handelt vom sittlichen Verhalten: „Handle so, dass die Maxime deines Willens jederzeit als Prinzip einer allgemeinen Gesetzgebung gelten könnte!" Dieser „kategorische Imperativ" ist die zentrale Aussage des Werkes. Kant postuliert in diesem Zusammenhang die grundsätzliche Freiheit jedes Individuums und damit verbunden eine Gehorsamspflicht für jedes Individuum gegenüber dem kategorischen Imperativ.

Johann J. Winckelmann (1717–1768). Zeichnung von Maron (1768)

In seiner dritten großen Schrift, der *Kritik der Urteilskraft* (1790), stellt Kant die Lehre vom Schönen in den Mittelpunkt. Das Schöne und das Erhabene sollen – so Kant – die Gegenstände des Kunstwerks sein. Kant begründet mit dieser Abhandlung die subjektive Ästhetik, stellt also das Geschmacksurteil des Rezipienten über die Eigenschaften des Kunstwerks.

Der Kunsthistoriker **Johann Joachim Winckelmann** (1717–1768), der seit 1763 als Verwalter der Altertümer in Rom, Florenz und Neapel tätig war, zeichnete in *Gedanken über die Nachahmung der griechischen Werke in der Malerei und Bildhauerkunst* (1775) und in seiner *Geschichte der Kunst des Altertums* (1764) ein neuartiges, jedoch durch persönliches Empfinden geprägtes und deshalb stilisiertes Bild der antiken Kunst und damit der gesamten antiken Welt. In seiner Ablehnung von (barockem) Schwulst und „Maßlosigkeit“ glaubte Winckelmann in der Kunst der Griechen ein zeitloses Schönheitsideal zu erkennen: „Edle Einfalt, stille Größe“. Gemeint ist damit das antike, vor allem griechische Kunstideal, wobei „Einfalt“ damals „Einfachheit“, „Schlichtheit“ und damit auch Klarheit bedeutete. Winckelmann gab so Anstöße zu einem neuen humanen Ideal, dem ruhigen, abgeklärten, in sich selbst ruhenden Menschen und regte die Zeitgenossen zu einer – nach der Renaissance – neuen Betrachtungsweise der Antike an. Winckelmanns Kunstauffassung wurde vor allem von Goethe *(Iphigenie auf Tauris)* und Schiller *(Die Götter Griechenlands)* produktiv rezipiert.

4.2 Die Literatur der Klassik

4.2.1 Goethes Entwicklung hin zur Klassik

Die klassische Periode Goethes nahm ihren Anfang mit seiner Italienreise (1786–1788). In der Begegnung mit der römischen Antike, mit dem Maler Tischbein, dem Dichter Karl Philipp Moritz und durch kunstgeschichtliche und naturwissenschaftliche Studien entwickelte er eine andere Kunstauffassung als in seinen Studienjahren in Leipzig, Straßburg und Frankfurt.

Doch schon seine **vorklassische Periode**, der zehnjährige Aufenthalt in **Weimar,** stellte für die neue Denkweise Goethes die Weichen. Eingebunden in die politische Tätigkeit eines Beamten in einem Kleinstaat mit ungefähr 6000 Einwohnern, den die französische Schriftstellerin Madame de Staël „nicht eine kleine Stadt, sondern ein großes Schloss“ nannte, stellten sich ihm manche gesellschaftlichen, wirtschaftlichen und politischen Probleme differenzierter dar als in seiner Sturm-und-Drang-Phase.

Ein persönlicher Aspekt kam hinzu: Goethes Freundin in Weimar, Charlotte von Stein, die überlegene, adlige Weltdame, „erzog“ ihn nicht nur, indem sie ihm höfisches Benehmen beibrachte, sie ermöglichte ihm auch die intellektuelle Auseinandersetzung mit poetologischen Problemen. In ihr fand Goethe das Ideal reiner Menschlichkeit und Güte, das seine Dichtungen in dieser Zeit nachhaltig bestimmte. Das erste Jahrzehnt in Weimar war für Goethe produktiv, trotz der Amtsgeschäfte, die er wahrzunehmen hatte. Der Beginn der Arbeit zum *Wilhelm Meister* fällt in diese Zeit, auch die ersten Entwürfe zu *Tasso* und zur *Iphigenie.*

Doch Weimar wurde Goethe bald zu eng. Als er sich 1786 zusammen mit Frau von Stein, Herzog Karl August und Herder auf einer Badekur in Karlsbad befand, nützte er die Abwesenheit von Weimar und machte sich am 3. September 1786 unter dem Decknamen Jean Philippe Möller und der Berufsbezeichnung „Maler" heimlich nach **Italien** auf, dem Land seiner Sehnsucht.

Charlotte von Stein (1742–1827)

Goethe fuhr über den Brenner nach Trient, weiter nach Verona, Vicenca, Venedig, Padua und Florenz nach Rom. Dort blieb er vom 29. Oktober 1786 bis zum 22. Februar 1787. Anschließend zog er weiter nach Sizilien. Auf der Rückfahrt machte er noch einmal in Rom Halt, ehe er über Mailand, Como und Chur am 18. Juni 1788 wieder in Weimar eintraf.

Die Reise nach Italien hatte für Goethe und seine Kunstauffassung höchste Bedeutung. In einem Brief an Herzog Karl August vom 25. Januar 1788 drückte er dies so aus: „Als ich zuerst nach Rom kam, bemerkte ich bald, daß ich von Kunst eigentlich nichts verstand und ich bis dahin nur den allgemeinen Abglanz der Natur in den Kunstwerken bewundert und genossen hatte, hier tat sich eine ganz andere Natur, ein weites Feld der Kunst vor mir auf, ja ein Abgrund der Kunst, in den ich mit desto mehr Freude hineinschaute, als ich meinen Blick an die Abgründe der Natur gewöhnt hatte."

Christiane Vulpius (1765–1816).
1806 Heirat mit J. W. v. Goethe

Goethe gewann in den Weimarer Jahren und dann vor allem in Italien eine **neue Auffassung von der Kunst**. Das, was wir heute „klassisch" nennen, bekam damals seine endgültige Gestalt.

DER WANDEL IN GOETHES KUNSTTHEORIE

	Kunstideal des Sturm und Drang	Kunstideal der Klassik
Selbstverständnis des Dichters	Genie	Erzieher
Aufgabe der Dichtung	Veränderung, Sozialkritik	Bildung und Erziehung
Form	Regellosigkeit	Formstrenge, Regelhaftigkeit
Sprache	geprägt durch Ausrufe, Ellipsen, Inversionen, Kraftwörter etc.	Hochsprache, „erhaben", Vergleiche, Metaphern
Rahmenbereiche der Dichtung	Alltagsrealität der Gegenwart	Idealität der Antike
Bevorzugte Themen	Standesunterschiede, politische Freiheit, Selbstverwirklichung	Humanität, Willensfreiheit, Schuld und Läuterung
Bevorzugte Gattungen	Drama	Drama, Lyrik

Bei aller Kontrastierung von Sturm und Drang und Klassik darf nicht übersehen werden: So wie der Sturm und Drang als Weiterentwicklung der Aufklärung zu begreifen ist, kann man auch die Klassik nur als **Fortführung des Sturm und Drang** verstehen, in der allerdings einige Positionen relativiert oder abgelehnt wurden. In der Klassik ist die Entfaltung einer ganzheitlichen Persönlichkeit im Mittelpunkt. Dies steht dem Sturm-und-Drang-Konzept des Originalgenies teilweise entgegen, denn während das Genie aus sich selbst heraus schöpferisch tätig wird und sich über alle Konventionen hinwegsetzt, muss sich der klassische Dichter seine Position in Auseinandersetzung mit den bestehenden Regeln und der Tradition erarbeiten.

Unter dem Einfluss der Französischen Revolution erkannte Goethe auch, dass eine gesellschaftliche Ordnung durchaus ihre Berechtigung hat, allerdings darf das Individuum dabei nicht unterdrückt werden – der Einzelne muss seine Grenzen selbstverantwortlich einhalten.

4.2.2 Der philosophische Ansatz Schillers

Schiller war zu einem bekannten Sturm-und-Drang-Dichter geworden, doch war ihm kein materieller Erfolg beschieden. Er stammte aus einem ärmlichen Elternhaus und konnte nicht – wie Goethe – auf finanzielle Zuwendung von Zuhause hoffen. Darunter litt er ein Leben lang. In seinen Jugendjahren war er als Theaterdichter in Mannheim angestellt, wo er pro Jahr drei Theaterstücke fertig zu stellen hatte, was ihm jedoch nicht gelang, sodass er wieder ohne gesicherte Existenz war.

Das Nationaltheater in Mannheim. Stich nach einer Zeichnung von J. F. v. Schlichten

Im Sommer 1787 ging er nach Weimar, das ihn aufgrund seiner kulturellen Aura anzog. Er studierte die Antike und die Geschichte und freundete sich mit Wieland und Herder an. Ein näherer Kontakt zu Goethe, der in Schiller noch immer den Dichter der *Räuber* sah, kam allerdings wegen dessen abweisender Haltung nicht zustande. Immerhin konnte Goethe Schiller 1789 eine – allerdings unbesoldete – Geschichtsprofessur in Jena verschaffen. 1790 heiratete Schiller Charlotte v. Lengefeld. In dieser Situation erklärte sich der Herzog von Augustenburg bereit, Schiller auf drei Jahre den Lebensunterhalt zu bestreiten. Schiller nützte die Zeit zum intensiven Studium der Schriften Immanuel Kants.

Was Schiller unter klassischer Kunst verstand, ist vor allem in seinen theoretischen Schriften nachzulesen: in *Über Anmut und Würde* (1793), *Über die ästhetische Erziehung des Menschen* (1795) und in *Über das Erhabene* (1801). Schiller ging wie Kant von der Divergenz von **Pflicht und Neigung** aus; diese galt es zu überwinden: Die Klassik propagiert die selbsterzieherische Leistung des Einzelnen. Diese Haltung bedeutet eine Abkehr von den Idealen des Sturm und Drang. Hatten Goethe und Schiller in ihren Jugendschriften noch Originalität und Subjektivismus den Weg gebahnt, so änderten sie ihre Einstellung in ihrer klassischen Phase: Der Einzelne sollte freiwillig bestehende Gesetze anerkennen und das **rechte Maß für sein Handeln** finden. Dafür ist „Genie" keine Voraussetzung mehr – im Gegenteil: Schiller fordert vom klassischen Dichter Selbstdisziplin. Damit einher geht aber die Forderung, dass der Staat das Individuum nicht länger unterdrücken darf.

4.2.3 Der Freundschaftsbund zwischen Goethe und Schiller

Schiller suchte schon seit längerem Kontakt zu dem von ihm verehrten und bewunderten Goethe. Dieser jedoch hielt Schiller noch immer für einen typischen Sturm-und-Drang-Dichter. Am 20. Juli 1794, nach einer Sitzung der Naturforschenden Gesellschaft, sprach Schiller Goethe noch einmal direkt an und verwickelte ihn in ein Gespräch über die Urpflanze. Mit dieser Unterredung datiert der Beginn der Freundschaft zwischen Goethe und Schiller, der 1799 ganz nach Weimar übersiedelte. Die **Zusammenarbeit der Dichter** findet ihren ersten Niederschlag im Jahr 1796 mit der Veröffentlichung der Gedichtsammlung *Xenien* und dauert bis zum Tod Schillers 1805.

Goethe-Schiller-Standbild vor dem Nationaltheater in Weimar (Bildhauer: E. Rietschel)

Goethe und Schiller waren völlig unterschiedliche Charaktere; dies trifft sowohl auf ihre Persönlichkeit als auch auf ihr literarisches Werk zu. Schiller hatte diese Unterschiede klar erkannt und in seiner Abhandlung *Über naive und sentimentalische Dichtung* (1796) herausgearbeitet. In Goethe sah er einen „naiven" Dichter, der noch mit der Natur in Einklang war und dem so ein unmittelbares, unbewusstes Schöpfertum möglich war. Der moderne, in Schillers Begrifflichkeit „sentimentalische" Dichter hat dagegen durch Kultur und Zivilisation diese ursprüngliche Naturnähe verloren. Er versucht nun, über philosophische Reflexionen den vermissten Urzustand wiederherzustellen und Ideal und Realität zu vereinen, was jedoch ein unerreichbares Ziel bleiben muss. Schiller selbst verstand sich als sentimentalischer Dichter. Diesem Unterschied in der Dichtungsart ist es zuzuschreiben, dass Goethe immer als der volkstümlichere Dichter angesehen wurde.

Das Jahr **1797** ist als **„Balladenjahr"** in die Literaturgeschichte eingegangen. Im Wettstreit miteinander dichteten Goethe und Schiller ihre schönsten Balladen, die auch heute noch in jede Anthologie aufgenommen werden: *Der Taucher*, *Die Kraniche des Ibykus* und *Die Bürgschaft* (Schiller), *Der Zauberlehrling* und *Die Braut von Korinth* (Goethe).

Die Zusammenarbeit zwischen Goethe und Schiller fand ihren Ausdruck nicht nur in den gemeinsamen Werken. Zu Beginn ihrer Freundschaft stand die **gegenseitige Anregung und künstlerische Befruchtung** im Vordergrund, die dazu führte, dass Goethe schon früher begonnene Werke wieder bearbeitete und im Sinne der klassischen Ästhetik veränderte und abschloss. *Wilhelm Meisters Lehrjahre* (hervorgegangen aus dem Romanfragment *Wilhelm Meisters theatralische Sendung*) wurde fertiggestellt und die Arbeit am *Faust*, der 1808 als *Faust. Der Tragödie erster Teil* veröffentlicht wurde, wieder aufgenommen. Es entstanden die Epen *Reineke Fuchs* und *Hermann und Dorothea* und das Drama *Die natürliche Tochter*, in dem Goethe sich nochmals mit der Französischen Revolution auseinandersetzte. Trotz seiner Krankheit, einem Lungenleiden aus dem Jahr 1792, schrieb Schiller Jahr für Jahr ein Drama im klassischen Stil: *Wallenstein* (1799), *Maria Stuart* (1800), *Die Jungfrau von Orleans* (1801), *Die Braut von Messina* (1803) und *Wilhelm Tell* (1804). *Demetrius* (1805) ist Fragment geblieben.

4.2.4 Literarische Gattungen

Die Literatur der Klassik gestaltet Stoffe von allgemeiner und grundsätzlicher Bedeutung. Nicht mehr das Genialische erscheint literaturwürdig, sondern Themen, die **überzeitliches Interesse** beanspruchen können, werden nun bevorzugt. Diese Literaturauffassung ist auch als eine mögliche Reaktion der Autoren auf die Zeitumstände, vor allem auf die Französische Revolution, zu verstehen. Ziel der Dichter war nicht mehr die Anprangerung von sozialen Missständen (die durch die aufgeklärte Form des Absolutismus gemildert in Erscheinung traten), sondern die Versöhnung des Individuums mit Staat und Gesellschaft. Dieses **Harmoniestreben**, die Darstellung von **Humanität**, spiegelt sich in allen literarischen Gattungen wider.

Besonders das **Drama** eignete sich durch seinen klaren (meist fünfaktigen) Aufbau, durch Verwendung der stilisierten Hochsprache mit Neigung zur Sentenzhaftigkeit sowie durch die Darstellung idealer Figuren, diese klassischen Ansprüche zu erfüllen. Vorherrschende Dramentypen waren das Ideendrama (Darstellung einer Idee: z. B. Goethes *Iphigenie*) und das Geschichtsdrama (Darstellung historischer Stoffe, die für die Gegenwart um 1800 neu gedeutet wurden: z. B. Schillers *Wilhelm Tell*). Schiller stellte in seinen Dramen meist die Idee der Freiheit in den Mittelpunkt.

Angelika Kauffmann, Szene aus Goethes *Iphigenie auf Tauris* (1787)

Im **Roman** gestalteten die Klassiker meist den Lebenslauf eines Helden. Dieser entwickelt sich vom sich selbst absolut setzenden Individuum zum nützlichen Mitglied der Gesellschaft und kommt auf diesem Bildungsweg zu einer neuen, vollkommeneren Identität. Musterbeispiele des klassischen Romans sind Goethes *Wilhelm Meisters Lehrjahre* (1795/96), die *Wahlverwandtschaften* (1809) und Hölderlins *Hyperion* (1797/99).

In der **Lyrik** ist eine Abkehr vom Erlebnishaften erkennbar. Auch in den Gedichten und Balladen stehen überzeitlich gültige Themen und Probleme im Mittelpunkt. Fremdes Kulturgut, vor allem aus dem griechischen und asiatischen Raum, wird in die klassische Lyrik aufgenommen.

4.2.5 Literarisches Leben: Weimar als Kulturzentrum

Das literarische Leben der Klassik ist weitgehend an Weimar gebunden. Schon die Herzogin Anna Amalia hatte die Weichen dafür gestellt, dass die Residenzstadt zu einem **„Musenhof"** werden konnte: Sie pflegte literarische Geselligkeit, veranstaltete Lesungen, betrieb ein Hoftheater, dessen Leitung 1791 bis 1817 Goethe innehatte. Sie engagierte Herder auf Goethes Rat hin als Generalsuperintendenten und Christoph Martin Wieland als Erzieher ihres Sohns, des Thronfolgers Karl August. Wieland tat seine Pflicht gründlich und machte den jungen Herzog mit dem Gedankengut der Aufklärung vertraut. Der Entschluss Karl Augusts, Goethe nach Weimar zu holen, ist ebenso vor diesem

Hintergrund zu sehen wie sein Interesse für die Universität Jena, die im Verwaltungsbereich Weimars lag.

Goethe traf 1775 in Weimar ein und wurde sofort ein unentbehrliches Mitglied der Regierung: Es lagen bis zu seiner Abreise nach Italien die Oberaufsicht über die Bergwerke, die Kriegskommission und die Finanzen des Kleinstaates in seiner Hand, nach seiner Rückkehr hatte er sich um Bibliotheken, Museen und Kunstsammlungen zu kümmern.

Ab 1799 lebte auch Schiller in Weimar, wollte er doch zusammen mit Goethe den Spielplan des Weimarer Hoftheaters erarbeiten.

Abendgesellschaft bei Herzogin Anna Amalia. Aquarell von Georg Melchior Kraus (1795)

4.3 Autoren und Werke

4.3.1 Das klassische Drama: Schillers „Maria Stuart“

Schillers Drama behandelt einen **historischen Stoff:** die Gefangenschaft der schottischen Königin Maria Stuart in England. Jedoch verfährt Schiller recht freizügig mit der geschichtlichen Überlieferung.

Maria Stuart, die sich während eines Aufstandes in Schottland nach England zu Königin Elisabeth I. geflüchtet hatte, wird von dieser vorgeworfen, an einer Verschwörung gegen sie beteiligt gewesen zu sein. Ein englisches Gericht erklärt Maria für schuldig – damit setzt die Dramenhandlung ein. Mortimer, ein Verehrer Marias, möchte sie aus dem Gefängnis befreien und hofft dabei auf die Hilfe von Lord Leicester, dem ehemaligen Verlobten Marias, der aber zu Elisabeth übergelaufen ist. Auch Leicester hofft, Elisabeth würde Maria begna-

Szenenfoto aus Schillers *Maria Stuart*. Kammerspiele München 1979. Regie: Ernst Wendt

digen, und so arrangiert er eine Begegnung der beiden: Nach der Messe treffen die Königinnen vor der Kirche aufeinander. Doch die Begegnung verläuft anders als geplant. Elisabeth verhöhnt die vor ihr auf Knien um Gnade flehende Maria, woraufhin diese Elisabeth beschimpft. Damit ist das Schicksal Marias besiegelt. Die in ihrer Eitelkeit getroffene englische Königin unterzeichnet das Todesurteil. Im Angesicht des Todes vollzieht sich in Maria eine innere Wandlung: Statt sich gegen das ungerechte Urteil aufzulehnen, nimmt sie ihren Tod als Sühne für ihre Mitschuld an der Ermordung ihres Gatten Darnley an. Folgender Auszug aus Szene III,4 zeigt das Zusammentreffen der beiden Königinnen:

ELISABETH. Bekennt Ihr endlich Euch für überwunden?
Ists aus mit Euren Ränken? Ist kein Mörder
Mehr unterwegs? Will kein Abenteurer
Für Euch die traurge Ritterschaft mehr wagen?
– Ja, es ist aus, Lady Maria. Ihr verführt
Mir keinen mehr. Die Welt hat andre Sorgen.
Es lüstet keinen, Euer – vierter Mann
Zu werden, denn Ihr tötet Eure Freier
Wie Eure Männer!
MARIA *(auffahrend)*. Schwester! Schwester!
O Gott! Gott! Gib mir Mäßigung!
ELISABETH *(sieht sie lange mit einem Blick stolzer Verachtung an)*.
Das also sind die Reizungen, Lord Leicester,
Die ungestraft kein Mann erblickt, daneben
Kein andres Weib sich wagen darf zu stellen!
Fürwahr! *Der* Ruhm war wohlfeil zu erlangen,
Es kostet nichts, die *allgemeine* Schönheit
Zu sein, als die *gemeine* sein für *alle!*
MARIA. Das ist zuviel!
ELISABETH *(höhnisch lachend)*. Jetzt zeigt Ihr Euer wahres
Gesicht, bis jetzt wars nur die Larve.
MARIA *(vor Zorn glühend, doch mit einer edeln Würde)*.
Ich habe menschlich, jugendlich gefehlt,
Die Macht verführte mich, ich hab es nicht
Verheimlicht und verborgen, falschen Schein
Hab ich verschmäht, mit königlichem Freimut.

Das Ärgste weiß die Welt von mir und ich
Kann sagen, ich bin besser als mein Ruf.
Weh Euch, wenn sie von Euren Taten einst
Den Ehrenmantel zieht, womit Ihr gleißend
Die wilde Glut verstohlner Lüste deckt.
Nicht Ehrbarkeit habt Ihr von Eurer Mutter
Geerbt, man weiß, um welcher Tugend willen
Anna von Boleyn das Schafott bestiegen.
SHREWSBURY *(tritt zwischen beide Königinnen).*
O Gott des Himmels! Muß es dahin kommen!

Aus: F. Schiller, Werke in drei Bänden. Hg. v. H. G. Goepfert. München 1976. Bd. 3, S. 310 f.

In der Mitte des 19. Jahrhunderts versuchte Gustav Freytag (1816–1895) in seiner Poetik *Technik des Dramas* das Wesen des Dramas allgemein gültig zu bestimmen. Er griff dabei auf Schillers *Maria Stuart* zurück und erläuterte an diesem fünfaktigen Stück die Bauform:

DER AUFBAU DES KLASSISCHEN DRAMAS

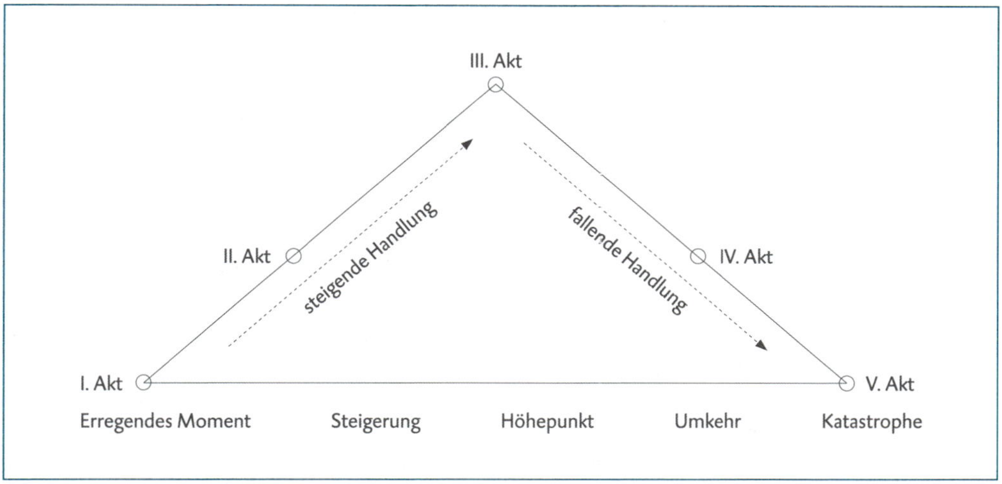

4.3.2 Blütezeit des Bildungsromans: Goethes „Wilhelm Meister"

Die erzieherische und volksbildnerische Intention der Klassiker schien durch die Darstellung **exemplarischer Entwicklungsvorgänge** eines Individuums im Drama, vor allem aber auch im Roman, am zuverlässigsten zu verwirklichen zu sein. Der Roman bietet Raum, um Entwicklungsprozesse anschaulich und in allen Einzelheiten darzulegen, da er im Hinblick auf seine zeitliche Ausdehnung – im Gegensatz zum Drama, das dem aristotelischen Prinzip (Einheit von Ort, Zeit und Handlung) entsprechen sollte – nicht festgelegt ist.

Wilhelm Meister ist ein Werk, das Goethe – ähnlich dem *Faust* – lange Jahre seines Lebens begleitete. Erst 1910 wurde eine Abschrift des „Urmeister", also von *Wilhelm Meisters theatralischer Sendung* entdeckt, an dem Goethe in den Weimarer Jahren von 1777 bis 1785 arbeitete. In dieser Urfassung ist die Wilhelm-Meister-Figur ganz auf das Theater als Wirkungsbereich festgelegt. Der Schriftsteller Wilhelm Meister entwickelt sich zum Theaterdichter und Regisseur – eine Biografie, die Goethe von seiner eigenen Person her kannte. Erst auf Anregung Schillers (1794) nahm sich Goethe des Stoffes wieder an, erkannte aber unter dem Einfluss des klassischen Kunstideals, dass dieser noch wesentlich vielschichtiger gestaltet werden müsse.

Zum Inhalt: Der Kaufmannssohn Wilhelm Meister hat eine Vorliebe für das Theater; so beschließt er, Schauspieler zu werden. Obwohl er dabei erfolgreich ist, erkennt er, dass dieses Dasein nicht das höchste Glück bedeuten kann. So orientiert sich Wilhelm zukünftig am praktischen Leben.

Goethe zeigt damit, dass die **Ausbildung einer harmonischen, ganzheitlichen Persönlichkeit** nur möglich ist, wenn sowohl die künstlerischen als auch die praktischen Fähigkeiten ausgebildet werden: Das Schöne und das Nützliche müssen sich in dem „ganzen Menschen" verbinden. Im folgenden Textauszug (5. Buch, 3. Kapitel) legt Wilhelm seinem Freund Werner brieflich dar, was er unter „Bildung" und „Entwicklung" versteht:

> Daß ich dir's mit Einem Worte sage, mich selbst, ganz wie ich da bin, auszubilden, das war dunkel von Jugend auf mein Wunsch und meine Absicht. Noch hege ich eben diese Gesinnungen, nur daß mir die Mittel, die mir es möglich machen werden, etwas deutlicher sind. Ich habe mehr Welt gesehen, als du glaubst, und sie besser benutzt, als du denkst. Schenke deswegen dem, was ich sage, einige Aufmerksamkeit, wenn es gleich nicht ganz nach deinem Sinne sein sollte.
>
> Wäre ich ein Edelmann, so wäre unser Streit bald abgetan; da ich aber nur ein Bürger bin, so muß ich einen eigenen Weg nehmen, und ich wünsche daß du mich verstehen mögest. Ich weiß nicht wie es in fremden Ländern ist, aber in Deutschland ist nur dem Edelmann eine gewisse allgemeine, wenn ich sagen darf, personelle Ausbildung möglich. Ein Bürger kann sich Verdienst erwerben und zur höchsten Not seinen Geist ausbilden; seine Persönlichkeit geht aber verloren, er mag sich stellen wie er will [...]
>
> Wenn der Edelmann im gemeinen Leben gar keine Grenzen kennt, wenn man aus ihm Könige oder königähnliche Figuren erschaffen kann; so darf er überall mit einem stillen Bewußtsein vor seines gleichen treten; er darf überall vorwärts dringen, anstatt daß dem Bürger nichts besser ansteht, als das reine stille Gefühl

der Grenzlinie die ihm gezogen ist. Er darf nicht fragen: was bist du? sondern nur: was hast du? Welche Einsicht, welche Kenntnis, welche Fähigkeit, wieviel Vermögen? Wenn der Edelmann durch die Darstellung seiner Person alles gibt, so gibt der Bürger durch seine Persönlichkeit nichts und soll nichts geben. Jener darf und soll scheinen; dieser soll nur sein, und was er scheinen will ist lächerlich oder abgeschmackt. Jener soll tun und wirken, dieser soll leisten und schaffen; er soll einzelne Fähigkeiten ausbilden, um brauchbar zu werden, und es wird schon voraus gesetzt, daß in seinem Wesen keine Harmonie sei, noch sein dürfe, weil er, um sich auf Eine Weise brauchbar zu machen, alles übrige vernachlässigen muß [...]

Ich habe nun einmal gerade zu jener harmonischen Ausbildung meiner Natur, die mir meine Geburt versagt, eine unwiderstehliche Neigung. Ich habe, seit ich dich verlassen, durch Leibesübung viel gewonnen; ich habe viel von meiner gewöhnlichen Verlegenheit abgelegt und stelle mich so ziemlich dar. Eben so habe ich meine Sprache und Stimme ausgebildet, und ich darf ohne Eitelkeit sagen, daß ich in Gesellschaften nicht mißfalle. Nun leugne ich dir nicht, daß mein Trieb täglich unüberwindlicher wird, eine öffentliche Person zu sein, und in einem weitern Kreise zu gefallen und zu wirken. Dazu kömmt meine Neigung zur Dichtkunst und zu allem, was mit ihr in Verbindung steht, und das Bedürfnis meinen Geist und Geschmack auszubilden, damit ich nach und nach auch bei dem Genuß, den ich nicht entbehren kann, nur das Gute wirklich für gut und das Schöne für schön halte. Du siehst wohl, daß das alles für mich nur auf dem Theater zu finden ist, und daß ich mich in diesem einzigen Elemente nach Wunsch rühren und ausbilden kann. Auf den Brettern erscheint der gebildete Mensch so gut persönlich in seinem Glanz als in den obern Klassen; Geist und Körper müssen bei jeder Bemühung gleichen Schritt gehen, und ich werde da so gut sein und scheinen können, als irgend anderswo. Suche ich daneben noch Beschäftigungen, so gibt es dort mechanische Quälereien genug, und ich kann meiner Geduld tägliche Übung verschaffen.

Disputiere mit mir nicht darüber; denn eh' du mir schreibst, ist der Schritt schon geschehen. Wegen der herrschenden Vorurteile will ich meinen Namen verändern, weil ich mich ohnehin schäme als Meister aufzutreten. Lebe wohl. Unser Vermögen ist in so guter Hand, daß ich mich darum gar nicht bekümmere; was ich brauche, verlange ich gelegentlich von dir; es wird nicht viel sein, denn ich hoffe daß mich meine Kunst auch nähren soll.

Aus: J. W. Goethe, Wilhelm Meisters Lehrjahre. Münchner Ausgabe. Hg. v. K. Richter u. a. München 1988. Bd. 5, S. 288 ff.

Goethes Roman *Wilhelm Meisters Lehrjahre* (1795/96) galt den nachfolgenden Autoren als **Vorbild der Gattung Bildungs- und Entwicklungsroman**. Noch im 17. und frühen 18. Jahrhundert zeichneten die Romanschriftsteller „statische" Personen, deren Charakterzüge festgelegt sind, die also keine Entwicklungsmöglichkeit besitzen (z. B. Grimmelshausen im *Simplicissimus*). Erst unter dem Einfluss des Pietismus wurden sich die Autoren bewusst, dass die im Menschen liegenden Anlagen zu einer harmonischen Ganzheit ausgebildet werden können. Die autobiografische Schau nach innen half ihnen dabei (vgl. K. P. Moritz: *Anton Reiser*, Wieland: *Geschichte des Agathon*).

Wilhelm Meisters Lehrjahre aber beeinflusste mehr als die Fortsetzung *Wilhelm Meisters Wanderjahre oder die Entsagenden* von 1821/29 vor allem das Romanschaffen der romantischen Dichter: Ludwig Tieck (*Franz Sternbalds Wanderungen*, 1798), Novalis (*Heinrich von Ofterdingen*, 1799), Jean Paul (*Titan*, 1800/03) und Joseph von Eichendorff (*Ahnung und Gegenwart*, 1815).

Die Nachwirkungen des *Wilhelm Meister* reichen aber noch bis weit ins 19. und 20. Jahrhundert hinein – bis hin zu Gottfried Keller (*Der grüne Heinrich*, 1854), Adalbert Stifter (*Der Nachsommer*, 1857), Wilhelm Raabe (*Der Hungerpastor*, 1864) und Hermann Hesse (*Das Glasperlenspiel*, 1943).

In neuerer Zeit wird die Möglichkeit der vorbildlichen Existenz eines Romanhelden mehr und mehr in Zweifel gezogen: Die Autoren reagieren mit der Erschaffung des Antihelden und der Hinwendung zu „Anti-Entwicklungsromanen". Als typisches Beispiel hierfür gilt Oskar Matzerath, die Hauptfigur aus Günter Grass' *Blechtrommel*, der als Dreijähriger beschließt, nicht mehr weiterzuwachsen und nach allerlei Abenteuern als 30-Jähriger in eine Heil- und Pflegeanstalt eingeliefert wird, wo er seine Erlebnisse niederschreibt.

4.3.3 Literatur jenseits von Epochengrenzen: Goethes „Faust"

Auerbachs Keller. Szenenfoto aus Goethes *Faust* in der Inszenierung von Christoph Marthaler. Deutsches Schauspielhaus Hamburg 1993

Die Figur des Schwarzkünstlers und Gelehrten Faust beschäftigte Goethe fast sein ganzes Leben lang: Als Kind in Frankfurt hatte er das *Puppenspiel von Dr. Faustus* kennen gelernt, als bereits anerkannter Dichter veröffentlichte er 1808 *Der Tragödie erster Teil*, erst wenige Jahre vor seinem Tod schloss er den zweiten Teil des Welttheaters ab.

Die Faust-Dichtung Goethes ist keiner Epoche (allein) zuzuordnen. Es finden sich mittelalterliche Themen, Anschauungen und sprachliche Merkmale aus Aufklärung, Sturm und Drang und Klassik darin wieder, aber auch die Romantik und das heraufziehende Industriezeitalter haben ihre Spuren hinterlassen, sodass sich die gesamte Lebenszeit Goethes und die geistesgeschichtliche Tradition, in der er sich wusste, im *Faust* widerspiegeln.

Das Schauspiel bildet eine Doppeltragödie, die zwei Handlungsstränge miteinander verknüpft. Während im ersten Handlungsstrang Faust als Gelehrter im Mittelpunkt steht („Gelehrtentragödie"), kreist der zweite Handlungsstrang um Faust und seine Beziehung zu Margarethe („Gretchentragödie").

Die Gelehrtentragödie: Der alternde Gelehrte Faust ist unzufrieden mit seinem Leben: Als Doktor und Professor hat er zwar alles erreicht, was für einen Wissenschaftler zu seiner Zeit möglich war, musste jedoch erkennen, dass ihm die göttlichen Hintergründe der menschlichen Existenz verschlossen geblieben sind. Faust strebt nach umfassendem Wissen über den Menschen, die Welt und das göttliche Wirken. Als seine Versuche scheitern, Erkenntnis über das, „was die Welt / Im Innersten zusammenhält", zu gewinnen, ruft er den Erdgeist an, der Faust aber in seine Schranken weist („Du gleichst dem Geist, den du begreifst, / Nicht mir!"). Um Einsicht in die letzten Geheimnisse des Seins zu erlangen, versucht Faust, mit einem Gifttrunk sein Bewusstsein zu erweitern. Doch als er bewusst die Schwelle vom Leben zum Tod überschreiten will, holt ihn der Klang der Osterglocken in die Welt zurück.

Der Pudel, der Faust auf seinem anschließenden Osterspaziergang bis nach Hause folgt, enthüllt bald seine wahre Identität als Mephistopheles, als „Teil von jener Kraft, / Die stets das Böse will und stets das Gute schafft". Dieser verspricht Faust, ihm alles das zu geben, was er sucht. Faust zweifelt zwar an dem Versprechen, lässt sich aber trotzdem mit dem Teufel ein. Er schließt allerdings keinen Pakt mit Mephisto, der ihm diesem bedingungslos ausgeliefert hätte, sondern bietet ihm eine Wette an: Er will dann seine Seele verloren haben, wenn er zum Augenblick sagen sollte: „Verweile doch! Du bist so schön!", wenn also sein rastloses Streben jemals zur Ruhe gelangen sollte.

Nach Abschluss der Wette beginnt die Fahrt der beiden in die „kleine, dann die große Welt", doch können die Kunststücke des Teufels oder ein Besuch in der Hexenküche Faust nicht beeindrucken. Als er jedoch in einem Zauberspiegel das Bild einer jungen Frau entdeckt, das ihn fasziniert, verspricht ihm Mephistopheles so ein „Schätzchen". Mit einigen Zaubertricks wird Faust in einen jungen Mann verwandelt, die Reise geht weiter – und die Gretchenhandlung beginnt.

Die Gretchentragödie: Durch die Begegnung mit Gretchen ergeben sich für Faust neue Möglichkeiten, das menschliche Wesen und die Liebe zu ergründen. Sein ursprüngliches Ziel – zu erkennen, „was die Welt / Im Innersten zusammenhält" – erreicht er dabei jedoch nicht. Faust dringt in der Rolle des

Verführers in Gretchens Welt ein und setzt sich dabei über Widerstände hinweg: Er ermordet (wenn auch ohne sein Wissen) ihre Mutter und dann im Zweikampf ihren Bruder Valentin und schwängert Gretchen, was diese zur sozialen Außenseiterin macht. Als Gretchen das Neugeborene aus Verzweiflung tötet, ist auch ihr Schicksal besiegelt.

Die Gretchentragödie spielt innerhalb des bürgerlichen Milieus. Gretchen entstammt dem Kleinbürgertum, Faust gehört als Gelehrter der bürgerlichen Oberschicht an. Dieser soziale Unterschied zwischen den Liebenden macht ein Gelingen ihrer Beziehung unmöglich, zumal sie völlig konträre Moralvorstellungen haben. Margarete hält an den religiösen und moralischen Werten ihres Standes fest, unterstellt sich zuletzt der göttlichen Gnade und büßt für den Kindsmord mit ihrem Tod, während sich Faust neuen leeren Vergnügungen hingibt.

Das Motiv des Kindsmords: Der Kindsmord ist ein häufiges Motiv in der Literatur des 18. Jahrhunderts bzw. im bürgerlichen Trauerspiel, wofür es einen realen Hintergrund gibt: Die Tötung von unehelichen Neugeborenen war häufig und meist gesellschaftlich bedingt. Während die Väter ungeschoren davon kamen, stellte man die Mütter unehelicher Kinder an den Pranger und züchtigte sie öffentlich. Gegen diese Praxis wandten sich die Dichter des Sturm und Drang und forderten einen humanen Umgang mit den allein gelassenen Frauen (z. B. Jakob Michael Reinhold Lenz: *Der Hofmeister*, 1774, Heinrich Leopold Wagner: *Die Kindermörderin*, 1776). Goethe nimmt das Kindsmord-Motiv im Faust-Drama noch einmal auf und gibt der Bestrafung der Mörderin eine neue metaphysische Wendung, wenn er am Ende des Schauspiels dem Triumph Mephistopheles' „Sie ist gerichtet“ ein „Sie ist gerettet“ von oben entgegensetzt.

Für Faust stellt Gretchen nur eine Station dar bei seinem rastlosen Vorwärtsstreben, das Goethe in **Faust II** (erschienen 1832) als bunte, metaphysische Szenenfolge weiterführte. Zuletzt ist es allerdings gerade sein unablässiges Streben und Irren, das Faust die göttliche Erlösung zuteil werden und den Teufel leer ausgehen lässt. In seinem steten Bemühen, über das Erreichte hinauszukommen, erkennt Gott die höchste Bestimmung des menschlichen Lebens. Während der Zyniker Mephisto als nihilistisches Prinzip und negative metaphysische Ergänzung zu Gott angelegt ist, repräsentiert Faust den Sinn suchenden Menschen an sich. Aus dieser exemplarischen Konstellation bezieht Goethes universale Dichtung ihre überzeitliche Gültigkeit.

Der nachfolgende Textauszug zeigt den Ausgangspunkt der Tragödie: Der Gelehrte Faust ist mit seiner Existenz nicht mehr zufrieden, da sie ihm mehr und mehr eingeschränkt erscheint.

NACHT
In einem hochgewölbten, engen gotischen Zimmer.
FAUST *unruhig auf seinem Sessel am Pulte.*
FAUST. Habe nun, ach! Philosophie,
Juristerei und Medizin,
Und leider auch Theologie!
Durchaus studiert, mit heißem Bemühn.
Da steh ich nun, ich armer Tor!
Und bin so klug als wie zuvor;
Heiße Magister, heiße Doktor gar,
Und ziehe schon an die zehen Jahr
Herauf, herab und quer und krumm
Meine Schüler an der Nase herum –
Und sehe, daß wir nichts wissen können!
Das will mir schier das Herz verbrennen.
Zwar bin ich gescheiter als alle die Laffen,
Doktoren, Magister, Schreiber und Pfaffen;
Mich plagen keine Skrupel noch Zweifel,
Fürchte mich weder vor Hölle noch Teufel –
Dafür ist mir auch alle Freud entrissen,
Bilde mir nicht ein, was Rechts zu wissen,
Bilde mir nicht ein, ich könnte was lehren,
Die Menschen zu bessern und zu bekehren.
Auch hab ich weder Gut noch Geld,
Noch Ehr und Herrlichkeit der Welt;
Es möchte kein Hund so länger leben!
Drum hab ich mich der Magie ergeben,
Ob mir durch Geistes Kraft und Mund
Nicht manch Geheimnis würde kund;
Daß ich nicht mehr, mit sauerm Schweiß,
Zu sagen brauche, was ich nicht weiß;
Daß ich erkenne, was die Welt
Im Innersten zusammenhält,
Schau alle Wirkenskraft und Samen,
Und tu nicht mehr in Worten kramen.

Aus: J. W. Goethe, Faust. Der Tragödie erster Teil. Stuttgart 1990, S. 13

Albert Bassermann als Mephisto. Deutsches Theater Berlin 1911

4.4 Zwischen Klassik und Romantik

In der Literaturwissenschaft ist jede **Epochengliederung** eine **Hilfskonstruktion**. Die Ideen der einzelnen Autoren und die Themen ihrer jeweiligen Werke werden unter gewissen Leitperspektiven als zusammengehörig empfunden und in Epochen zusammengefasst. Dabei gibt es aber immer wieder literarische Strömungen, die dem Geist der Epoche nicht uneingeschränkt zuzuordnen sind und ihm in gewisser Hinsicht sogar zuwiderlaufen.

Mit der Ausdifferenzierung des literarischen Spektrums um 1800, der Abkehr von normativen Poetiken und der Hinwendung zur bewussten Subjektivität wird es immer schwieriger, typische, für alle Autoren eines Zeitraums gültige Leitlinien zu finden: Es gab um 1800 nicht nur „die Klassiker" Goethe und Schiller, es gab auch Jakobinerliteratur (Georg Forster, Georg Rebmann), Unterhaltungsliteratur (Iffland, Kotzebue, Vulpius) – und es gab Autoren, die sich jeder Epochenzuordnung entziehen, da ihr Werk zu vielschichtig und von gegensätzlichen Einflüssen bestimmt ist.

Dies wird zum ersten Mal bei Friedrich Hölderlin, Jean Paul und Heinrich von Kleist offensichtlich. Alle drei Dichter stehen der Klassik und der Romantik nahe; keine Epoche kann sie ganz für sich vereinnahmen.

4.4.1 Friedrich Hölderlin

Hölderlin (1770–1843) konnte sich zu Lebzeiten nicht als Autor etablieren. Obwohl von Schillers Lyrik nachhaltig beeinflusst, erkannten die Klassiker seinen literarischen Rang nicht. Dabei bestanden sehr wohl persönliche Beziehungen – gerade zu Schiller. Erst in unserem Jahrhundert wurde Hölderlin verstärkt rezipiert, z. B. durch Martin Walser und Peter Weiss.

Aus einem pietistischen Pfarrhaus stammend, war Hölderlin von Jugend an für einen geistlichen Beruf bestimmt. Diesem entzog er sich, indem er 1793 eine Stelle als Hauslehrer bei Charlotte von Kalb antrat, die Schiller ihm vermittelt hatte. Von 1794 bis 1795 hielt Hölderlin sich in Jena auf, pflegte auch Kontakte zu Goethe, Herder, Novalis und Schiller, doch brach er im Mai 1795 überraschend in seine Heimat auf. Hölderlin wurde wieder Hauslehrer, diesmal in Frankfurt bei dem Bankier Gontard, dessen Frau Susette er zur „Diotima" in seinem Briefroman *Hyperion* stilisierte.

Ein griechischer Jüngling steht im Mittelpunkt des *Hyperion* (1797–1799). Er versucht, im Krieg der Griechen gegen die Türken eine vermittelnde Position einzunehmen. Als dieses misslingt, reist er nach Deutschland, fühlt sich dort aber ebenfalls von den herrschenden politischen Verhältnissen abgestoßen. So kehrt er als prophetischer Dichter in seine Heimat zurück.

Bevor Hölderlin, vermutlich aufgrund einer Geisteskrankheit, die 1807 als „unheilbar“ diagnostiziert wurde, für immer verstummte, schuf er das Trauerspiel *Tod des Empedokles* (1797 begonnen, 1826 veröffentlicht) sowie verschiedene Hymnen und Oden.

4.4.2 Jean Paul

Geboren wurde Jean Paul (1763–1825) als Johann Paul Friedrich Richter in Wunsiedel. Auch er sollte Theologe werden, brach das Studium aber nach zwei Jahren ab und versuchte sich als freier Schriftsteller. Anerkennung und finanziellen Erfolg brachte ihm 1795 der Roman *Hesperus oder 45 Hundsposttage.* Jean Paul machte sich als Erzähler phantastisch-grotesker Romane voller Abschweifungen und inhaltlicher Sprünge einen Namen. Seine wichtigsten Werke sind das *Leben des vergnügten Schulmeisterlein Maria Wuz in Auenthal. Eine Art Idylle* (Erzählung, 1793) sowie die Romane *Flegeljahre* (1795) und *Siebenkäs* (1796/97). Jean Paul hatte zwar Kontakt zu den führenden Dichtern, diese Begegnungen waren für sein Schaffen jedoch von untergeordneter Bedeutung.

4.4.3 Heinrich von Kleist

Auch das Werk Heinrich von Kleists (1777–1811) ist das eines Einzelgängers, der keiner literarischen Richtung ausschließlich zuzuordnen ist. Im Studium vor allem der Philosophie Kants gewann Kleist die Überzeugung, dass die Wirklichkeit im Diesseits letztlich nicht erfahrbar ist. Diese Einsicht führte den Dichter in eine Lebenskrise (1801), bestimmte aber auch sein künftiges Schaffen: Kleists Helden scheitern an dem Gegensatz zwischen dem Streben nach dem unbedingten Ich und einer übermächtigen Außenwelt.

Kleists Werk besteht aus Novellen (*Die Marquise von O.*, 1808; *Michael Kohlhaas*, 1810) und Dramen (*Amphytrion*, 1807; *Der zerbrochne Krug*, 1808) und wurde zum Teil erst nach seinem Tod von Ludwig Tieck herausgegeben. Unverzichtbar für das Verständnis von Kleists dichterischem Werk ist seine ästhetische Schrift *Über das Marionettentheater* (1810).

Heinrich von Kleist (1777–1811)
Kreidezeichnung nach einer
Miniatur von Peter Friedel (1801)

Kleists „Zerbrochner Krug“ und das deutsche Lustspiel

So einfach Kleists Komödie gebaut ist, so wirkungsvoll erweist sie sich immer wieder auf der Bühne. Dorfrichter Adam, der in der vorausgehenden Nacht im wahrsten Sinn des Wortes einen „Fehltritt“ begangen hatte – er war in der Kammer von Eve und hatte bei seiner Flucht einen Krug zerbrochen –, soll am Tag danach den Vorfall bei Gericht aufklären und den Übeltäter ermitteln, der den Krug von Eves Mutter, Frau Marthe, beschädigte. Adam verkehrt den Zweck des Gerichtsverfahrens in sein Gegenteil: Er versucht, seine Täterschaft zu verbergen. Das könnte ihm leicht gelingen, würde nicht eben zu jener Verhandlung der Gerichtsrat Walter erscheinen, der seiner Aufsichtspflicht nachkommen und der Sitzung beiwohnen will. So entsteht auf der Bühne einige Komik, als Adam den wahren Hergang in Frau Marthes Haus mehr und mehr vertuschen will, Walter aber konsequent auf Aufklärung drängt.

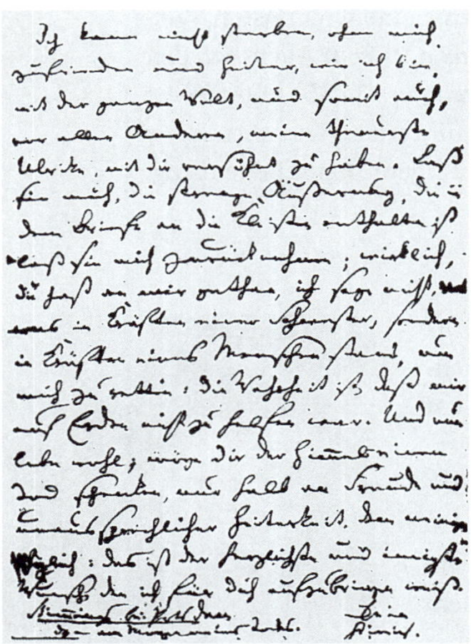

Abschiedsbrief Kleists an seine Schwester vor seinem Freitod am 21. 1. 1811

Kleist verleiht seinem Spiel durch die Verwendung **sprechender Namen** allgemein gültigen Charakter: Adam und Eva begehen einen Sündenfall, der Gerichtsrat „waltet“ seines Amtes und Licht, der Schreiber, ist der Einzige, der den wahren Sachverhalt von Anfang an durchschaut.

Nach Lessings *Minna von Barnhelm* ist Kleists *Zerbrochner Krug* das zweite Lustspiel in der deutschen Literatur, das über ein literaturhistorisches Interesse hinaus noch immer von Bedeutung ist. Auch in späterer Zeit sind echte Komödien selten: Büchners *Leonce und Lena*, Hauptmanns *Biberpelz* gehören dazu, wohl auch M. Walsers *Eiche und Angora* und P. Süskinds *Der Kontrabaß*.

Der Textauszug (11. Auftritt) zeigt, wie der Gerichtsrat Walter den Dorfrichter Adam anhand seines Klumpfußes überführt:

WALTER *(Nachdem sich Licht wieder gesetzt).*
Sagt doch, ihr Herrn, ist jemand hier im Orte,
Der mißgeschaffne Füße hat?
LICHT. Hm! Allerdings ist jemand hier in Huisum –
WALTER. So? Wer?
LICHT. Wollen Euer Gnaden den Herrn Richter fragen –
WALTER. Den Herrn Richter Adam?

ADAM. Ich weiß von nichts.
Zehn Jahre bin ich hier im Amt zu Huisum,
Soviel ich weiß, ist alles grad gewachsen.
WALTER *(zu Licht)*.
Nun? Wen hier meint Ihr?
FRAU MARTHE. Laß Er doch seine Füße draußen!
Was steckt Er untern Tisch verstört sie hin,
Daß man fast meint, Er wär die Spur gegangen.
WALTER. Wer? Der Herr Richter Adam?
ADAM. Ich? die Spur?
Bin ich der Teufel? Ist das ein Pferdefuß?
(Er zeigt seinen linken Fuß.)
WALTER. Auf meine Ehr. Der Fuß ist gut.
(Heimlich.)
Macht jetzt mit der Session sogleich ein Ende.
ADAM. Ein Fuß, wenn den der Teufel hätt,
So könnt er auf die Bälle gehn und tanzen.
FRAU MARTHE. Das sag ich auch. Wo wird der Herr
Dorfrichter –
ADAM. Ach was! Ich!
FRAU BRIGITTE. Den einzgen Skrupel nur, ihr
würdgen Herrn,
Macht, dünkt mich, dieser feierliche Schmuck!
ADAM. Was für ein feierlicher –?
FRAU BRIGITTE. Hier, die Perücke!
Wer sah den Teufel je in solcher Tracht?
Ein Bau, getürmter, strotzender von Talg,
Als eines Domdechanten auf der Kanzel!
ADAM. Wir wissen hierzuland nur unvollkommen,
Was in der Hölle Mod ist, Frau Brigitte!
Man sagt, gewöhnlich trägt er eignes Haar.
Doch auf der Erde, bin ich überzeugt,
Wirft er in die Perücke sich, um sich
Den Honoratioren beizumischen.
WALTER. Nichtswürdger! Wert, vor allem Volk ihn schmachvoll
Vom Tribunal zu jagen! Was Euch schützt,
Ist einzig nur die Ehre des Gerichts.
Schließt Eure Session!

Aus: H. v. Kleist, Der zerbrochne Krug. Stuttgart 1977, S. 68 ff.

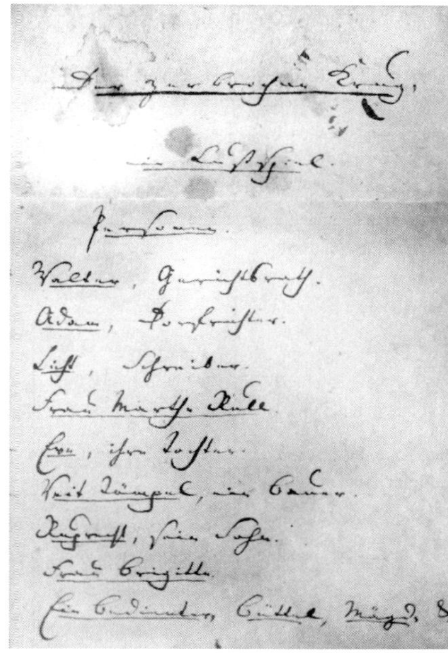

Erste Seite von Kleists Manuskript zum Lustspiel *Der Zerbrochne Krug*

DICHTUNG DER KLASSISCHEN EPOCHE

Pietismus, Aufklärung, Sturm und Drang, Idealismus, griechisches Altertum, Französische Revolution, Empfindsamkeit

	Goethe	**Die Freundschaft zwischen Goethe und Schiller** (1794 bis 1805)	**Schiller**	
Friedrich Hölderlin (1770–1843)		**1794** Begegnung in Jena		**Jakobinerliteratur** Forster Rebmann
Heinrich von Kleist (1777–1811)	**1796** *Wilhelm Meisters Lehrjahre*	**1796** Erste gemeinsame literarische Produktion: *Xenien*		
	1797 *Hermann und Dorothea*	**1797** „Balladenjahr“		
			1800 *Maria Stuart*	**Unterhaltungsliteratur** Kotzebue Iffland Vulpius
			1801 *Die Jungfrau von Orleans*	
Jean Paul (1763–1825)	**1803** *Die natürliche Tocher*		**1803** *Braut von Messina*	
			1804 *Wilhelm Tell*	
		1805 Tod Schillers	**1805** *Demetrius*	

5 Romantik (1793–1830)

5.1 Die Epoche der Romantik

Wenn man heute von „Romantik“ oder einer „romantischen Stimmung“ spricht, so meint man damit einen Zustand, der durch die Betonung des Gefühls und der Phantasie gekennzeichnet ist und mit Mondschein, Naturerlebnis und Zivilisationsferne verbunden wird. Dieses Wortverständnis ist durch die romantische Bewegung des 18. und 19. Jahrhunderts geprägt. Der Begriff selbst hingegen leitet sich vom altfranzösischen „romanz“ ab, was so viel wie „in der Volkssprache“ (im Gegensatz zum Lateinischen) bedeutet.

Die Romantik umfasste die bildende Kunst ebenso wie die Malerei (Philipp Otto Runge, Caspar David Friedrich, die Nazarener), die Musik (Robert Schumann, Franz Schubert, Carl Loewe) und die Literatur zwischen 1790 und 1850. Sie fand Verbreitung in ganz Europa (z. B. Lord Byron, Madame de Staël).

Der Beginn der romantischen Literaturepoche in Deutschland ist mit der Wanderung Ludwig Tiecks und Wilhelm Heinrich Wackenroders im Jahr 1793 anzusetzen. Auflösungserscheinungen sind vor allem im Werk Heinrich Heines erkennbar, doch die Nachwirkungen der Romantik reichen über das 19. Jahrhundert hinaus bis in unsere Zeit (vgl. Neuromantik um 1880, Surrealismus, Thomas Mann).

5.1.1 Die politische Situation

Durch die **Französische Revolution** und die **Herrschaft Napoleons** gingen in Europa gewaltige Veränderungen in politischer, gesellschaftlicher und wirtschaftlicher Hinsicht vor sich. Wurde zu ihrem Beginn die Revolution von deutschen Intellektuellen begeistert aufgenommen, so wandelte sich die Einstellung unter dem Eindruck der Septembermorde und der Hinrichtung Ludwigs XVI. im Jahr 1793. Weitere Verunsicherung entstand durch die **Auflösung des Heiligen Römischen Reiches Deutscher Nation** nach der Niederlegung der Kaiserkrone durch Franz II. und durch die **Mediatisierung** und **Säkularisation** geistlicher und immediater weltlicher Herrschaftsbezirke. Die Person Napoleons, die anfangs viele in ihren Bann gezogen hatte, wurde je länger desto mehr zur Unperson, die es zu bekämpfen galt. Das in der Auseinandersetzung mit der Herrschaft Napoleons entstehende **Nationalgefühl** führte rasch zu einer radikalen Ablehnung nicht nur des Kaisertums Bonapartes (seit 1804), sondern jeder Fremdherrschaft. Da die Ablehnung der neuen Ordnung, wie sie auch in den Rheinbundstaaten durchgesetzt werden sollte, nicht nur von den „legitimen" Herrschern Europas, sondern mindestens ebenso stark von der Bevölkerung ausging, konnten die Truppen Napoleons in den sogenannten **Befreiungskriegen** (1813) geschlagen werden. Doch der militärische Sieg der Freiwilligenverbände, der Studenten und aller derjenigen, die für eine freie Selbstbestimmung des deutschen Volkes eintraten, konnte nicht in politisches Kapital verwandelt werden: Auf dem **Wiener Kongress** (1814/15) stellten die europäischen Siegermächte, zum Teil sogar unter Einbeziehung Frankreichs, die alte, vorrevolutionäre Ordnung wieder her. Der **Deutsche Bund** wurde gegründet, eine lockere Vereinigung der deutschen Länder mit Österreich, dessen oberste Instanz der Bundestag in Frankfurt am Main war. Den Vorsitz hatte Österreich und so konnte Staatskanzler Fürst Metternich ungehindert eine **restaurative Politik** betreiben (Karlsbader Beschlüsse, 1819) und damit die im Kampf mit Napoleon entstandenen liberalen und nationalen Bewegungen niederhalten.

Teile des Bürgertums reagierten auf die eigene Machtlosigkeit und die territoriale Zersplitterung Deutschlands mit der Sehnsucht nach einer alten, vorabsolutistischen und damit quasi naturgewollten politischen und gesellschaftlichen Ordnung. Diese glaubten sie in der Königsherrschaft und der ständischen Ordnung des Hochmittelalters zu finden, weshalb das Mittelalter zum Fluchtpunkt bürgerlicher Sehnsüchte um 1815 wurde.

5.1.2 Kulturelle Voraussetzungen

Die philosophischen Grundlagen für die romantische Kunst legte der deutsche **Idealismus** mit Johann Gottlieb Fichte (1762–1814), Friedrich W. J. Schelling (1775–1854) und Friedrich Hegel (1770–1831). Für einen religiösen Individualismus trat der Theologe Friedrich Schleiermacher (1768–1834) ein.

Die Wissenschaften wandten sich dem **Volkhaften** zu: Die historische Rechtsschule F. C. von Savignys sieht das Recht aus dem Volk erwachsen, Schmeller ediert sein *Bayerisches Wörterbuch* (1827/37), Jacob Grimm das *Deutsche Wörterbuch* (1854).

5.2 Die Literatur der Romantik

5.2.1 Jenaer Romantik: Wackenroder, Tieck, Schlegel, Novalis

Der Beginn der romantischen Dichtung ist an die Namen Wilhelm Heinrich Wackenroder (1773–1798) und Ludwig Tieck (1773–1853) gebunden. 1793 unternahmen die beiden eine Wanderung durch die Fränkische Schweiz und entdeckten in Nürnberg das Mittelalter: Religion und Kunst, vor allem das fränkische Barock und der dahinter stehende Katholizismus beeindruckten Wackenroder und Tieck so nachhaltig, dass ihnen das **Mittelalter** zur idealen Epoche, zum **„goldenen Zeitalter“** wurde, das es wiederherzustellen galt. Der früh verstorbene Wackenroder gestaltete dieses rückwärts gewandte Streben in den *Herzensergießungen eines kunstliebenden Klosterbruders* (1797).

Die ältere Romantik war vorwiegend **philosophisch ausgerichtet**. Hatte schon Herder auf die Bedeutung des Volkstümlichen hingewiesen, hatten sich die Stürmer und Dränger für die Volkspoesie stark gemacht und die große Persönlichkeit, das Genie, enthusiastisch gefeiert, so nahm die Romantik diese Anregungen auf und vertiefte sie.

Der Kant-Schüler **Johann Gottlieb Fichte** lehrte seit 1794 an der Universität Jena, also nahe dem Zentrum der klassischen Literatur Weimars. Es bestanden auch persönliche Beziehungen zwischen Vertretern der klassischen und der romantischen Richtung, so zwischen Schiller und Friedrich Schlegel. Die Romantik erwuchs gleichsam auf dem Boden der Klassik, der Titel ihres ersten Organs, der Zeitschrift *Athenäum* (1798–1800), zeigt dies deutlich. Das Alterswerk Goethes, vor allem sein Roman *Wilhelm Meisters Lehrjahre,* beeinflusste die Romantiker.

Fichte versuchte in seiner *Wissenschaftslehre* (1794/95), das von Kant festgestellte Erkenntnisproblem aufzuheben – Kant hatte behauptet, das Individuum könne nicht das „Ding an sich“, sondern lediglich seine Erscheinungsformen wahrnehmen –, indem er nicht die „Dinge“, sondern das Bewusstsein in den Mittelpunkt der Betrachtung rückte. In Fichtes Theorie ist damit das Ich zentral, das **subjektive Individuum,** das zum Mittelpunkt allen Seins erklärt wird, aber aufgrund der begrenzten Wirklichkeit nicht zur vollen Entfaltung seines Wesens gelangen kann. Die **Tendenz zur Unendlichkeit** in Form der Hinwendung an die Vergangenheit einerseits und in Erwartung einer „neuen Religion“ andererseits liegt hierin begründet. Dies spiegelt sich auch in der Literatur wider: Ihr Inhalt ist nicht mehr „letzter Endzweck“, sondern verweist auf das Ganze, das jegliche Begrenztheit Überschreitende.

Friedrich Schlegel (1772–1829) war es, der für den literarischen Ausdruck dieser Stimmung und Geisteshaltung der Romantiker den Begriff der **„progressiven Universalpoesie"** prägte. In ihr sollten alle Gattungen sowie Philosophie, Poetik und Kritik miteinander verschmelzen. Für derartige literarische Experimente bot gerade der Roman viel Spielraum, in den die Dichter Essays, Briefe, Märchen, Lieder, Gedichte etc. einbauten. Die **romantische Ironie** soll das Gemachtsein von Literatur enthüllen. Zudem zeigt sie, dass der angestrebte Naturzustand, in dem jede Entfremdung beseitigt ist, auch in der Kunst nicht mehr erreicht werden kann. Die Dichter wissen um das Auseinanderfallen von Phantasie und Erfahrung, von Ideal und Realität, von begrenzter Wirklichkeit und imaginierter Unendlichkeit und heben diese Grenzen poetologisch mithilfe der Ironie auf, indem sie Zeiten (Vergangenheit – Zukunft), Bewusstseinsebenen (Realität – Traum/Vision) und literarische Formen (klassisch geschlossen – fragmentarisch) miteinander verweben.

Jena war das Zentrum der frühromantischen Literatur. Um Fichte sammelten sich der Theologe Schleiermacher, der Philosoph Schelling und die Dichter Friedrich von Hardenberg (Novalis) (1772–1801), der mit der „blauen Blume" aus seinem Roman *Heinrich von Ofterdingen* der Romantik ihr Symbol gab, August Wilhelm Schlegel (1767–1845; *Vorlesungen über dramatische Kunst und Literatur*; Übersetzungen von Shakespeare, Petrarca, Dante) und Ludwig Tieck (*Volksmärchen*, 1797).

5.2.2 Heidelberger Romantik: Arnim, Brentano, Eichendorff

Eine gemeinsame Reise steht auch am Beginn einer weiteren romantischen Strömung, der **Hochromantik,** die nach ihrem Zentrum auch Heidelberger Romantik genannt wird: Achim von Arnim (1781–1831) und Clemens Brentano (1778–1842) unternahmen im Jahr 1802 eine Rheinfahrt. Dabei begannen sie, angeregt vom Nachdenken über die politische Situation in Frankreich und den deutschen Staaten, Volkslieder als Dokumente deutschen Nationalgeistes zu sammeln. Inspiriert von Herders Volksliedersammlung von 1778 nahmen Arnim und Brentano sowohl ältere, mündlich überlieferte Lieder wie auch zeitgenössische und sogar eigene, im volksliedhaften Ton verfasste Gedichte in ihre Sammlung auf. Als *Des Knaben Wunderhorn* (1805) ist diese in die Literaturgeschichte eingegangen und wurde zum Inbegriff der sogenannten **Volkspoesie**.

Die sich ab 1805 in Heidelberg bildende romantische Bewegung mit Achim v. Arnim, Clemens Brentano, Joseph v. Eichendorff (1788–1857), Joseph Görres (1776–1848), Karoline v. Günderode (1780–1806) und den Brüdern Jacob

(1785–1863) und Wilhelm Grimm (1786–1859) sammelte sich um die *Zeitschrift für Einsiedler.* Diese Richtung war weniger theoretisch-philosophisch ausgerichtet als die Jenaer Romantik, sie rückte das **volkstümliche Element** in den Vordergrund: Die Dichter wandten sich gegen die französischen Einflüsse auf die deutsche Literatur, gegen Aufklärung und Klassizismus. Ihnen ging es vor allem um die Pflege des Volksguts, sie sammelten Volkslieder, volksliedhafte Dichtungen, Volksmärchen, Sagen und entdeckten die Volksbücher (*z.B. Till Eulenspiegel, Schildbürger, Historia von D. Johann Faust*) neu.

Des Knaben Wunderhorn
Alte deutsche Lieder
L. Achim v. Arnim. Clemens Brentano.
Heidelberg, bey Mohr u. Zimmer.
Frankfurt bey J. C. B. Mohr.
1806.

Titelblatt des ersten Bandes der Erstausgabe der Liedersammlung *Des Knaben Wunderhorn* von Achim von Arnim und Clemens Brentano. Erschienen in Heidelberg und Frankfurt, 1806

Die **Brüder Grimm** machten sich auch als Sprachforscher (Grimm'sches Wörterbuch) und als **Begründer der Germanistik** einen Namen. Sie waren als Professoren an der Universität Göttingen tätig, wo sie 1837 mit anderen akademischen Lehrern das Protestschreiben gegen die willkürliche Aufhebung des Staatsgrundgesetzes von 1833 durch König Ernst August unterzeichneten und darauf ihres Amtes enthoben und des Landes verwiesen wurden („Göttinger Sieben").

Weitere Zentren waren Dresden und Berlin, wo Adam Müller und Heinrich v. Kleist (Herausgeber der Zeitschrift *Phöbus*, 1808) wirkten. In Berlin waren auch Adelbert v. Chamisso (1781–1838) und Ernst Theodor Amadeus Hoffmann (1776–1822) tätig, der bizarrste und phantastischste Autor dieser Zeit, dessen Grusel- und Kriminalgeschichten noch immer gern gelesen werden.

5.2.3 Schwäbische Romantik: Hauff, Schwab, Uhland

Vorwiegend **historisch interessiert** waren die Vertreter der Schwäbischen Romantik. Sie orientierten sich an der Geschichte und Kultur der Staufer, die sie auch literarisch gestalteten. Zu ihnen gehören folgende Dichter:

Wilhelm Hauff (1802–1827)
Hauff ist vor allem als Märchendichter im Gedächtnis geblieben: *Kalif Storch, Der kleine Muck, Zwerg Nase, Das Wirtshaus im Spessart* und *Das kalte Herz* (alle 1826–1828) sind heute noch bekannt.

Gustav Schwab (1792–1850)
Der Pfarrer und Professor für alte Sprachen an einem Stuttgarter Gymnasium war ein steter Sammler und Nacherzähler von alten Sagen und Volksbüchern. Mit seinen *Sagen des klassischen Altertums* (1838–1840) prägte er die Rezeption der griechisch-römischen Sagen- und Götterwelt im deutschsprachigen Raum.

Ludwig Uhland (1787–1862)
Von Beruf Professor für Germanistik in Tübingen (seit 1829), war Uhland auch politisch sehr aktiv. 1848 zog er als Anhänger der großdeutschen Lösung in die Frankfurter Paulskirche ein. Uhland wählte die Stoffe für seine Dichtungen (Balladen und Romanzen) vorwiegend aus dem Bereich der deutschen, romanischen und nordischen Sagen.

Johann Peter Hebel (1760–1826)
Sein *Schatzkästlein des Rheinischen Hausfreundes* (1811) ist aus der Geschichte der deutschen Anekdoten und Novellen nicht mehr wegzudenken.

5.2.4 Literarische Gattungen

Im Mittelpunkt des literarischen Schaffens der Romantiker stand der **Roman**. Beeinflusst von Goethes *Wilhelm Meister* und getragen von der Überzeugung, im Roman das romantische Literaturprogramm am besten verwirklichen zu können, bewerteten die Autoren diese Gattung am höchsten. Viele Romane sind Fragment geblieben (z. B. Novalis' *Heinrich von Ofterdingen*, 1802, und von Arnims *Die Kronenwächter*, 1817). Der Versuch der **Romantisierung des Lebens** zog als logische Folge die Auflösung der typischen Romanform nach sich: In den epischen Text wurden nun märchenhafte oder lyrische Elemente, etwa in Form von Erzählungen oder Gedichten, aufgenommen.

Die Romantiker brachten auch bedeutende **Novellen** hervor. Die Novelle hat per definitionem eine unerhörte Begebenheit zum Thema und kommt damit der antirationalistischen Tendenz der romantischen Bewegung nahe.
Das **Märchen** wurde für die Romantiker zu einer wichtigen Gattung, da es keine wirkliche Begebenheit erzählen will, sondern – frei von allem Gegenständlichen – nur mit der Imagination des Lesers spielt. Ähnlich verhielt es sich auch mit der Anekdote (z. B. bei H. v. Kleist und J. P. Hebel).

Dem **Drama** schenkten die Romantiker aufgrund ihres fehlenden strengen Formwillens nur geringe Aufmerksamkeit. Hinzu kommt wohl auch, dass das Schaffen der Vätergenerationen – vor allem Sturm und Drang und Klassik – als zu übermächtig, zu vollendet angesehen wurde und so neue Ansätze eher behindert als gefördert hat. Der einzig wichtige Bühnenautor ist Heinrich v. Kleist, dessen dramatisches Schaffen aber von der romantischen Theorie nur wenig beeinflusst ist.

Bei der **Lyrik** kann man eine Vorliebe für eine gleichförmige Strophik und für den Reim feststellen. Romantische Gedichte gelten uns als gefühlvoll, doch auch dies entspringt dem Kunstwollen der Autoren. Die romantische Lyrik ist nicht abstrakt-analytisch und rational, es handelt sich jedoch keineswegs um Erlebnisdichtung. Es dominieren volkstümliche Formen und Inhalte, was zur Folge hatte, dass die Gedichte von Brentano und vor allem von Eichendorff oft vertont wurden (z. B. von Schubert, Schumann, Mendelssohn-Bartholdy). Anders als die Gedichte der klassischen Epoche, die offensichtlich verschlüsselt sind (z. B. Bezug auf die griechische Mythologie), gab sich die romantische Lyrik betont volkstümlich, ohne es wirklich zu sein. Auch die Autoren der Romantik flochten in ihren Gedichten ein enges Netz aus Symbolen und Leitmotiven, doch dieses musste nicht dechiffriert werden, um die Dichtung rezipierbar zu machen. Auch deshalb konnten die Gedichte und Lieder der romantischen Strömung wirkliches Volksgut werden.

Titelblatt der Erstausgabe von Brentanos Märchen *Gockel, Hinkel und Gakeleia*. Frankfurt 1838

5.2.5 Literarisches Leben: Salonkultur

Das literarische Leben der Romantik ist an große Städte als literarische Zentren gebunden. Auf gesellschaftlicher Ebene spielte es sich überwiegend in den Salons kunstinteressierter oder dichtender Frauen ab. Beispiele dafür sind die Zusammenkünfte bei Rahel Varnhagen und Henriette Herz in Berlin, ebenso bei Karoline Pichler in Wien, wo in kleinen Zirkeln Gleichgesinnter neue Texte vorgetragen, vorgelesen und besprochen wurden.

Immer mehr **schreibende Frauen** traten im frühen 19. Jahrhundert in das Licht der Öffentlichkeit, so Karoline v. Günderode (1780–1806), Bettina v. Arnim (geb. Brentano, 1785–1859), Dorothea Veit-Schlegel (1763–1839) und Caroline Schlegel-Schelling (1763–1809).

5.3 Autoren und Werke

5.3.1 Novalis' Roman „Heinrich von Ofterdingen"

Kurzbiografie: Novalis

1772	geboren als Friedrich Freiherr von Hardenberg auf dem Gut Oberwiederstedt bei Mansfeld
ab 1790	Studium der Philosophie in Jena
ab 1792	Studium der Jurisprudenz in Leipzig
ab 1797	Studium der Bergwissenschaften in Freiberg; danach Amtshauptmann in Thüringen
1800	*Hymnen an die Nacht* (Gedichte)
1801	gestorben in Weißenfels
1802	*Heinrich von Ofterdingen* (Roman; posthum veröffentlicht)
1826	*Die Christenheit oder Europa* (Aufsatz; posthum veröffentlicht)

Im Roman *Heinrich von Ofterdingen* beschreibt Novalis das Heranreifen des mittelalterlichen Dichters Heinrich (historisch nicht nachweisbar) zum Minnesänger und zum Helden des Sängerwettstreits auf der Wartburg. Zu Beginn der Erzählung träumt Heinrich von der **„blauen Blume"**, von deren Existenz ihm ein Reisender erzählt hatte. Diese „blaue Blume" sollte als Inbegriff der Sehnsucht zum **Symbol der romantischen Dichtung** überhaupt werden:

[...] Der Jüngling verlor sich allmählich in süßen Phantasien und entschlummerte. Da träumte ihm erst von unabsehlichen Fernen, und wilden, unbekannten Gegenden. Er wanderte über Meere mit unbegreiflicher Leichtigkeit; wunderliche Tiere sah er; er lebte mit mannigfaltigen Menschen, bald im Kriege, in wildem Getümmel, in stillen Hütten. [...] Es kam ihm vor, als ginge er in einem dunkeln Walde allein. [...] Endlich gelangte er zu einer kleinen Wiese, die am Hange des Berges lag. Hinter der Wiese erhob sich eine hohe Klippe, an deren Fuß er eine Öffnung erblickte, die der Anfang eines in den Felsen gehauenen Ganges zu sein schien. Der Gang führte ihn gemächlich eine Zeitlang eben fort, bis zu einer großen Weitung, aus der ihm schon von fern ein helles Licht entgegen glänzte. Wie er hineintrat, ward er einen mächtigen Strahl gewahr, der wie aus einem Springquell bis an die Decke des Gewölbes stieg, und oben in unzählige Funken zerstäubte, die sich unten in einem großen Becken sammelten; der Strahl glänzte wie entzündetes Gold; nicht das mindeste Geräusch war zu hören, eine heilige Stille umgab das herrliche Schauspiel. Er näherte sich dem Becken, das mit unendlichen Farben wogte und zitterte. Die Wände der Höhle waren mit dieser Flüssigkeit überzogen, die nicht heiß, sondern kühl war, und an den Wänden nur ein mattes, bläuliches Licht von sich warf. Er tauchte seine Hand in das Becken und benetzte seine Lippen. Es war, als durchdränge ihn ein geistiger Hauch, und er fühlte sich innigst gestärkt und erfrischt. Ein unwiderstehliches Verlangen ergriff ihn sich zu baden, er entkleidete sich und stieg in das Becken. Es dünkte ihn, als umflösse ihn eine Wolke des Abendrots; eine himmlische Empfindung überströmte sein Inneres; mit inniger Wollust strebten unzählbare Gedanken in ihm sich zu vermischen; neue, niegesehene Bilder entstanden, die auch ineinanderflossen und zu sichtbaren Wesen um ihn wurden, und jede Welle des lieblichen Elements schmiegte sich wie ein zarter Busen an ihn. Die Flut schien eine Auflösung reizender Mädchen, die an dem Jünglinge sich augenblicklich verkörperten.

Berauscht von Entzücken und doch jedes Eindrucks bewußt, schwamm er gemach dem leuchtenden Strome nach, der aus dem Becken in den Felsen hineinfloß. Eine Art von süßem Schlummer befiel ihn, in welchem er unbeschreibliche Begebenheiten träumte, und woraus ihn eine andere Erleuchtung weckte. Er fand sich auf einem weichen Rasen am Rande einer Quelle, die in die Luft hinausquoll und sich darin zu verzehren schien. Dunkelblaue Felsen mit bunten Adern erhoben sich in einiger Entfernung; das Tageslicht, das ihn umgab, war heller und milder als das gewöhnliche, der Himmel war schwarzblau und völlig rein. Was ihn aber mit voller Macht anzog, war eine hohe lichtblaue Blume, die zunächst an der Quelle stand, und ihn mit ihren breiten, glänzenden Blättern berührte. Rund um sie her standen unzählige Blumen von allen Farben, und der köstlichste Geruch erfüllte die Luft. Er sah nichts als die blaue Blume, und betrachtete sie lange mit unnennbarer Zärtlichkeit. Endlich wollte er sich ihr nähern, als sie auf einmal sich zu bewegen und zu verändern anfing; die Blätter wurden glänzender und schmiegten sich an den wachsenden Stengel, die Blume neigte sich nach ihm zu, und die Blütenblätter zeigten einen blauen ausgebreiteten Kragen, in welchem ein zartes Gesicht schwebte. Sein süßes Staunen wuchs mit der sonderbaren Verwandlung, als ihn plötzlich die Stimme seiner Mutter weckte, und er sich in der elterlichen Stube fand, die schon die Morgensonne vergoldete.

Aus: Novalis, Heinrich von Ofterdingen. Stuttgart 1980, S. 10 ff.

Im weiteren Handlungsfortgang des Romans, der die Vervollkommnung des Helden schildert, trifft Heinrich in der Person der Mathilde, der Tochter des Dichters Klingsohr, auf das Mädchen seiner Traumvision, das er heiratet. Der erste (ausgeführte) Teil des Romans mit dem Untertitel *Die Erwartung* wird von dem Märchen Klingsohrs beendet, das den Beginn des Goldenen Zeitalters in Aussicht stellt. Der zweite Teil des Romans, *Die Erfüllung*, ist aus Bruchstücken und Planskizzen erahnbar.

Novalis' Roman ist zum Genre **Bildungsroman** zu rechnen. Er wurde konzipiert als romantisches Gegenstück zu Goethes *Wilhelm Meister*. Anders als bei Goethe soll sich der Held nicht nur auf die jeweilige ihn umgebende Gesellschaft einstellen, sich an sie anpassen, um sein Leben im Sinne der Ganzheitlichkeit – also Selbstentfaltung und größtmöglicher Nutzen für die Gesellschaft – führen zu können. Der Bezugspunkt des romantischen Helden ist das **Universelle**, ein **göttliches Prinzip im Unendlichen**. Novalis gestaltet diesen Bezug zur Unendlichkeit mithilfe von Leitmotiven und Symbolen aus; dem Dingsymbol „blaue Blume" kommt hierbei ganz besondere Bedeutung zu.

Die in Novalis' Roman vertretene Bildungskonzeption muss aber auch kritisch gesehen werden: Goethes *Wilhelm Meister* war in seiner Gegenwart angesiedelt, der Autor bemüht sich also um eine zeitgenössisch mögliche Lösung des Problems der Selbstfindung des Einzelnen und seine harmonische Eingliederung in die bestehende Gesellschaft. Anders Novalis (der dabei stellvertretend für die Romantik steht): Er entrückt seinen Protagonisten in die **idealisierte Welt des Mittelalters**. Sein Blick richtet sich zurück in eine für harmonisch erklärte Weltordnung, in der sich Natur und Gesellschaft, Mensch und Gott noch im Einklang befinden. Die von den Romantikern angestrebte Poetisierung des Daseins konnte also nur in einem quasi-utopischen Raum gedacht werden; ihre gesellschaftspolitische Relevanz ist damit a priori in Frage gestellt.

5.3.2 Die romantische Novelle: Brentanos „Geschichte vom braven Kasperl und dem schönen Annerl"

Kurzbiografie: Clemens Brentano

1778	geboren als Sohn eines Frankfurter Kaufmanns italienischer Abstammung in Ehrenbreitstein (Koblenz)
1797	Kaufmannslehre; dann Studium der Berg- und Kameralwirtschaft in Halle und Jena
1801	*Godwi, oder das steinerne Bild der Mutter* (Roman)
ab 1801	unstetes Wanderleben: Göttingen, Marburg, Heidelberg
1803	Heirat mit der Schriftstellerin Sophie Mereau
1805–1808	Veröffentlichung von *Des Knaben Wunderhorn* (zusammen mit Achim von Arnim)

1817	Konversion zum Katholizismus
1817	*Geschichte vom braven Kasperl und dem schönen Annerl* (Novelle)
ab 1824	erneut Wanderleben: Bonn, Wiesbaden, Frankfurt, Straßburg
1842	gestorben in Aschaffenburg

Die Romantik brachte Novellen von hoher literarischer Qualität und enormer erzählerischer Dichte hervor: Kleists *Michael Kohlhaas*, *Die Marquise von O …* und *Das Erdbeben von Chili* (alle 1810/11 veröffentlicht) gehören ebenso dazu wie *Das Fräulein von Scuderi* (1819) von E. T. A. Hoffmann, Ludwig Tiecks *Der blonde Eckbert* (1796), Eichendorffs *Taugenichts* (1826) und eben auch Brentanos *Geschichte vom braven Kasperl und dem schönen Annerl* (1817). Das **zentrale Motiv** dieser Erzählung ist der **Ehrbegriff**, der als entäußert und nur auf die gesellschaftlichen Umstände bezogen dargestellt wird.

Zum Inhalt: Der Erzähler wird von einer achtundachzigjährigen Frau, die sich vor dem herzoglichen Palast niedergelassen hatte, gebeten, einen Bittbrief an den Landesvater zu verfassen. Da er aber wissen muss, was in diesem Schreiben stehen soll, lässt er sich von der Alten die Geschichte ihrer Familie erzählen, und diese kreist eben um den „braven Kasperl und das schöne Annerl“. Der Ulane Kasper fühlt sich um seine Ehre gebracht, als er nach langer Abwesenheit von zu Hause feststellt, dass sein Vater und sein Stiefbruder zu Pferdedieben geworden sind. Besonders verhängnisvoll ist dabei, dass er die beiden erwischt, nachdem sie ihn bestohlen haben. Kasper sieht als Soldat im Dienst des Herzogs keine andere Möglichkeit als die beiden den Gendarmen zu übergeben. Aus Scham über die Tat seiner nächsten Verwandten begeht er anschließend auf dem Kirchhof über dem Grab seiner Mutter Selbstmord.

Auch Annerl wird schuldig: Ein Adeliger, der sie verführt, indem er ihr fälschlicherweise mitteilt, Kasper sei im Krieg in Frankreich geblieben, schwängert sie. Annerl tötet ihr Kind und soll am folgenden Tag hingerichtet werden. Die Alte hat nun den Wunsch, für Annerl und für Kasper ein gemeinsames christliches Grab zu erwirken.

Der Erzähler trägt dem Herzog diese Bitte vor – und dieser willigt sofort ein, ja er geht sogar noch weiter und möchte die Hinrichtung Annerls aufgeschoben wissen. Der Bote, der diese herzogliche Entscheidung überbringen soll, stürzt jedoch mit seinem Pferd und kommt zu spät: Die Hinrichtung hat bereits stattgefunden. So bleibt für die beiden nur ein gemeinsames Grab.

Folgender Textauszug zeigt Kasper, als er seinen Vater und seinen Stiefbruder als Pferdediebe entlarvt:

Der Kasper lief zu seinem Vater mit einer entsetzlichen Angst. Er stieg hinten über den Gartenzaun, er hörte die Plumpe gehen, er hörte im Stall wiehern, das fuhr ihm durch die Seele; er stand still, er sah im Mondschein, daß zwei Männer sich wuschen, es wollte ihm das Herz brechen. Der eine sprach: „Das verfluchte Zeug geht nicht herunter"; da sagte der andre: „Komm erst in den Stall, dem Gaul den Schwanz abzuschlagen und die Mähnen zu verschneiden. Hast du das Felleisen auch tief genug unterm Mist begraben?" – „Ja", sagte der andere. Da gingen sie nach dem Stall, und Kasper, vor Jammer wie ein Rasender, sprang hervor und schloß die Stalltüre hinter ihnen und schrie: „Im Namen des Herzogs! Ergebt euch! Wer sich widersetzt, den schieße ich nieder!" Ach, da hatte er seinen Vater und seinen Stiefbruder als die Räuber seines Pferdes gefangen. „Meine Ehre, meine Ehre ist verloren!" schrie er, „ich bin der Sohn eines ehrlosen Diebes." Als die beiden im Stall diese Worte hörten, ist ihnen bös zumute geworden; sie schrien: „Kasper, lieber Kasper, um Gottes willen, bringe uns nicht ins Elend, Kaspar, du sollst ja alles wiederhaben, um deiner seligen Mutter willen, deren Sterbetag heute ist, erbarme dich deines Vaters und Bruders!" Kasper aber war wie verzweifelt, er schrie nur immer: „Meine Ehre, meine Pflicht!" und da sie nun mit Gewalt die Türe erbrechen wollten und ein Fach in der Lehmwand einstoßen, um zu entkommen, schoß er ein Pistol in die Luft und schrie: „Hülfe, Hülfe, Diebe, Hülfe!" Die Bauern, von dem Gerichtshalter erweckt, welche schon herannahten, um sich über die verschiedenen Wege zu bereden, auf denen sie die Einbrecher in die Mühle verfolgen wollten, stürzten auf den Schuß und das Geschrei ins Haus. Der alte Finkel flehte immer noch, der Sohn solle ihm die Türe öffnen; der aber sagte: „Ich bin ein Soldat und muß der Gerechtigkeit dienen." Da traten der Gerichtshalter und die Bauern heran. Kasper sagte: „Um Gottes Barmherzigkeit willen, Herr Gerichtshalter, mein Vater, mein Bruder sind selbst die Diebe, o daß ich nie geboren wäre! Hier im Stalle habe ich sie gefangen, mein Felleisen liegt im Miste vergraben." Da sprangen die Bauern in den Stall und banden den alten Finkel und seinen Sohn und schleppten sie in ihre Stube. Kasper aber grub das Felleisen hervor und nahm die zwei Kränze heraus und ging nicht in die Stube, er ging nach dem Kirchhofe an das Grab seiner Mutter.

Aus: C. Brentano, Werke. Hg. v. F. Kemp, 4 Bde. München 1963 ff., Bd. 2, S. 782

Die Entstehungsgeschichte dieser Novelle steht exemplarisch für das Schaffen romantischer Dichter: So wie Arnim und Brentano Volkslieder sammelten, griff auch Brentano hier auf **Volksgut** zurück. Der Stoff zu seiner Novelle war schon lange bekannt – jedoch existierten die beiden Geschichten (Soldat begeht aus gekränktem Ehrgefühl Selbstmord, Kindsmord durch eine von einem Adeligen verführte Braut) unabhängig voneinander. Die Leistung Brentanos besteht darin, dass er sie zusammenbrachte und zu einer geschlossenen Handlung im Sinne der romantischen Novellentheorie verarbeitete.

5.3.3 Romantische Lyrik: Eichendorffs „Sehnsucht"

Kurzbiografie: Joseph von Eichendorff

1788	geboren auf Schloss Lubowitz (Oberschlesien)
1805–1808	Studium der Philosophie und Jurisprudenz in Halle und Heidelberg
1813–1815	Teilnahme an den Befreiungskriegen
1815	*Ahnung und Gegenwart* (Roman)
1816–1844	als hoher preußischer Beamter tätig
1819	*Das Marmorbild* (Novelle)
1826	*Aus dem Leben eines Taugenichts* (Novelle)
1837	*Gedichte*
1857	gestorben in Neiße

Das Gedicht *Sehnsucht* findet sich erstmals im 24. Kapitel der Erzählung *Dichter und ihre Gesellen* (1834). Dies ist ein für die Romantik typisches Verfahren, war doch das stets angestrebte Ideal das **Gesamtkunstwerk**, also das Zusammenwirken der verschiedenen künstlerischen Ausdrucksformen Dichtung, Malerei und Musik, so hier die Aufnahme von lyrischen Passagen in einen größeren Prosatext. Die Tendenz, verschiedene Sinneseindrücke zusammenwirken zu lassen, zeigt sich auch im vorliegenden Gedicht:

Sehnsucht

Es schienen so golden die Sterne,
Am Fenster ich einsam stand
Und hörte aus weiter Ferne
Ein Posthorn im stillen Land.
Das Herz mir im Leib entbrennte,
Da hab ich mir heimlich gedacht:
Ach, wer da mitreisen könnte
In der prächtigen Sommernacht!

Zwei junge Gesellen gingen
Vorüber am Bergeshang,
Ich hörte im Wandern sie singen
Die stille Gegend entlang:
Von schwindelnden Felsenschlüften,
Wo die Wälder rauschen so sacht,
Von Quellen, die von den Klüften
Sich stürzen in die Waldesnacht.

Sie sangen von Marmorbildern,
Von Gärten, die überm Gestein
In dämmernden Lauben verwildern,
Palästen im Mondenschein,
Wo Mädchen am Fenster lauschen,
Wann der Lauten Klang erwacht
Und die Brunnen verschlafen rauschen
In der prächtigen Sommernacht.

Aus: J. v. Eichendorff, Werke in zwei Bänden. Hg. v. H. J. Meinerts. Berlin o. J., Bd. 1, S. 41

Schon in der ersten Strophe ist die Rede von optischen, akustischen und sinnlichen Wahrnehmungen (Synästhesie): Die Sterne „scheinen" (V. 1), das lyrische Ich „hört" (V. 3) und es „entbrennt" (V. 5) ihm das Herz im Leibe. Kunstvoll ist auch der Aufbau des Gedichts: Ein scheinbar unbeteiligter Zuhörer steht am Fenster, als er in sehnsuchtsvoller Stimmung in der Ferne den Klang eines Posthorns vernimmt (1. Strophe). Der Blick aus dem Fenster bietet die typisch romantische Schwellensituation zwischen Zivilisation und Natur, Enge und Weite, Zuhausebleiben und Unterwegssein. In der zweiten Strophe konkretisiert sich das Bild vom In-die-Ferne-Schweifen anhand der beiden Gesellen, die den Zuhörer gleichsam in die Natur entführen. Die dritte Strophe löst sich dann völlig von der realen Gegenwart des lyrischen Ich, das Naturerleben hat sich fast verselbstständigt, es wird lediglich im ersten Vers eingeleitet durch „sie sangen". Die in der ersten Strophe angesprochene Sehnsucht hat also in der dritten konkrete Gestalt (in Form des Naturerlebens) angenommen; der Wunsch des lyrischen Ich („Ach, wer da mitreisen könnte") hat sich in seiner Vorstellung erfüllt.

Das Wandern gilt bei Eichendorff als Ausdruck einer unstillbaren Sehnsucht, die nach Meinung des gläubigen Dichters nur in Gott ihre Erfüllung finden kann.

LITERATUR DER ROMANTIK

Volkspoesie, Kant, Schleiermacher, Fichte, Sturm und Drang, Herder, Macpherson, Rousseau, Pietismus, Empfindsamkeit

↓

Jenaer Romantik, Frühromantik (ca. 1797–1804)	Wilhelm Wackenroder Ludwig Tieck Brüder Schlegel Friedrich von Hardenberg (Novalis) Friedrich-Wilhelm Schelling	vorwiegend programmatisches Interesse; theoretisch-philosophisch ausgerichtet
Heidelberger Romantik, Hochromantik (ca. 1805–1808)	Achim von Arnim Clemens Brentano Joseph von Eichendorff Joseph Görres	vorwiegend dichterische Werke; volkstümliche Themen und Motive
Schwäbische Romantik (ca. 1810–1815)	Wilhelm Hauff Gustav Schwab Ludwig Uhland	vorwiegend dichterische Werke; historische Themen und Motive

6 Biedermeier, Vormärz und Junges Deutschland (1815–1850)

6.1 Die Epoche

Noch während sich die romantische Dichtung in Deutschland in ihrer Blütezeit befand, kamen neue literarische Strömungen auf. Sie verkörpern unterschiedliche Reaktionen auf die politische Entwicklung nach 1815 und dauern bis zur Revolution von 1848/49.

Die Literatur des **Biedermeier** spiegelt die Enttäuschung und Resignation des sich in die Privatsphäre zurückziehenden Bürgertums über die restaurative politische und gesellschaftliche Entwicklung Deutschlands nach dem Wiener Kongress wider. Der Begriff „Biedermeier" wurde geprägt von Ludwig Eichrodt, der in seinem parodistischen Text *Die Gedichte des schwäbischen Schullehrers Gottlieb Biedermaier und seines Freundes Horatius Treuherz* (1850) den Typus des redlichen und unpolitischen Herrn Biedermeier geschaffen hat.

Die Literatur des **Jungen Deutschland** hingegen befindet sich im Widerspruch zur Restauration und zum Absolutheitsanspruch des Staates und der Kirche. Die Autoren stellen ihre Literatur in den Dienst der Tagespolitik und schreiben gezielt auf eine politische und gesellschaftliche Veränderung hin.

„Vormärz" ist ein ursprünglich politischer Begriff; er meint die Zeit von der Julirevolution 1830 bis zu den Märzereignissen von 1848. „Literatur des Vormärz" ist demnach die Literatur in den zwei Jahrzehnten vor 1848. Sie ist meist politischen Inhalts und gegen die auf dem Wiener Kongress hergestellte Ordnung gerichtet.

6.1.1 Die politische Situation

Zur Zeit der napoleonischen Herrschaft erwachte in Deutschland ein starkes Nationalbewusstsein, das sich in den Befreiungskriegen von 1813 ein Ventil schuf. Die Kriege gegen Napoleon waren Volkskriege, die die Herrschaft der Franzosen von Europa abschüttelten. Nach ihrer Beendigung hoffte das Volk, dass Europa auf dem **Wiener Kongress** (1814/15) neu geordnet werden würde: nach demokratischem Prinzip in Form von Nationalstaaten. Doch Metternich und die Vertreter der anderen Staaten stellten – soweit möglich –

die alte, vorrevolutionäre Ordnung wieder her. Die Monarchien wurden in ihrer Existenz nicht angetastet, es folgte eine Periode der **Restauration**, die bis 1848 andauerte. Diese ist gekennzeichnet durch die Unterdrückung nationaler Forderungen und politischer Äußerungen, durch Pressezensur, Überwachung der Universitäten, die man für Zentren des Aufruhrs hielt, durch „Demagogenverfolgungen", also Bespitzelung und Amtsenthebung liberal oder national gesinnter Professoren, wie sie Metternich mithilfe der **Karlsbader Beschlüsse** von 1819 im Deutschen Bund durchsetzte und nach 1834 verschärfte.

Doch auch das zunehmend selbstbewusster werdende Bürgertum und die Studentenschaft artikulierten ihre Forderungen. Eine erste Demonstration für Einheit und Freiheit war das **Wartburgfest** (1817). 1832 äußerte sich auf dem **Hambacher Fest** und 1833 im Sturm auf die Frankfurter Hauptwache das unbedingte Streben nach parlamentarischen Verhältnissen, nach Aufhebung der Unterdrückung und nach einem Nationalstaat, in dem alle Deutschen in Freiheit zusammenleben sollten.

Doch erst 1848 – und auch da angeregt von den Februarunruhen in Paris – entluden sich die Spannungen des vorangegangenen halben Jahrhunderts in **Revolutionen**, vor allem in Wien und Berlin, aber auch in den deutschen Mittel- und Kleinstaaten wie Bayern, wo König Ludwig I. anlässlich der Affäre um Lola Montez zurücktreten musste.

6.1.2 Kulturelle Voraussetzungen

Die geistesgeschichtlichen Einflüsse auf die Literatur in der ersten Hälfte des 19. Jahrhunderts sind vielschichtig. Die konservative Staatstheorie eines Carl Ludwig von Haller ist ebenso zu nennen wie die Nachwirkungen der Aufklärung, die sich im preußischen Reformwerk des Freiherrn vom Stein und Karl August von Hardenbergs zeigen. Zukunftsweisender waren aber die Gedanken von Hegel und Marx.

Georg Wilhelm Friedrich Hegel (1770–1831) führt das dialektische Prinzip in die Geisteswissenschaften ein, das besagt, dass sich zwei Gegensätze auf einer höheren Ebene aufheben: Die Begriffe von These und Antithese, die zu einer Synthese führen, können dies verdeutlichen. Diesem Prinzip liegt ein Geschichtsbewusstsein zugrunde, das von der evolutionären Entwicklung des Denkens ausgeht und daher den Zweifel am Bestehen absoluter Werte unterstützt. Hegels Hauptwerke: *Phänomenologie des Geistes* (1807), *Wissenschaft der Logik* (1812) und *Enzyklopädie der philosophischen Wissenschaften* (1817).

Die Schüler und Anhänger Hegels teilten sich in zwei Gruppierungen. Die Rechtshegelianer glaubten wie Hegel an eine Aussöhnung mit den bestehenden Verhältnissen. Die Links-oder Junghegelianer dagegen klassifizierten die von Religion und Philosophie absolut vertretenen Werte als Projektionen des Menschen und forderten eine Veränderung der gesellschaftlichen Verhältnisse mit den Mitteln der Politik. Denker wie **David Friedrich Strauß** (1808–1874), **Ludwig Feuerbach** (1804–1872) und **Arthur Schopenhauer** (1788–1860) beeinflussten nicht nur die Literatur des Vormärz und des Jungen Deutschland, sondern des gesamten literarischen Realismus, wenn auch auf sehr unterschiedliche Weise: Feuerbach mit seiner betont optimistisch-ethischen Diesseitigkeit und Schopenhauer – gewissermaßen als Kontrapunkt – mit seinem antiidealistisch-pessimistischen Weltbild.

Karl Marx (1818–1883) griff die Gedanken Hegels auf. Er behauptete, Hegel „vom Kopf auf die Füße gestellt" zu haben, d. h. Marx deutete das ursprünglich idealistisch zu verstehende Denkgebäude Hegels in materialistischem Sinne um. Marx und **Friedrich Engels** (1820–1895) begründeten mit ihrer Philosophie den wissenschaftlichen Sozialismus. 1848, kurz vor der Märzrevolution, erschien in London ihr *Kommunistisches Manifest.*

6.2 Die Literatur der Restaurationszeit

Die Literatur der Restaurationszeit ist eine Literatur im Übergang zwischen dem überlieferten Erbe der Klassik und Romantik und den neuen Gegebenheiten einer materialistisch und positivistisch ausgerichteten Zukunft einer bürgerlichen Gesellschaft. Sie bewegt sich im **Spannungsfeld** zwischen zwei Polen: auf der einen Seite die politischen und gesellschaftlichen **restaurativen Bestrebungen** im Namen der Metternich'schen Allianz, auf der anderen Seite die **bürgerlich-liberale Bewegung**, deren kritisches und progressives Potenzial sich in der Bewegung des „Jungen Deutschland" konzentriert.

6.2.1 Literatur des „Biedermeier"

Die Autoren des literarischen „Biedermeier" – einer bürgerlichen Bewegung – wandten sich ganz bewusst von den politisch-gesellschaftlichen Zuständen ihrer Zeit ab. Enttäuscht von der restaurativen Politik des Deutschen Bundes gaben sie sich scheinbar unpolitisch, leisteten damit aber den konservativen Haltungen Vorschub. Dieser **resignative Rückzug ins Private** entzog sowohl einer Gruppenbildung wie auch der Entstehung eines gemeinsamen literarischen Programms den Boden. Thematisiert wurden vor allem dieser Rückzug ins Privatleben und das **sittliche Gesetz**, dem alles gehorchen soll. Beides erscheint aber ständig gefährdet: Die Umwelt wird immer mehr als bedrohlich empfunden und auch die Bedrohung von innen, durch unbeherrschte Leidenschaften, ist eingeschlossen. Wichtige Autoren der Biedermeierzeit sind:

Johann Nepomuk Nestroy (1801–1862)
Nestroy hinterließ mehr als 80 Volksstücke, die in erster Linie unterhalten wollen, aber auch Kritik an den Zeitumständen üben. Die bekanntesten sind: *Der böse Geist Lumpazivagabundus* und *Zu ebener Erde und im ersten Stock oder die Launen des Glücks* (1835).

Ferdinand Raimund (1790–1836)
Raimund stammte wie Nestroy und Grillparzer aus der Habsburger-Monarchie und verarbeitete in seinen Zauberspielen (*Der Bauer als Millionär*, 1826; *Der Alpenkönig und der Menschenfeind*, 1828) volksnahe Stoffe.

Franz Grillparzer (1791–1872)
Er trat für die aufgeklärte monarchische Staatsform ein und lehnte die republikanischen Ideen, wie sie in der Märzrevolution auftraten, ebenso entschieden ab wie das „System Metternich". Grillparzer orientierte sich wie Goethe und Schiller an der Klassik der griechischen Antike (*Die Ahnfrau*, 1817; *Sappho*, 1818) und an der klassischen Epoche Spaniens, an Lope de Vega und Calderon (*Der Traum, ein Leben*, 1834). Grillparzer schuf auch bedeutende Historiendramen: Zur Zeit des Interregnums (1254–1273) spielt *König Ottokars Glück und Ende* (1825), zur Zeit der Glaubenskriege *Ein Bruderzwist in Habsburg* (1872). Bühnenpopularität erlangte auch Grillparzers einziges Lustspiel *Weh dem, der lügt* (1838), obwohl es bei der Uraufführung durchgefallen war.

Eduard Mörike (1804–1875)
Sein Künstler- und Bildungsroman *Maler Nolten* (1832) ist in der Nachfolge von Goethes *Wilhelm Meister* zu sehen. Mörike bezieht jedoch auch das Dämonische in seine Darstellung mit ein, er psychologisiert es und befindet sich damit schon an der Schwelle zum Realismus.

Adalbert Stifter (1805–1868)
Er war ein sowohl am klassisch-romantischen Ideal geschulter Erzähler als auch ein später Dichter des Bildungsromans in der Nachfolge von Goethes *Wilhelm Meister* (*Der Nachsommer*, 1858). Bei ihm finden sich schon früh Elemente einer „realistischen" Erzählweise in Form der minutiösen Beschreibungen der Natur in seiner Erzählung *Der Hochwald* (1842), aber auch im *Nachsommer.*

Annette von Droste-Hülshoff (1797–1848)
Sie ist für ihre Naturlyrik (*Gedichte* von 1838 und 1844) und die Novelle *Die Judenbuche* (1842) bekannt. In Letzterer kristallisieren sich schon Ansätze einer „realistischen" Erzählweise heraus: In einer realistisch-sachlichen Handlungsführung wird der Charakter des Helden aufgrund seiner Anlagen und der gesellschaftlichen Umstände entwickelt.

6.2.2 Literatur des Vormärz

Georg Büchners Studentenbude in Gießen. Federzeichnung von Ernst Elias Niebergall (1835)

Die Autoren des Vormärz waren politisch engagiert, meist aufseiten des Kleinbürgertums und der Arbeiterschaft. Das Anliegen der Autoren wie Ferdinand Freiligrath, Georg Herwegh, Georg Weerth, Georg Büchner und Heinrich Heine war eine **grundlegende Änderung der Gesellschaftsordnung**, die es auch den bislang von politischer Mitsprache und gesellschaftlichem Ansehen fern gehaltenen Bevölkerungsschichten ermöglichen sollte, am öffentlichen Leben gestaltend teilzunehmen. Das politische Vorbild war die Französische Revolution. Büchner dramatisierte den Stoff in *Dantons Tod* (1835), Freiligrath überschrieb seinen Gedichtzyklus aus dem Schweizer Exil *Ça ira* (1845/46). Wichtige Autoren des Vormärz sind:

Georg Büchner (1813–1837)
Aus Enttäuschung über die politische Entwicklung in Deutschland verfasste Georg Büchner das Flugblatt *Der Hessische Landbote* (1834), dessen Veröffentlichung dazu führte, dass er steckbrieflich gesucht wurde und in die Schweiz flüchten musste.

Georg Büchners Unterschrift

Heinrich Heine (1797–1856)
Heine betonte trotz seines politischen Engagements den Kunstanspruch jeder Dichtung (*Atta Troll*, 1843).

Ludwig Börne (1786–1837)
Börne emigrierte 1830, verfolgt von der Reaktion, nach Paris und kann als erster bedeutender Publizist in Deutschland gelten.

Christian Dietrich Grabbe (1801–1836)
Er knüpfte an die Literatur des Sturm und Drang an. Seinen Stücken liegt häufig ein historischer Stoff zugrunde: *Napoleon oder Die hundert Tage* (1831), *Hannibal* (1835), *Die Hermannsschlacht* (1838).

6.2.3 Das „Junge Deutschland"

Das „Junge Deutschland" ist eine literarische Bewegung innerhalb des Vormärz. Die Jungdeutschen wandten sich **gegen jede unpolitische Literatur**, vor allem gegen Goethe und die Romantik, aber auch gegen die alten Autoritäten wie den absoluten Staat und die Kirche. Ihre politischen Forderungen waren einem **demokratischen Liberalismus** verpflichtet, der für die Abkehr von der Kleinstaaterei, die Abschaffung der Zensur, eine demokratische Verfassung und die Rechte der Frauen (z. B. auf Bildung) stand. Im Dezember 1835 wurden alle jungdeutschen Schriften (und auch die Heinrich Heines) durch einen Beschluss des Frankfurter Bundestags verboten.

Zu den Jungdeutschen gehörten unter anderem die Dichter Karl Gutzkow (1811–1878), Heinrich Laube (1806–1884), Theodor Mundt (1808–1861) und Ludolf Wienbarg (1802–1872).

6.2.4 Literarische Gattungen

Die epische Dichtung wurde in der ersten Hälfte des 19. Jahrhunderts intensiv gepflegt. Vor allem die Dichter des „Biedermeier" lebten in dem Bewusstsein, keine großen, bestimmenden Aktionen darstellen zu können, und so hielten sie sich an Beschreibungen der in sich abgeschlossenen bürgerlichen Welt. Häufig finden sich auch Naturschilderungen, bildete doch die Natur ein letztes Refugium einer im Umbruch befindlichen und daher von allen Seiten bedrohten Existenz. **Romane** aus der Zeit des Biedermeier sind zahlreich (Mörikes *Maler Nolten*, 1832, der eine Stellung zwischen Romantik und Biedermeier einnimmt, Stifters *Witiko*, 1865/67 und *Der Nachsommer*, 1857 sowie Immermanns *Epigonen*, 1836). **Erzählungen** (Stifter, Gotthelf) und **Novellen** (Grillparzer, Droste-Hülshoff, Mörike) prägen das literarische „Biedermeier". Recht beliebt war auch die **Dorfgeschichte**, zeigte sie doch die Menschen in ihrer gewohnten Umgebung abhängig von inneren und äußeren Einflüssen, so etwa Berthold Auerbachs *Schwarzwälder Dorfgeschichten* (1843/1854) und Jeremias Gotthelfs *Uli, der Knecht* (1841). Eine neue Gattung, mitgeschaffen von der obrigkeitlichen Zensur, sind die **Reisebilder** (z. B. von Heinrich Heine).

Berthold Auerbach (1812–1882).
Bleistiftzeichnung von Carl Spitzweg (1855)

Die **Lyrik** des „Biedermeier" gibt vor allem idyllische Stimmungen und Naturbilder wieder (Mörike, Platen, Droste-Hülshoff), während die des Vormärz politische Agitation betreibt (Anastasius Grün, Ferdinand Freiligrath, Hoffmann von Fallersleben).

Aus der Zeit des „Biedermeier" und des Vormärz sind auch bedeutende Dramen überliefert: **Historische Dramen** stammen von dem Wiener Franz Grillparzer, der den Österreichern als Klassiker gilt (*König Ottokars Glück und Ende*, 1825; *Ein treuer Diener seines Herrn*, 1828; *Ein Bruderzwist in Habsburg* und die *Jüdin von Toledo,* beide 1872 posthum veröffentlicht), und Christian Dietrich Grabbe (*Marius und Sulla*, 1823; *Napoleon oder Die hundert Tage*, 1831). Die **Volksstücke** von Ferdinand Raimund und Johann Nestroy haben unterhaltsamen Charakter.

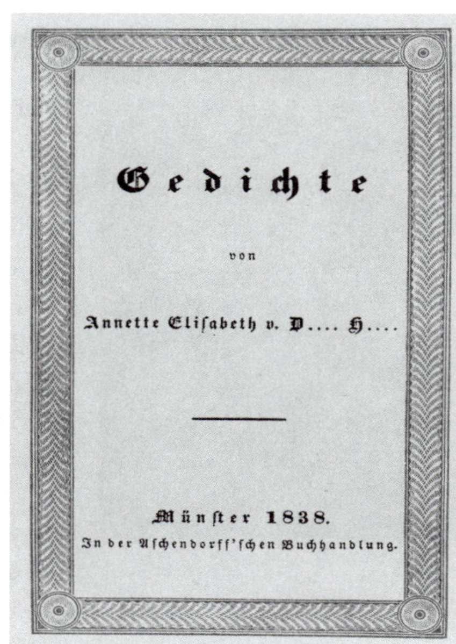
Gedichte

von

Annette Elisabeth v. D.... H....

Münster 1838.
In der Aschendorff'schen Buchhandlung.

Erstausgabe der *Gedichte* (1838) von
Annette von Droste-Hülshoff

Neben den herkömmlichen Gattungen gewinnen in der ersten Hälfte des 19. Jahrhunderts journalistische Formen an Bedeutung (Literaturkritik, Berichterstattung, Feuilleton).

6.2.5 Literarisches Leben: Unterdrückung und Zensur

Die Epoche von 1815 bis 1850 ist geprägt von der Zensur, die sich durch die **Karlsbader Beschlüsse** (erlassen nach der Ermordung des konservativen Unterhaltungsschriftstellers Kotzebue 1817, den sein Mörder, der Burschenschaftler Karl Ludwig Sand, für einen russischen Spion gehalten hatte) legitimierte. Zensiert wurden alle Schriften unter 20 Druckbogen, da man annahm, dass Schriften, die politisch wirksam werden und die Leser erreichen wollten, einen Umfang von weit unter 320 Seiten haben müssten – eine Annahme, die sicher berechtigt war, wenn sich auch der Kreis der potenziellen Rezipienten in den letzten Jahrzehnten so ausgeweitet hatte, dass die Dichter des beginnenden 19. Jahrhunderts eine Existenz als freie Schriftsteller finden konnten.

Die Autoren des Vormärz und des Jungen Deutschland reagierten auf die Zensurbestimmungen, indem sie zur Gattung der **Reisebeschreibung** griffen: Hier war es möglich, mithilfe seitenlanger Naturschilderungen die Zensur zu umgehen (z. B. Heinrich Heines *Reisebilder*, 1826–1831; *Deutschland. Ein Wintermärchen*, 1844 und Ludwig Börnes *Briefe aus Paris*, 1832–1834).

6.3 Autoren und Werke

6.3.1 Heines Lyrik: Zwischen Romantik und Realismus

Kurzbiografie: Heinrich Heine

1797	geboren in Düsseldorf als Sohn eines Kaufmanns
ab 1816	nach der Ausbildung als Kaufmann tätig
ab 1819	Jurastudium in Bonn, Göttingen, Berlin
1822	*Gedichte*
1826–1831	*Reisebilder* (Erzählungen)
1827	*Buch der Lieder* (Gedichtsammlung)
1831	Übersiedlung nach Paris
1835	Druckverbot für seine Schriften in Deutschland
1843–1845	Kontakt zu Karl Marx
1844	*Deutschland. Ein Wintermärchen*
ab 1848	aufgrund einer Krankheit ans Bett gefesselt („Matratzengruft")
1856	gestorben in Paris

Heines Lyrik nimmt eine ganz eigene Stellung zwischen Romantik und Realismus ein. Einerseits verwendet Heine romantische Stilmittel, z. B. den Reim, Rhythmus, Volksliedstrophe, andererseits zerstört er die von ihm selbst aufgebaute romantische Illusion am Ende vieler Gedichte selbst wieder: Assonanzen, ironische Wendungen und Trivialisierungen zeigen dem Leser, dass Heine der Intention der Romantiker schon recht fern steht.

Das Fräulein stand am Meere

Das Fräulein stand am Meere
Und seufzte lang und bang,
Es rührte sie so sehre
Der Sonnenuntergang.

Mein Fräulein! Sei'n Sie munter,
Das ist ein altes Stück;
Hier vorne geht sie unter
Und kehrt von hinten zurück.

Aus: H. Heine, Sämtliche Schriften. Hg. v. K. Briegleb. München 1971, Bd. 1, S. 248

Heine schlafend im Sessel. Lithographie

Heinrich Heine litt sein Leben lang unter der fehlenden Zugehörigkeit zu einer literarischen Gruppierung. Klassik und Romantik waren ihm wie vielen Zeitgenossen suspekt geworden, doch Probleme hatte er auch im Umgang mit den Dichtern des Vormärz und des Jungen Deutschland. Diesen sprach er sowohl die Fähigkeit als auch den Willen zur Kunstproduktion ab und vertrat den Standpunkt, politische Agitation allein dürfe einen Dichter nicht befriedigen. Aufgrund seiner jüdischen Herkunft musste Heine schon früh gesellschaftliche Ausgrenzung erfahren – das Außenseitertum wurde zu einem existenziellen Thema seines Schaffens.

Wie wenig Heine einer literarischen Stilrichtung zugeordnet werden kann, zeigt sich in seinem Gedicht *Das Fräulein stand am Meere* von 1827. Obwohl er die Thematik der Romantik genau kennt und auch die Motivik (junges Mädchen, Sehnsucht, Natur) meisterhaft zu handhaben weiß, erteilt er doch der romantischen Naturlyrik eine entschiedene Absage. Durch die Erklärung der romantischen Stimmung durch die Naturgesetze, durch die Kontrastierung der ersten durch die zweite Strophe (Bedeutung der Mittelachse), erkennt der Leser, dass die romantische Gefühlswelt bloßer Schein ist. Heine gelingt es, durch Ironisierung gefühlvolle Stimmungen als Sentimentalität und damit als nicht mehr zeitgemäß abzutun.

Heinrich Heine war auch ein **politisch und sozial engagierter Dichter**: In seinem Weberlied vermittelt er durch sprachliche und rhythmische Dichte (Refrain) das Elend der Weberfamilien in Schlesien:

Die schlesischen Weber

Im düstern Auge keine Träne,
Sie sitzen am Webstuhl und fletschen die Zähne:
Deutschland, wir weben dein Leichentuch,
Wir weben hinein den dreifachen Fluch –
Wir weben, wir weben!

Ein Fluch dem Götzen, zu dem wir gebeten
In Winterskälte und Hungersnöten;
Wir haben vergebens gehofft und geharrt,
Er hat uns geäfft und gefoppt und genarrt –
Wir weben, wir weben!

Ein Fluch dem König, dem König der Reichen,
Den unser Elend nicht konnte erweichen,
Der den letzten Groschen von uns erpreßt
Und uns wie Hunde erschießen läßt –
Wir weben, wir weben!

Ein Fluch dem falschen Vaterlande,
Wo nur gedeihen Schmach und Schande,
Wo jede Blume früh geknickt,
Wo Fäulnis und Moder den Wurm erquickt –
Wir weben, wir weben!

Das Schiffchen fliegt, der Webstuhl kracht,
Wir weben emsig Tag und Nacht –
Altdeutschland, wir weben dein Leichentuch,
Wir weben hinein den dreifachen Fluch.
Wir weben, wir weben!

Aus: H. Heine, Sämtliche Schriften. Hg. v. Kl. Briegleb. München 1971, Bd. 4, S. 455

6.3.2 Stifters Vorrede zu „Bunte Steine“

Kurzbiografie: Adalbert Stifter

1805	geboren in Oberplan (Böhmen) als Sohn eines Leinewebers
ab 1826	Jurastudium in Wien, später Studium der Philosophie, Geschichte, Malerei und der Naturwissenschaften
ab 1830	tätig als Hauslehrer (u. a. im Hause des Fürsten Metternich)
1844–1850	*Studien* (Erzählungen, u. a. *Der Hochwald*, *Brigitta*)
1850	Ernennung zum Schulrat
1853	*Bunte Steine* (Erzählungen, u. a. *Bergkristall*)
1857	*Der Nachsommer* (Roman)
1865–1867	*Witiko* (Roman)
1868	gestorben durch Selbstmord nach schwerer Krankheit

Stifter formuliert in seiner Vorrede zum Erzählband *Bunte Steine* (1853) keine programmatische Aussage, die den Anspruch auf Gültigkeit für das gesamte literarische Biedermeier erheben könnte. Und doch drückt Stifter aus, was die konservativen Autoren der Restaurationsepoche bewegt: Seine Äußerungen sind ein Bekenntnis zu Bescheidung und Mäßigung, das **„sanfte Gesetz“** steht für Liebe und Gerechtigkeit unter den Menschen. Der politische Bereich wird dabei ganz bewusst ausgeklammert. Ursprünglich war diese Vorrede als Antwort auf Friedrich Hebbels Spott gedacht, der Stifter vorgeworfen hatte, dass seine Helden nur gewöhnliche Menschen seien.

> Das Wehen der Luft, das Rieseln des Wassers, das Wachsen der Getreide, das Wogen des Meeres, das Grünen der Erde, das Glänzen des Himmels, das Schimmern der Gestirne halte ich für groß: das prächtig einherziehende Gewitter, den Blitz, welcher Häuser spaltet, den Sturm, der die Brandung treibt, den feuerspeienden Berg, das Erdbeben, welches Länder verschüttet, halte ich nicht für größer als obige Erscheinungen, ja ich halte sie für kleiner, weil sie nur Wirkungen viel höherer Gesetze sind. Sie kommen auf einzelnen Stellen vor und sind die Ergebnisse einseitiger Ursachen. Die Kraft, welche die Milch im Töpfchen der armen Frau emporschwellen und übergehen macht, ist es auch, die die Lava in dem feuerspeienden Berge emportreibt, und auf den Flächen der Berge hinabgleiten läßt. [...] So wie es in der äußeren Natur ist, so ist es auch in der inneren, in der

des menschlichen Geschlechtes. Ein ganzes Leben voll Gerechtigkeit, Einfachheit, Bezwingung seiner selbst, Verstandesgemäßheit, Wirksamkeit in seinem Kreise, Bewunderung des Schönen verbunden mit einem heiteren, gelassenen Sterben halte ich für groß: mächtige Bewegungen des Gemütes, furchtbar einherrollenden Zorn, die Begier nach Rache, den entzündeten Geist, der nach Tätigkeit strebt, umreißt, ändert, zerstört und in der Erregung oft das eigene Leben hinwirft, halte ich nicht für größer, sondern für kleiner, da diese Dinge so gut nur Hervorbringungen einzelner und einseitiger Kräfte sind, wie Stürme, feuerspeiende Berge, Erdbeben. Wir wollen das sanfte Gesetz zu erblicken suchen, wodurch das menschliche Geschlecht geleitet wird.

Aus: A. Stifter, Werke. Hg. v. U. Japp und H. J. Piechotta. Frankfurt a. M. 1978, Bd. 2, S. 191

6.3.3 Auf dem Weg zur Moderne: Büchners „Woyzeck"

Kurzbiografie: Georg Büchner

1813	geboren in Goddelau (Hessen) als Sohn eines Arztes
ab 1831	Studium der Medizin in Straßburg, später in Gießen
1834	*Der Hessische Landbote* (Flugschrift)
1835	Flucht nach Straßburg
1835	*Dantons Tod* (Drama)
1836	Promotion in Zürich
1837	gestorben in Zürich an Hirnhautentzündung
1839	*Lenz* (Erzählung, posthum veröffentlicht)
1842	*Leonce und Lena* (Lustspiel, posthum veröffentlicht)
1879	*Woyzeck* (Drama, posthum veröffentlicht)

Die Wahl des Helden sowie die verwendete Sprache zeigen an, dass Büchner sich nicht mehr in der klassisch-romantischen, aber auch nicht in der biedermeierlichen Tradition sieht. Vielmehr werden eine Vielzahl von Aspekten des materialistischen Weltbildes thematisiert: Der Soldat Woyzeck kommt aus der Unterschicht – ist also schon von Geburt an benachteiligt – und hat später Probleme mit der materiellen Existenz. Hinzu kommt, dass auch seine Geliebte Marie nicht die nötige Charakterstärke besitzt, ihm treu zu bleiben. Sie fällt auf die Verführungskünste des Tambourmajors herein, dessen Erscheinung und vor allem seine finanzielle Ausstattung ihr imponieren. Woyzeck ist also ein mehrfach Bestrafter: Kann er das eigene Leben nur mühsam (und als Versuchsobjekt dubioser medizinischer Experimente des Doktors) fristen, so scheint ihm auch das persönliche Glück mit Marie nicht vergönnt: Woyzeck, von allen gedemütigt und umhergestoßen, tötet am Ende des Dramas Marie.

Büchner wendet sich mit seinem Drama **gegen die zeitgenössische materialistische Weltsicht:** Er zeigt, wohin es führen muss, wenn die Menschen einzig die materielle Orientierung als verbindlich anerkennen. Alle Personen des Stückes werden deshalb als vom Materialismus geprägt dargestellt: der Doktor, der Hauptmann und auch der Tambourmajor. Dient der Materialismus diesen drei Figuren als Legitimation für ihre rücksichtslose Machtausübung, so dient er Marie als Entschuldigung für ihre fatalistische Fügung in die Umstände, wenn sie sich dem Tambourmajor hingibt.

Folgende Szene stellt den alles beherrschenden Materialismus sowie den im 19. Jahrhundert in der Wissenschaft verbreiteten Positivismus in einem Gespräch zwischen Woyzeck und dem Doktor dar. Der Leser oder Zuschauer bekommt dabei nicht nur einen Einblick in die beengten finanziellen Verhältnisse der bürgerlichen Unterschichten im 19. Jahrhundert, sondern erfährt auch etwas über die unterschiedlichen Weltanschauungen der beiden Figuren:

Woyzeck. Der Doktor

DOKTOR. Was erleb ich, Woyzeck? Ein Mann von Wort.

WOYZECK. Was denn Herr Doktor?

DOKTOR. Ich hab's gesehn Woyzeck; Er hat auf die Straß gepißt, an die Wand gepißt wie ein Hund. Und doch zwei Groschen täglich. Woyzeck das ist schlecht. Die Welt wird schlecht, sehr schlecht.

WOYZECK. Aber Herr Doktor, wenn einem die Natur kommt.

DOKTOR. Die Natur kommt, die Natur kommt! Die Natur! Hab ich nicht nachgewiesen, daß der musculus constrictor vesicae dem Willen unterworfen ist? Die Natur! Woyzeck, der Mensch ist frei, in dem Menschen verklärt sich die Individualität zur Freiheit. Den Harn nicht halten können! *(Schüttelt den Kopf, legt die Hände auf den Rücken und geht auf und ab.)* Hat Er schon seine Erbsen gegessen, Woyzeck? – Es gibt eine Revolution in der Wissenschaft, ich sprenge sie in die Luft. Harnstoff, 0,10, salzsaures Ammonium, Hyperoxydul. Woyzeck muß Er nicht wieder pissen? Geh Er eimal hinein und probier Er's.

WOYZECK. Ich kann nit Herr Doktor.

DOKTOR. *(mit Affekt).* Aber auf die Wand pissen! Ich hab's schriftlich, den Akkord in der Hand. Ich hab's gesehn, mit diesen Augen gesehn, ich streckte grade die Nase zum Fenster hinaus und ließ die Sonnestrahlen hinein fallen, um das Niesen zu beobachten. *(Tritt auf ihn los.)* Nein Woyzeck, ich ärgere mich nicht, Ärger ist ungesund, ist unwissenschaftlich. Ich bin ruhig, ganz ruhig, mein Puls hat seine gewöhnlichen 60 und ich sag's Ihm mit der größten Kaltblütigkeit! Behüte wer wird sich über einen Menschen ärgern, ein

Menschen! Wenn es noch ein Proteus wäre, der einem krepiert! Aber Er hätte doch nicht an die Wand pissen sollen –

WOYZECK. Sehn Sie Herr Doktor, manchmal hat man so n'en Charakter, so n'e Struktur. – Aber mit der Natur ist's was andres, sehn Sie, mit der Natur, *(er kracht mit den Fingern)* das ist so was, wie soll ich doch sagen, zum Beispiel –

DOKTOR. Woyzeck, Er philosophiert wieder.

WOYZECK *(vertraulich)*. Herr Doktor haben Sie schon was von der doppelten Natur gesehn? Wenn die Sonn in Mittag steht und es ist als ging die Welt im Feuer auf, hat schon eine fürchterliche Stimme zu mir geredt!

DOKTOR. Woyzeck, Er hat eine aberratio.

WOYZECK *(legt den Finger an die Nase)*. Die Schwämme Herr Doktor. Da, da steckt's. Haben Sie schon gesehn in was für Figurn die Schwämme auf dem Boden wachsen? Wer das lesen könnt.

DOKTOR. Woyzeck Er hat die schönste aberratio mentalis partialis, zweite Spezies, sehr schön ausgeprägt. Woyzeck Er kriegt Zulage. Zweite Spezies, fixe Idee, mit allgemein vernünftigem Zustand, Er tut noch alles wie sonst, rasiert sein Hauptmann?

WOYZECK. Ja wohl.

DOKTOR. Ißt sei Erbse?

WOYZECK. Immer ordentlich Herr Doktor. Das Geld für die Menage kriegt die Frau.

DOKTOR. Tut sei Dienst?

WOYZECK. Ja wohl.

DOKTOR. Er ist ein interessanter Kasus, Subjekt Woyzeck Er kriegt Zulag. Halt Er sich brav. Zeig Er sei Puls! Ja.

Aus: G. Büchner, Werke und Briefe. Hg. v. K. Pörnbacher u. a. München ⁵1995; S. 242 f.

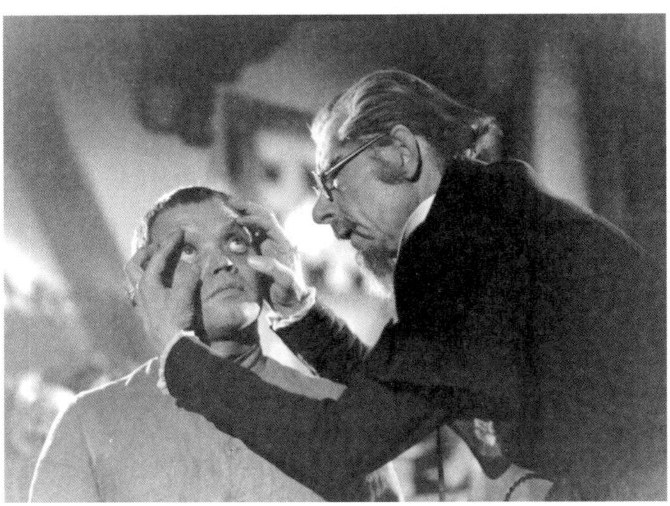

Szenenfoto aus der Verfilmung von Büchners *Woyzeck*

LITERATUR UND POLITIK IN DER 1. HÄLFTE DES 19. JAHRHUNDERTS

„Biedermeier“	Politische Ereignisse	„Vormärz“ / Junges Deutschland
	1814/15 Wiener Kongress	
	1817 Wartburgfest	
1818 Grillparzer: *Sappho*		
	1819 Ermordung Kotzebues	
	1819 Karlsbader Beschlüsse	
		1827 Heine: *Buch der Lieder*
1828 Raimund: *Der Alpenkönig und der Menschenfreund*		
	1830 Julirevolution in Frankreich	
		1831 Grabbe: *Napoleon oder Die hundert Tage*
1832 Mörike: *Maler Nolten*	**1832** Hambacher Fest	
		1834 Büchner: *Der Hessische Landbote*
1835 Nestroy: *Zu ebener Erde und erster Stock*		**1835** Büchner: *Dantons Tod*
1836 Immermann: *Die Epigonen*		
	1837 „Göttinger Sieben“	
1838 Grillparzer: *Weh dem, der lügt*		
		1839 Büchner: *Lenz*
	1840 „Rheinkrise“	**1840** Hoffmann von Fallersleben: *Unpolitische Lieder*
1842 Gotthelf: *Die schwarze Spinne* Droste-Hülshoff: *Die Judenbuche*		**1842** Büchner: *Leonce und Lena*
1843 Nestroy: *Der Talisman*		
1844 Nestroy: *Einen Jux will er sich machen*		**1844** Heine: *Deutschland. Ein Wintermärchen*
1848 Grillparzer: *Der arme Spielmann; Ein Bruderzwist in Habsburg*	**1848** Revolution in Frankreich und Deutschland	**1848** Freiligrath: *Ça ira*

7 Realismus (1850–1890)

7.1 Die Epoche des Realismus

Die Bezeichnung „Realismus“ meint eine Epoche, die die sinnlich wahrnehmbare, empirisch fassbare Wirklichkeit in den Vordergrund rückt. Anders als die Idealisten sehen die Realisten die Dinge, wie sie sind und nicht in idealer Überhöhung.

Der Realismus war eine gesamteuropäische Epoche: Es lassen sich Vertreter aus Frankreich (Flaubert, Stendhal, Balzac) ebenso nennen wie aus England (Dickens, Thackeray) und aus Russland (Dostojewskij, Tolstoj, Turgenjew). In Deutschland datiert man die Epoche des Realismus von ca. 1850, also nach der Revolution von 1848/49, bis zum Rücktritt Bismarcks 1890, der einen grundlegenden Wandel nicht nur in der deutschen Politik, sondern auch im Selbstverständnis der Deutschen markiert.

Realistische Strömungen sind aber nicht auf die zweite Hälfte des 19. Jahrhunderts beschränkt. Schon im antiken Griechenland kann man einen gewissen Realismus der Darstellung erkennen (etwa in den Komödien des Aristophanes oder in der spätattischen Tragödie des Euripides), auch die epische Literatur des 17. Jahrhunderts (z. B. Grimmelshausen: *Simplicissimus*) trägt realistische Züge. Im 19. Jahrhundert sind als Vorläufer der Realisten im eigentlichen Sinne manche Dichter des Vormärz zu nennen, etwa Georg Büchner oder Christian Dietrich Grabbe. Im 20. Jahrhundert finden sich realistische Strömungen beispielsweise in den Werken von Alfred Döblin, Heinrich Böll und Martin Walser.

7.1.1 Die politische Situation

Die Jahre 1850 bis 1890 waren stark geprägt von der sich schnell entfaltenden **Industrialisierung**, deren Kennzeichen ein verstärkter Kapitaleinsatz im wirtschaftlichen Bereich und die Entstehung eines neuen Unternehmertypus waren. Hier fand das Großbürgertum sein neues Betätigungsfeld. Dem Primat des technischen Fortschritts wurde eine weitere Demokratisierung der Gesellschaft untergeordnet. Daran änderte vorerst auch eine weitere **Ausdifferenzierung der Gesellschaft** nichts. Während sich nämlich die traditionellen Berufsfelder allmählich veränderten, bestand in den Fabriken verstärkt Bedarf an Arbeitskräften, die durch den Wandel der Agrargesellschaft, die Bauernbefreiung und die Einführung der Gewerbefreiheit freigesetzt wurden. Aufgrund dessen bildete sich neben den traditionellen Ständen Adel und Großbürgertum eine neue Schicht von Fabrik- und Hilfsarbeitern, das **Industrieproletariat**, heraus.

Neben diesen gesellschaftlichen vollzogen sich auch entscheidende politische Veränderungen: War der Beginn der Epoche des Realismus noch bestimmt von der Reaktionszeit nach Auflösung des Rumpfparlaments in Stuttgart (bis 1859), so rückten bald kriegerische Ereignisse in den Vordergrund: der deutsch-dänische Krieg um die Elbherzogtümer Schleswig und Holstein (1864), in seinem Gefolge und entstanden im Streit um die Verwaltung der Herzogtümer der Deutsche Krieg von 1866, der Preußen die Vormacht in Deutschland sicherte und Österreichs Einfluss nach Osten abdrängte.

1870 nützte Bismarck schließlich die Gelegenheit, Frankreich mithilfe der Emser Depesche bloßzustellen, und zwang es dazu, Deutschland den Krieg zu erklären. Die **Gründung des kleindeutschen Reiches 1871**, an der in erster Linie die „alten Eliten“, also Fürsten, Militärs und hohe Staatsbeamte, und weniger die demokratisch-parlamentarischen Kräfte einen maßgeblichen Anteil hatten, schließt dieses von der Außenpolitik geprägte Jahrzehnt der deutschen Geschichte ab. Bismarck erklärte nun – um den sicheren Bestand des neu geschaffenen Reiches zu garantieren – Deutschland für saturiert und bemühte sich fortan um die Lösung der innenpolitischen Probleme in seinem Sinne. Die Stichworte „Kulturkampf“, „Sozialistengesetze“ und „Sozialgesetzgebung“ verdeutlichen dies.

Das Ende der Epoche des Realismus ist auch das Ende der Epoche Bismarck. Sein Rücktritt im Jahr 1890 und der Regierungsantritt Kaiser Wilhelms II. schon 1888 signalisieren den Anbruch einer neuen Zeit – auch im politisch-gesellschaftlichen Sinn.

7.1.2 Kulturelle Voraussetzungen

Die rasch fortschreitende Industrialisierung brachte große soziale Probleme mit sich. Antworten auf die soziale Frage versuchten Karl Marx und Friedrich Engels mithilfe des sog. wissenschaftlichen **Sozialismus** zu geben, doch auch die Linkshegelianer (Feuerbach und Strauß), die die Religion als Illusion verwarfen, wurden rezipiert **(Diesseitsorientierung)**. Gehör fand ebenfalls der Schriftsteller Ferdinand Lassalle (1825–1864), der sich für eine Verbesserung der Lebensbedingungen der Arbeiterschaft einsetzte, den von Marx angestrebten Weg über eine Revolution jedoch ablehnte.

Auguste Comte (1789–1857) begründete den **Positivismus**, der sich nur auf sinnlich wahrnehmbare Tatsachen stützt und damit auch die Religion ablehnt.

Ludwig Büchner (1824–1899) hängt einem **Materialismus** an, dem sich die Frage nach Wesen und Ursache nicht mehr stellt. Gesellschaftliche Prozesse laufen nach naturwissenschaftlichen Gesetzmäßigkeiten ab und sind daher vorhersehbar (vgl. die Phasen der gesellschaftlichen Entwicklung bei Marx).

Großen Einfluss auf das Denken der Menschen noch bis ins 20. Jahrhundert hinein hatte der sog. **Sozialdarwinismus.** Diese Lehre beruht auf der Theorie Charles Darwins vom „Recht des Stärkeren“ und der „natürlichen Auslese“, die das Ergebnis von Beobachtungen im Tierreich war. Im Zuge des sich im wirtschaftlichen und politischen Bereich etablierenden **Liberalismus**, der die freie Entfaltung des Individuums proklamiert, wurde diese Theorie unkritisch und ohne Überprüfung ihrer Gültigkeit auf das menschliche Zusammenleben übertragen. Das Ergebnis war der „Sozialdarwinismus“, dessen Vertreter den „Kampf ums Dasein“ propagierten und dadurch soziale Ungleichheit nicht nur legitimierten, sondern sogar förderten.

Teilweise wurden Materialismus, Kapitalismus, Untertanenmentalität und Werteverfall als Zeichen eines allgemeinen Niedergangs gedeutet. Der Pessimismus Arthur Schopenhauers wurde verstärkt durch das Werk Friedrich Nietzsches (1844–1900), der bürgerliche Werte und Normen als Heuchelei und Schein entlarvte. Anknüpfend an das Deutsch der Luther-Bibel war der Philosoph Friedrich Nietzsche auch sprachschöpferisch produktiv. In seiner Aphorismensammlung *Menschliches Allzumenschliches* (1878–1890) und den Gedichten *Der Herbst* und *Ecce Homo* kreierte er eine rhythmische Prosa, mit der er die Neuorientierung der Lyrik im Naturalismus produktiv unterstützte. Trotzdem stand der Lyriker Nietzsche dem Impressionismus nahe; seine leicht schwebende Sprache nimmt Motive und Lebensgefühl des „Fin de Siècle“ auf und gibt sie in der von Rilke, Hofmannsthal und Liliencron bekannten Manier wieder.

7.2 Die Literatur des Realismus

„Realistische“ Erzählelemente sind in fast jeder Literatur zu finden. Das spezifisch „Realistische“ der Literatur um die Mitte des 19. Jahrhunderts besteht vor allem in der Abkehr von allem Idealischen und Exemplarischen der Goethezeit und der Romantik und in der **Hinwendung zum Alltäglichen** sowie zur Natur als reale Gegebenheit und nicht als romantisch überhöhtes Refugium.

7.2.1 Der „Poetische Realismus"

Der von Otto Ludwig (1813–1865) geprägte Begriff „Poetischer Realismus" ist eigentlich ein Paradoxon. Er besagt, dass die **Wirklichkeit**, also die Gegenwart in der zweiten Hälfte des 19. Jahrhunderts, **abgebildet** und dabei gleichzeitig **dichterisch verklärt** werden soll. Extremes (z. B. abstoßend Hässliches) soll dabei ausgespart werden. Diesem Anspruch wurden die Autoren des Realismus durchweg gerecht, Kritik an den gesellschaftlichen oder politischen Verhältnissen wurde kaum oder nur unterschwellig laut. Insofern knüpfte die realistische Literatur (anders als der folgende Naturalismus) an die Literatur des „Biedermeier" an. Dieser oberflächliche Optimismus täuschte über die wirklichen Probleme der Zeit hinweg. Dichtung des Realismus ist bürgerliche Literatur; sie stellt vorwiegend das Leben des wirtschaftlich erfolgreichen Großbürgertums dar, während das kleinbürgerliche Milieu so wenig in den Blick kommt wie die soziale Lage der Fabrikarbeiter.

7.2.2 Große Erzähler

Die beschreibende Darstellung und die damit einhergehende symbolische Überhöhung war weder in der Lyrik noch auf dem Theater angemessen zu leisten. Nicht von ungefähr rückt also im Realismus die **Erzählliteratur** in den Vordergrund. Novellen, Erzählungen und Romane spiegeln die Epoche am deutlichsten wider. Gerade **Alltagssituationen** konnten in Prosa angemessen dargestellt werden, da den epischen Formen nicht wie anderen Gattungen ein vorgegebenes, starres Regelsystem zugrunde liegt.

Theodor Storm (1817–1888). Foto um 1882

Theodor Storm (1817–1888)
Von Beruf Advokat, war Theodor Storm ein politisch sehr engagierter Mann: Nachdem der dänische König Holstein gegen geltendes Recht seinem Herrschaftsbereich zugeschlagen hatte, verließ Storm seine Heimat und ging für elf Jahre nach Preußen. Erst als nach dem deutsch-dänischen Krieg 1864 der dänische Einfluss in Holstein zurückgedrängt worden war, kehrte er in seine Heimatstadt Husum zurück und wurde Amtsrichter.

In seiner Dichtung zeigte sich Storm wesentlich unpolitischer. Seine Themen sind eng mit der Landschaft Schleswig-Holsteins verbunden. In der Novelle

Der Schimmelreiter (1888) stellt Storm den Konflikt zwischen Jung und Alt, zwischen Bewahren und Erneuern, zwischen Leben mit der Natur und Auflehnung gegen sie dar: Die Hauptperson, der junge Deichgraf Hauke Haien, kämpft gegen die übermächtigen Naturgewalten und das engstirnige Besitzdenken seiner Mitmenschen an, scheitert aber letztlich. In *Immensee* (Novelle, 1850) benützt Storm lyrische Bilder, um das Leben eines alten Mannes Revue passieren zu lassen.

Wilhelm Raabe (1831–1910)

Ein produktiver Autor war Wilhelm Raabe; fast siebzig Romane, Novellen und Erzählungen stammen aus seiner Feder. Mit seinen frühen Werken (*Die Chronik der Sperlingsgasse*, 1857; *Der Hungerpastor*, 1864) war er zudem ein Liebling des zeitgenössischen Lesepublikums. Das änderte sich, als Raabe in *Stopfkuchen* (1891) und *Akten des Vogelsangs* (1896) zeitkritische Töne anschlug.

Theodor Fontane (1819–1898)

Theodor Fontane, von Beruf Apotheker, kam erst spät zur Literatur. Zwar verfasste er schon in den vierziger Jahren erste Gedichte und war ab 1844 Mitglied im literarischen Verein „Tunnel über der Spree“, doch erst 1878 veröffentlichte er seinen ersten Roman *Vor dem Sturm*. Nun aber schien sein poetisches Talent schier unerschöpflich zu sein, in schneller Folge veröffentlichte er seine großen Gesellschaftsromane, mit denen er sich als scharfer und kritischer Beobachter seiner Zeit erwies: 1880 erschien *Grete Minde. Nach einer altmärkischen Chronik*, 1882 *L'Adultera*, eine Ehebruchgeschichte, 1883 *Schach von Wuthenow*, die Geschichte eines preußischen Offiziers, der eine Scheinehe eingeht und sich aus Verzweiflung darüber erschießt. 1888 folgte *Irrungen, Wirrungen*, 1890 *Stine*, 1892 *Frau Jenny Treibel*, 1895 *Effi Briest* und 1899 *Der Stechlin*.

Gottfried Keller (1819–1890)

Das wohl bekannteste Werk des Schweizers Gottfried Keller ist der autobiografisch gefärbte Entwicklungs- und Bildungsroman *Der grüne Heinrich*, der in zwei Fassungen (1854/1879) vorliegt. Darin beschreibt Keller den Werde-

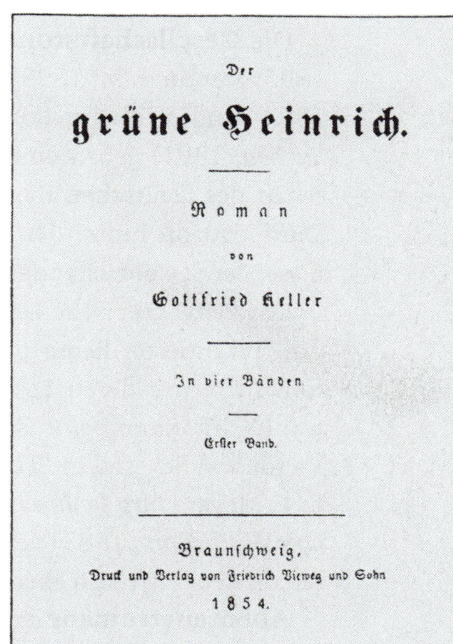
Der
grüne Heinrich.
Roman
von
Gottfried Keller
In vier Bänden.
Erster Band.
Braunschweig,
Druck und Verlag von Friedrich Vieweg und Sohn
1854.

Titelblatt der Erstausgabe von 1854

gang Heinrichs, der als Künstler (Maler) scheitert und aus Gram stirbt, weil er glaubt, am Tod der Mutter schuldig zu sein (1. Fassung). In der zweiten Fassung veränderte Keller die Erzählperspektive (Ich-Erzähler statt Er-Form) und gestaltete den Romanschluss anders: Heinrich nimmt sein Versagen an, ohne zu verzweifeln; vielmehr sucht er einen neuen Lebenssinn, indem er ein öffentliches Amt bekleidet und sich in den Dienst der Gemeinschaft stellt. Andere wichtige Dichtungen Kellers sind: Die Novellensammlungen *Die Leute von Seldwyla* (1856; darin: *Kleider machen Leute*; *Romeo und Julia auf dem Dorfe*) und *Züricher Novellen* (1878) sowie der Roman *Martin Salander* (1886).

Conrad Ferdinand Meyer (1825–1898)
Meyer entnahm die Stoffe zu seinen Werken meist der Geschichte: In *Huttens letzte Tage* (1871) blickt die Hauptfigur an ihrem Lebensende auf die vergangenen Jahre zurück, in der Novelle *Die Versuchung des Pescara* (1887) gestaltete Meyer (wie schon in *Das Amulett*, 1873) die Motive Untreue und Verrat.

7.2.3 Literarische Gattungen

Der Realismus war die Blütezeit der erzählenden Literatur; es entstanden Gesellschaftsromane, historische Romane, Abenteuer- und Bildungsromane und darüber hinaus eine Vielzahl von Novellen und Erzählungen.

Die **Gesellschaftsromane** Fontanes (*Frau Jenny Treibel*, 1892; *Effi Briest*, 1895; *Der Stechlin*, 1899), Marie von Ebner-Eschenbachs (*Das Gemeindekind*, 1887) und Wilhelm Raabes (*Die Chronik der Sperlingsgasse*, 1857; *Stopfkuchen*, 1891) geben einen jeweils ganz spezifischen Einblick in die Gesellschaft des Deutschen Kaiserreichs, wobei sie arm an äußerer Handlung sind. Diese tritt oft hinter der detailreichen Beschreibung der materiellen Verhältnisse, der Seelenzustände und der umgebenden Natur zurück.

Das zeitgenössische Lesepublikum, das sich zumeist aus dem Großbürgertum rekrutierte, liebte unterhaltsame **historische Romane** („Professorenromane“), mit deren Lektüre man sich auch zu bilden glaubte. Felix Dahn wählte im *Kampf um Rom* (1876) die Völkerwanderungszeit als Staffage, Victor von Scheffel in *Ekkehard* (1855) das mittelalterliche Klosterleben. Auch C. F. Meyer (*Jürg Jenatsch*, 1874) und Fontane (*Vor dem Sturm*, 1878; *Schach von Wuthenow*, 1883) verfassten Romane, die auf historischen Stoffen basieren, in denen sie sich aber kritisch mit ihrer Gegenwart auseinandersetzten.

Abenteuerromane entstanden vor allem in der Nachfolge der Amerika-Schilderungen Charles Sealsfields. Dieser, in Mähren als Karl Postl 1793 geboren, flüchtete aus Prag und aus seinem Amt als Ordenspriester nach Amerika.

Seine Erlebnisse mit den Einheimischen schrieb er nieder (*Kajütenbuch*, 1841). Seine Nachfolger, Friedrich Gerstäcker (1816–1872) (*Die Flußpiraten des Mississippi*, 1848) und Karl May (1842–1912), fanden mehr Leser, doch die Dichte und Authentizität von Postls Darstellungen erreichten sie nicht.

Auch der **Bildungsroman** wurde von den Autoren des Realismus gepflegt, doch nicht mehr im Sinne der klassischen oder romantischen Theorie: Ihnen ging es nicht um die Vervollkommnung des Individuums, sondern um seine möglichst reibungslose Anpassung an die gesellschaftlichen Normen. Dies sollte den nun anzustrebenden wirtschaftlichen Erfolg garantieren. Gustav Freytags *Soll und Haben* (1855) entspricht diesem Typus. Doch nicht von allen Autoren wurde diese Entwicklungsrichtung positiv eingeschätzt; eine Alternative konnten sie aber nicht anbieten, ihr Werk trägt also Kennzeichen der Resignation (Keller: *Der grüne Heinrich*; Raabe: *Der Hungerpastor*).

Der **Novelle**, deren Theorie Paul Heyse erarbeitete, kam im Realismus eine herausragende Bedeutung zu: Detailgenauigkeit und Darstellung psychologischer Beweggründe konnten hier auf knappem Raum geleistet werden.

Erwähnenswert sind auch die **Dorfgeschichten** von Ludwig Anzengruber (1839–1889) und Marie von Ebner-Eschenbach (1830–1916). Letztere musste sich – wie auch Annette von Droste-Hülshoff – gegen den Widerstand ihrer Familie durchsetzen, um als Schriftstellerin arbeiten zu können.

Keine nennenswerten Entwicklungen gab es in der Zeit des Realismus im Bereich des **Dramas**. Zwar bemühte sich Gustav Freytag um eine theoretische Bestimmung der Gattung (*Die Technik des Dramas*, 1863) – er betonte vor allem die Bedeutung der dramatischen Komposition (Exposition, steigende Handlung, Höhepunkt, fallende Handlung, Katastrophe) –, doch waren seine Untersuchungen vorwiegend am klassischen Beispiel orientiert und somit für das Schaffen der Zeitgenossen wenig hilfreich. Als das einzige dramatische Talent ist Friedrich Hebbel (1813–1863) anzusehen, der mit *Maria Magdalena* (1844) das erste bürgerliche Trauerspiel des 19. Jahrhunderts schuf. Andere Werke Hebbels: *Judith* (1840), *Agnes Bernauer* (1855), *Gyges und sein Ring* (1865).

In der **Lyrik** vollzog sich der Übergang von der Erlebnislyrik zur symbolistischen Bildlyrik: Die Dichter verwendeten zwar noch meist die traditionellen Gattungen des Erlebnis- und Stimmungsgedichts (Geibel, Storm), doch mit dem immer problematischer werdenden Verhältnis des Individuums zu seiner Umwelt rückte mehr und mehr das Dinggedicht (C. F. Meyer: *Der römische Brunnen*) in den Vordergrund. Die Balladendichtung erreichte mit Meyer und Fontane (*Die Brücke am Tay*, 1880; *John Maynard*, 1886) ihren Höhepunkt.

7.2.4 Literarisches Leben: Leihbücherei und populärer Roman

Das literarische Leben des Realismus war von einem immer größer werdenden Lesepublikum geprägt. **Literatur wurde zur Massenware**, sie wurde in Zeitungen und Familienblättern (man denke nur an *Die Gartenlaube* und die Erfolgsautorin Eugenie Marlitt) verbreitet, Leihbüchereien fanden großen Zulauf. Die Unterhaltungsliteratur (Scheffel, Geibel, Heyse) boomte.

Dichtervereinigungen wie der „Tunnel über der Spree" in Berlin (Mitglieder: Fontane, Storm, Heyse, Dahn) oder die „Gesellschaft für Krokodile" in München (Mitglieder: Geibel, Heyse, Schack, Bodenstedt) hatten wenig Bedeutung für die „hohe Literatur" der Zeit: Fontane, Hebbel, Keller, Meyer und die anderen Autoren schrieben ohne gemeinsames theoretisches Programm.

7.3 Autoren und Werke

7.3.1 Das Dinggedicht: Meyers „Römischer Brunnen"

Kurzbiografie: Conrad Ferdinand Meyer

1825	geboren in Zürich als Sohn eines Ratsherrn
ab 1844	Jurastudium in Zürich, Malerausbildung
1852–1854	Aufenthalt in einer Nervenheilanstalt wegen Depressionen
ab 1854	tätig als Übersetzer (deutsch-französisch)
1857/58	Reisen nach Frankreich und Italien
1871	*Huttens letzte Tage* (Verserzählung)
1876	*20 Balladen eines Schweizers* (anonym erschienen)
1882	*Gedichte*
1892	erneute psychiatrische Behandlung (wegen Wahnvorstellungen)
1898	gestorben in Kilchberg (bei Zürich)

Das Dinggedicht ist eine lyrische Gattung, in deren Mittelpunkt ein **Objekt** (Kunstwerk, alltäglicher Gegenstand, Tier, Pflanze) steht. Dieses wird ohne subjektive Empfindungen des Autors distanziert beschrieben und erhält so – auf das Wesentliche reduziert – gleichsam **symbolische Bedeutung**. Das Dinggedicht ist eine recht junge Gattung: Erst durch E. Mörike *(Auf eine Lampe)* und dann durch C. F. Meyer findet sie Eingang in die deutsche Literatur. Besondere Bedeutung hat das Dinggedicht später in der Lyrik Rilkes.

Dem Gedicht *Der römische Brunnen* liegt eine Beobachtung Meyers auf seiner Italienreise von 1858 zugrunde. Der Autor arbeitete im Lauf der folgenden zwei Jahrzehnte immer wieder an diesem Gedicht, bis es eine für ihn akzeptable Form (und damit stimmige Aussage) hatte.

Rom: Springquell (1860)

Es steigt der Quelle reicher Strahl
Und sinkt in eine schlanke Schal'.
Das dunkle Wasser überfließt
Und sich in eine Muschel gießt.
Es überströmt die Muschel dann
Und füllt ein Marmorbecken an.
Ein jedes nimmt und gibt zugleich
Und allesammen bleiben reich,
Und ob's auf allen Stufen quillt,
So bleibt die Ruhe doch im Bild.

Der schöne Brunnen (1864)

In einem römischen Garten
Weiß ich einen schönen Bronnen,
Von Laubwerk aller Arten
Umwölbt und grün umsponnen.
Er steigt in lichtem Strahle,
Der unerschöpflich ist,
Und plätschert in eine Schale,
Die golden wallend überfließt.

Das Wasser flutet nieder
In zweiter Schale Mitte.
Und voll ist diese wieder,
Es flutet in die dritte:
Ein Geben und ein Nehmen
Und alle bleiben reich.
Und alle Stufen strömen
Und scheinen unbewegt zugleich.

Der Brunnen (1865)

In einem römischen Garten
Verborgen ist ein Bronne,
Behütet von dem harten
Geleucht' der Mittagssonne,
Er steigt in schlanken Strahle
In dunkle Laubesnacht
Und sinkt in eine Schale
Und übergießt sie sacht.

Die Wasser steigen nieder
In zweiter Schale Mitte
Und voll ist diese wieder,
Sie fluten in die dritte:
Ein Nehmen und ein Geben,
Und alle bleiben reich,
Und alle Fluten leben
Und ruhen doch zugleich.

Der Brunnen (1869)

Der Springquell plätschert und erfüllt
Die Schale, daß sie überfließt;
Die steht vom Wasser leicht umhüllt,
Indem sie's in die zweite gießt;
Und diese wallt und wird zu reich
Und gibt der dritten ihre Flut,
Und jede gibt und nimmt zugleich,
Und alles strömt und alles ruht.

Der römische Brunnen (1882)

Aufsteigt der Strahl und fallend gießt
Er voll der Marmorschale Rund,
Die, sich verschleiernd, überfließt
In einer zweiten Schale Grund;
Die zweite gibt, sie wird zu reich,
Der dritten wallend ihre Flut,
Und jede nimmt und gibt zugleich
Und strömt und ruht.

Aus: C. F. Meyer, Sämtliche Werke, Bd. 1, Bern 1963, S. 170 f.

Die verschiedenen Fassungen von Meyers Gedicht zeigen deutlich, wie intensiv der Autor mit seinem Stoff gerungen hat: Die Sprache wird reduziert, die Wortwahl immer exakter, der Symbolgehalt des Brunnens (der Fluss des Wassers entspricht dem Werden und Vergehen alles Irdischen) kommt dadurch deutlicher zum Vorschein. Auch das Versmaß unterstützt diese Tendenz: Verwendet Meyer in der Fassung von 1860 durchgängig den vierhebigen Jambus, so lockert er die Rhythmik in der Fassung von 1882 scheinbar auf, indem er einen Auftakt an den Anfang setzt, konzentriert sie aber in Wirklichkeit und passt sie damit seiner Intention genauer an. In dieser Fassung ahmt der Fluss der Sprache den des Wassers nach: Der Auftakt lässt den Leser das Aufsteigen des Wassers empfinden; die Strömung, die im untersten Becken des Brunnens in einen Ruhezustand übergeht, ist im letzten Vers durch die Änderung des Versmaßes und die Reihung der Verben mithilfe der Konjunktion „und" in Sprache umgesetzt. Auffallend ist bei der letzten Fassung, dass weder das Wasser noch der Brunnen genannt werden. Diese Abstraktionsstufe hat Meyer in den vorausgehenden Fassungen seines Gedichtes noch nicht erreicht.

Meyers Gedicht ist charakteristisch für die realistische Literatur, wenngleich es schon über diese hinaus und auf den Symbolismus vorausweist: Der Autor versucht nicht, abstrakte Ideen zu vermitteln, wie dies noch im Idealismus (vor allem der Klassik und Romantik) geschehen wäre, sondern er wendet sich einem **Gegenstand**, dem Brunnen, zu und beschreibt ihn dichterisch.

7.3.2 Hebbels bürgerliches Trauerspiel „Maria Magdalena“

Kurzbiografie: Friedrich Hebbel

1813	geboren in Wesselburen (Holstein)
ab 1826	Lehre als Maurer, dann Laufbursche und Schreiber
1835	Umzug nach Hamburg zur Vorbereitung eines Studiums
1836–1839	Studium der Jurisprudenz und Geschichte in Heidelberg und München
1840	Uraufführung von *Judith* (Drama)
1842–1845	Aufenthalte in Kopenhagen, Paris, Rom, Neapel und Wien
1843	*Maria Magdalena* (bürgerl. Trauerspiel)
1851	*Agnes Bernauer* (Drama)
1863	gestorben in Wien

Friedrich Hebbel ist der bedeutendste Dramatiker der realistischen Epoche. In Hebbels Werk steht der **Mensch in der Krisensituation** im Mittelpunkt, das Individuum, das zwischen der alten und der neuen politisch-gesellschaftlichen Ordnung schwankt und orientierungslos ist. Hebbels eigene finanziell beengte Existenz und sein Pendeln zwischen Deutschland, Dänemark und verschiedenen europäischen Städten sind wohl als Hintergrund dafür zu sehen.

Hebbels Leistung besteht darin, dass es ihm gelang, sich über die als übermächtig empfundenen „Klassiker“ Goethe und Schiller hinwegzusetzen und eigenständig kreativ zu sein. Doch auch Hebbel kannte literarischen Vorfahren: Indem er das Drama *Maria Magdalena* ein „bürgerliches Trauerspiel“ nannte, stellte er sich ganz bewusst in eine Traditionslinie mit Lessing und Schiller.

Dabei schafft Hebbel nichts grundsätzlich Neues; er schließt vielmehr eine Entwicklung ab, die um die Mitte des 18. Jahrhunderts begonnen hatte. Doch entstand bei Lessing *(Emilia Galotti)* und Schiller *(Kabale und Liebe)* die Tragik durch den Zusammenprall zweier Welten (Adel – Bürgertum), so liegt die Ursache der Katastrophe nun in der **kleinbürgerlichen Enge und Dumpfheit**, die sich im unreflektierten Festhalten an den alten, starren, patriarchalischen und inzwischen **fragwürdig gewordenen Wertvorstellungen** ausdrückt. Der letzte Satz von Meister Anton: „Ich verstehe die Welt nicht mehr“ spiegelt die damals herrschende Unsicherheit der Menschen im Umgang mit tradierten Werten und Normen wider.

Szenenfoto aus Hebbels *Maria Magdalena* in der Inszenierung von Amélie Niemeyer am Thalia Theater Hamburg 1995

Zum Inhalt: Klara, die Tochter des Tischlermeisters Anton, wird von Leonhard, ihrem Verlobten und Vater ihres ungeborenen Kindes, verlassen. Dieser gibt vor, es nicht mit seinem Ehrbegriff vereinbaren zu können, mit der Schwester eines Diebes verheiratet zu sein. In Wirklichkeit ist es ihm ganz recht, eine Gelegenheit gefunden zu haben, von der Hochzeit zurückzutreten. Als Klara bei dem Mann Zuflucht sucht, den sie wirklich liebt, wird sie aus moralischen Gründen zurückgewiesen. Klara befindet sich nun in einer der biblischen Maria Magdalena vergleichbaren Lage. Doch da sie ihrem Vater keine Schande bereiten will – was sie auch am Totenbett ihrer Mutter versprochen hatte –, begeht sie Selbstmord, versucht aber, diesen als Unfall erscheinen zu lassen.

Folgender Textauszug (I,7) zeigt, wie durch eine falsche Verdächtigung Leid über die Familie des Tischlermeisters hereinbricht. Die Personen des Stückes sind jedoch durch die in ihrer Welt herrschende geistige Enge nicht in der Lage, mit der Krisensituation umzugehen. Einzig der skrupellose Karrierist Leonhard nützt die Situation für seine Zwecke aus:

Gerichtsdiener Adam und noch ein Gerichtsdiener (treten ein).

ADAM *(zu Meister Anton).* Nun geh Er nur hin und bezahl Er Seine Wette! *Leute im roten Rock mit blauen Aufschlägen (dies betont er stark)* sollten Ihm nie ins Haus kommen? Hier sind wir unsrer zwei! *(Zum zweiten Gerichtsdiener.)* Warum behält Er seinen Hut nicht auf wie ich? Wer wird Umstände machen, wenn er bei seinesgleichen ist?

MEISTER ANTON. Bei deinesgleichen, Schuft?

ADAM. Er hat recht, wir sind nicht bei unsersgleichen, Schelme und Diebe sind nicht unsersgleichen! *(Er zeigt auf die Kommode.)* Aufgeschlossen! Und dann drei Schritt davon! Daß er nichts herauspraktiziert!

MEISTER ANTON. Was? Was?

KLARA *(tritt mit Tischzeug ein).* Soll ich – *(Sie verstummt.)*

ADAM *(zeigt ein Papier).* Kann Er geschriebene Schrift lesen?

MEISTER ANTON. Soll ich können, was nicht einmal mein Schulmeister konnte?

ADAM. So hör Er! Sein Sohn hat Juwelen gestohlen. Den Dieb haben wir schon. Nun wollen wir Haussuchung halten!

MUTTER. Jesus! *(Fällt um und stirbt.)*

KLARA. Mutter! Mutter! Was sie für Augen macht!

LEONHARD. Ich will einen Arzt holen!

MEISTER ANTON. Nicht nötig! Das ist das letzte Gesicht! Sah's hundertmal. Gute Nacht, Therese! Du starbst, als du's hörtest! Das soll man dir aufs Grab setzen!

LEONHARD. Es ist doch vielleicht – – (*Abgehend.*) Schrecklich! Aber gut für mich! (*Ab.*)

MEISTER ANTON (*zieht ein Schlüsselbund hervor und wirft es von sich*). Da! Schließt auf! Kasten nach Kasten! Ein Beil her! Der Schlüssel zum Koffer ist verloren! Hei, Schelmen und Diebe! (*Er kehrt sich die Taschen um.*) Hier find ich nichts!

ZWEITER GERICHTSDIENER. Meister Anton, faß Er sich! Jeder weiß, daß Er der ehrlichste Mann in der Stadt ist.

MEISTER ANTON. So? So? (*Lacht*). Ja, ich hab die Ehrlichkeit in der Familie allein verbraucht! Der arme Junge! Es blieb nichts für ihn übrig! Die da – (*er zeigt auf die Tote*) war auch viel zu sittsam! Wer weiß, ob die Tochter nicht – (*Plötzlich zu Klara.*) Was meinst du, mein unschuldiges Kind?

KLARA. Vater!

ZWEITER GERICHTSDIENER (*zu Adam*). Fühlt Er kein Mitleid?

ADAM. Kein Mitleid? Wühl ich dem alten Kerl in den Taschen? Zwing ich ihn, die Strümpfe auszuziehen und die Stiefel umzukehren? Damit wollt' ich anfangen, denn ich hasse ihn, wie ich nur hassen kann, seit er im Wirtshaus sein Glas – Er kennt die Geschichte, und Er müßte sich auch beleidigt fühlen, wenn Er Ehre im Leibe hätte. (*Zu Klara.*) Wo ist die Kammer des Bruders?

KLARA (*zeigt sie*). Hinten!

Beide Gerichtsdiener (ab).

KLARA. Vater, er ist unschuldig! Er muß unschuldig sein! Er ist ja dein Sohn, er ist ja mein Bruder!

MEISTER ANTON. Unschuldig, und ein Muttermörder? (*Lacht.*)

EINE MAGD (*tritt ein mit einem Brief, zu Klara*). Von Herrn Kassierer Leonhard! (*ab*)

MEISTER ANTON. Du brauchst ihn nicht zu lesen! Er sagt sich von dir los! (*Schlägt in die Hände.*) Bravo, Lump!

KLARA (*hat gelesen*). Ja! Ja! O mein Gott!

MEISTER ANTON. Laß ihn!

KLARA. Vater, Vater, ich kann nicht!

MEISTER ANTON. Kannst nicht? Kannst nicht? Was ist das? Bist du –

Beide Gerichtsdiener (kommen zurück).

ADAM (*hämisch*). Suchet, so werdet ihr finden!

ZWEITER GERICHTSDIENER (*zu Adam*). Was fällt Ihm ein? Traf's denn heute zu?

ADAM. Halt Er's Maul! (*Beide ab*).

MEISTER ANTON. Er ist unschuldig, und du – du –

KLARA. Vater, Er ist schrecklich!

Meister Anton *(faßt sie bei der Hand, sehr sanft)*. Liebe Tochter, der Karl ist doch nur ein Stümper, er hat die Mutter umgebracht, was will's heißen? Der Vater blieb am Leben! Komm ihm zu Hilfe, du kannst nicht verlangen, daß er alles allein tun soll, gib du mir den Rest, der alte Stamm sieht noch so knorrig aus, nicht wahr, aber er wackelt schon, es wird dir nicht zu viel Mühe kosten, ihn zu fällen! Du brauchst nicht nach der Axt zu greifen, du hast ein hübsches Gesicht, ich hab dich noch nie gelobt, aber heute will ich's dir sagen, damit du Mut und Vertrauen bekommst, Augen, Nase und Mund finden gewiß Beifall, werde – du verstehst mich wohl, oder sag mir, es kommt mir so vor, daß du's schon bist!

Klara *(fast wahnsinnig, stürzt der Toten mit aufgehobenen Armen zu Füßen und ruft wie ein Kind)*. Mutter! Mutter!

Meister Anton. Faß die Hand der Toten und schwöre mir, daß du bist, was du sein sollst!

Klara. Ich – schwöre – dir – daß – ich – dir – nie – Schande – machen – will!

Meister Anton. Gut! *(Er setzt seinen Hut auf.)* Es ist schönes Wetter! Wir wollen Spießruten laufen, straßauf, straßab! *(Ab)*.

Aus: F. Hebbel, Maria Magdalena. Stuttgart 1994, S. 58 f.

7.3.3 Der Gesellschaftsroman: Fontanes „Effi Briest“

Kurzbiografie: Theodor Fontane

1819	geboren in Neuruppin
ab 1836	tätig als Apotheker
ab 1844	Mitglied im Dichterkreis „Tunnel über der Spree“
ab 1849	tätig als Journalist
1851	*Gedichte*
1855–1859	Aufenthalt in England
1860–1870	Mitarbeiter der „Kreuz-Zeitung“ Berlin
1862–1882	*Wanderungen durch die Mark Brandenburg* (Reisebericht)
1865/66	Kriegsberichterstatter in Dänemark und Böhmen
1870	Kriegsberichterstatter in Frankreich
1883	*Schach von Wuthenow* (Erzählung)
1893	*Frau Jenny Treibel* (Roman)
1895	*Effi Briest* (Roman)
1898	gestorben in Berlin

Theodor Fontane beschreibt in seinen späten Romanen zwischenmenschliche Beziehungen, die nie intakt sind. Die Protagonisten haben mit Konflikten umzugehen, die nicht in ihnen selbst, sondern in den **gesellschaftlichen Normen** angelegt sind. So sind in *Irrungen, Wirrungen* und *Stine* Standesunterschiede der Anlass für Verwicklungen, *L'Adultera* ist eine Ehebruchsgeschichte, in der ein gut situierter Kommerzienrat ein siebzehnjähriges Mädchen heiratet, das in die Eheschließung nur einwilligt, weil ihr Gatte ihr eine gesicherte Existenz bieten kann.

Auch *Effi Briest* ist ein **sozialer Roman:** Baron von Innstetten, ein Beamter, der im Staatsdienst Karriere macht, heiratet die wesentlich jüngere Effi Briest, die sich in dieser Ehe bald langweilt. Die Bekanntschaft mit Major von Crampas bringt Abwechslung und Farbe in Effis tristes Leben, sodass sie sich auf eine Affäre einlässt. Innstetten wird aus beruflichen Gründen versetzt; Effi beendet die Beziehung zu Crampas, ohne dass Innstetten zunächst davon erfährt. Als Innstetten Jahre später alte Liebesbriefe aus dieser Zeit entdeckt, reicht er, ohne noch mit Effi gesprochen zu haben, um seiner Ehre willen die Scheidung ein und fordert Crampas zum Duell, der dabei den Tod findet. Auch Effi kommt in der Einsamkeit nicht zurecht. Als sie Aufnahme in ihrem Elternhaus findet, ist es schon zu spät; aus Gram stirbt auch sie.

Fontane entwickelt in diesem Roman die Konflikte von Menschen in einer Gesellschaft, die ihrer äußeren Form nach zwar noch besteht, deren Wertvorstellungen jedoch immer weniger adäquater Ausdruck individuellen Fühlens und Empfindens der jeweiligen Personen sind. Das Duell mit Crampas ist nicht Ausdruck einer emotional-erregten Befindlichkeit, aus der sich der Wunsch nach Rache und Vergeltung ergibt, sondern eines unreflektierten Festhaltens an **veralteten, zu starren Ritualen verkommenen Konventionen** (Wiederherstellung der Ehre). Ein selbstverantwortlicher Umgang mit zwischenmenschlichen Problemen ist den Figuren Fontanes daher noch nicht möglich. Die Folge für Effi ist Vereinsamung und Resignation. Noch lässt nur der Glaube an ein letztlich doch gerechtes gesellschaftlich Höheres Effi versöhnt mit sich und ihrem Schicksal sterben:

> Und ehe die Uhr noch einsetzte, stieg Frau von Briest die Treppe hinauf und trat bei Effi ein. Das Fenster stand auf, und sie lag auf einer Chaiselongue, die neben dem Fenster stand.
>
> Frau von Briest schob einen kleinen schwarzen Stuhl mit drei goldenen Stäbchen in der Ebenholzlehne heran, nahm Effis Hand und sagte:
>
> „Wie geht es dir, Effi? Roswitha sagt, du seiest so fiebrig."
>
> „Ach, Roswitha nimmt alles ängstlich. Ich sah ihr an, sie glaubt, ich sterbe. Nun, ich weiß nicht. Aber sie denkt, es soll es jeder so ängstlich nehmen wie sie selbst."

„Bist du so ruhig über Sterben, liebe Effi?“

„Ganz ruhig, Mama.“

„Täuschst du dich darin nicht? Alles hängt am Leben und die Jugend erst recht. Und du bist noch so jung, liebe Effi.“

Effi schwieg eine Weile. Dann sagte sie: „Du weißt, ich habe nicht viel gelesen, und Innstetten wunderte sich oft darüber, und es war ihm nicht recht.“

Es war das erste Mal, daß sie Innstettens Namen nannte, was einen großen Eindruck auf die Mama machte und dieser klar zeigte, daß es zu Ende sei.

„Aber ich glaube“, nahm Frau von Briest das Wort, „du wolltest mir was erzählen.“

„Ja, das wollte ich, weil du davon sprachst, ich sei noch so jung. Freilich bin ich noch jung. Aber das schadet nichts. Es war noch in glücklichen Tagen, da las mir Innstetten abends vor; er hatte sehr gute Bücher, und in einem hieß es: Es sei wer von einer fröhlichen Tafel abgerufen worden, und am anderen Tage habe der Abgerufene gefragt, wie's denn nachher gewesen sei. Da habe man ihm geantwortet: ‚Ach, es war noch allerlei; aber eigentlich haben Sie nichts versäumt.‘ Sieh, Mama, diese Worte haben sich mir eingeprägt – es hat nicht viel zu bedeuten, wenn man von der Tafel etwas früher abgerufen wird.“

Frau von Briest schwieg. Effi aber schob sich etwas höher hinauf und sagte dann: „Und da ich nun mal von alten Zeiten und auch von Innstetten gesprochen habe, muß ich dir doch noch etwas sagen, liebe Mama.“

„Du regst dich auf, Effi.“

„Nein, nein; etwas von der Seele heruntersprechen, das regt mich nicht auf, das macht still. Und da wollt ich dir denn sagen: ich sterbe mit Gott und Menschen versöhnt, auch versöhnt mit *ihm*.“

„Warst du denn in deiner Seele in so großer Bitterkeit mit ihm? Eigentlich, verzeihe mir, meine liebe Effi, daß ich das jetzt noch sage, eigentlich hast du doch euer Leid heraufbeschworen.“

Effi nickte. „Ja, Mama. Und traurig, daß es so ist. Aber als dann all das Schreckliche kam, und zuletzt das mit Annie, du weißt schon, da hab ich doch, wenn ich das lächerliche Wort gebrauchen darf, den Spieß umgekehrt und habe mich ganz ernsthaft in den Gedanken hineingelebt, er sei schuld, weil er nüchtern und berechnend gewesen sei und zuletzt auch noch grausam. Und da sind Verwünschungen gegen ihn über meine Lippen gekommen.“

„Und das bedrückt dich jetzt?“

„Ja. Und es liegt mir daran, daß er erfährt, wie mir hier in meinen Krankheitstagen, die doch fast meine schönsten gewesen sind, wie mir hier klar geworden, daß er in allem recht gehandelt. In der Geschichte mit dem armen Crampas – ja, was sollt er am Ende anders tun? Und dann, womit er mich am tiefsten verletzte, daß er mein eigen Kind in einer Art Abwehr gegen mich erzogen hat, so hart es mir ankommt und so weh es mir tut, er hat auch darin recht gehabt. Laß ihn das wissen, daß ich in dieser Überzeugung gestorben bin. Es wird ihn trösten, aufrichten, vielleicht versöhnen. Denn er hatte viel Gutes in seiner Natur und war so edel, wie jemand sein kann, der ohne rechte Liebe ist.“

Frau von Briest sah, daß Effi erschöpft war und zu schlafen schien oder schlafen wollte. Sie erhob sich leise von ihrem Platz und ging. Indessen kaum, daß sie fort war, erhob sich auch Effi und setzte sich an das offene Fenster, um noch einmal die kühle Nachtluft einzusaugen. Die Sterne flimmerten, und im Parke regte sich kein Blatt. Aber je länger sie hinaushorchte, je deutlicher hörte sie wieder, daß es wie ein feines Rieseln auf die Platanen niederfiel. Ein Gefühl der Befreiung überkam sie. „Ruhe, Ruhe."

Aus: T. Fontane, Effi Briest. Husum o. J., S. 247 ff.

REALISMUS – ANREGUNGEN UND EINFLÜSSE

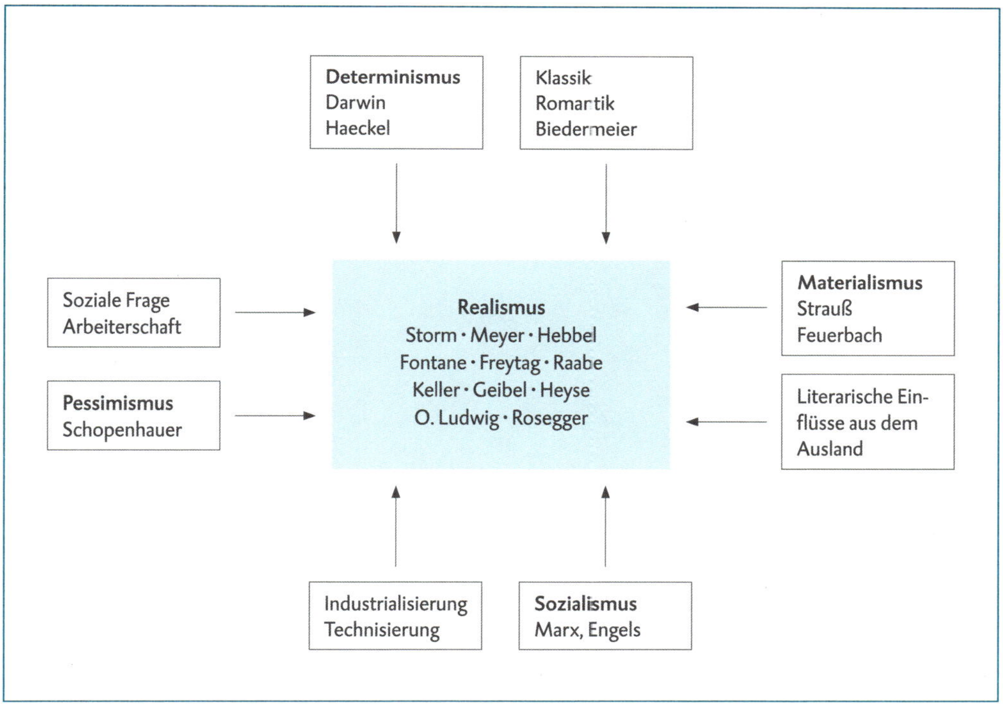

8 Der Naturalismus und seine Gegenströmungen (1880–1925)

8.1 Naturalismus, Impressionismus und Symbolismus

In den letzten Jahrzehnten des 19. Jahrhunderts löste sich die bislang recht einheitliche Epoche des Realismus in verschiedene Stilrichtungen auf: Die Dichter des **Naturalismus** (1880–1900) bemühten sich um eine noch genauere Wiedergabe der sinnlich erfahrbaren Wirklichkeit und der Natur (daher der Begriff). Im Gegensatz zu den Realisten verzichteten sie ganz darauf, diese zu poetisieren. Es ging ihnen primär um die Abbildung der realen Verhältnisse im Sinne einer Aufdeckung gesellschaftlicher Wirklichkeit und nicht um deren moralische oder philosophische Deutung. Die Literatur des Naturalismus wurde vor allem von skandinavischen (Ibsen, Strindberg), russischen (Dostojewskij, Tolstoj) und französischen (Zola, Maupassant, Flaubert) Autoren beeinflusst.

Aus Anlass einer Ausstellung in Paris von im Jahr 1874 noch unbekannten Malern wie Degas, Cézanne, Monet und Renoir klassifizierte ein Kritiker in Anlehnung an ein Bild von Monet die Ausstellung verächtlich als „exposition des impressionistes“. Damit hatte er einer nicht nur auf die Malerei beschränkten Stilrichtung ihren Namen gegeben. Seine Anregungen erhielt der deutsche **Impressionismus** aus der französischen Malerei, aber auch aus den Dichtungen von Baudelaire, Verlaine und Proust. Die Impressionisten lehnten es ab, in ihren Werken nur Realität abzubilden; sie wollten momentane Stimmungen, subjektive Sinneseindrücke, Impressionen möglichst genau wiedergeben.

In Frankreich lag auch der Ursprung des **Symbolismus:** Baudelaire, Verlaine, Mallarmé und Rimbaud galten den Anhängern der symbolistischen Richtung als Vorbilder. Die Symbolisten sahen davon ab, in ihren Werken eine gesellschaftsbezogene Wirklichkeit darzustellen, da sie nicht an die Veränderbarkeit politischer, moralischer, psychischer oder sozialer Zustände glaubten. Die Kunst sollte vielmehr das Mittel sein, durch Abstraktion und Entdinglichung (Bedeutung des Symbols) eine tiefere Wirklichkeit hinter der sichtbaren Realität der Dinge erahnbar zu machen. Die Symbolisten wurden mit dieser Kunstauffassung zu späten Erben der Romantiker.

Naturalismus, Impressionismus und Symbolismus waren als Strömungen in der Kunst in ganz Europa am Ende des 19. Jahrhunderts zu finden.

8.1.1 Die politische Situation

Die Politik des Deutschen Reiches befand sich um 1888/90 im Umbruch. 1888 war Kaiser Wilhelm I. gestorben, sein Sohn Friedrich III. folgte ihm todkrank auf den Thron nach. Nach einer Regierungszeit von nur 99 Tagen starb auch er. Wilhelm II. wurde nun – mit erst 29 Jahren – deutscher Kaiser. Von Anfang an gab es zwischen dem jungen Regenten und dem alten Kanzler unüberbrückbare Spannungen; Bismarck trat 1890 zurück.

Mit dem Wechsel an der Regierungsspitze war auch eine Änderung in der deutschen Politik verbunden: Bismarcks Außenpolitik war auf Sicherheit bedacht, galt es doch, das noch junge Reich nach außen zu schützen. Wilhelm glaubte nun, Deutschland sei mächtig genug, in der internationalen Politik eine wichtigere Rolle zu spielen. „Weltpolitik“ hieß das neue Zauberwort der **Wilhelminischen Ära**. So verlängerte Wilhelm – hatte er doch den Sinn der Bismarck'schen Bündnisse nie ganz durchschaut – den Rückversicherungsvertrag mit Russland nicht, was zur Folge hatte, dass Russland sich an Frankreich annäherte. Auch England wurde durch eine überzogene deutsche Flottenpolitik vor den Kopf gestoßen und Russland und Frankreich als Bündnispartner geradezu in die Arme getrieben („Entente cordiale“, 1904). Deutschland stand mit schwachen Verbündeten (Österreich und Italien) fast isoliert („Dreibund“).

Die internationale Lage, das Wettrüsten und das gegenseitige Misstrauen der europäischen Regierungen rückten einen Krieg in immer greifbarere Nähe. Daran konnten auch mehrere Friedenskonferenzen nichts ändern. Das Attentat von Sarajewo (28. Juni 1914) auf den österreichischen Thronfolger Franz Ferdinand und seine Gemahlin war in dieser zugespitzten Lage nur noch der Auslöser für den **Ersten Weltkrieg**. Zunächst war die Begeisterung bei Soldaten und Zivilbevölkerung groß, als die Kriegshandlungen begannen und nach der erschreckenden Materialschlacht von 1916 („Hölle von Verdun“) schlug die Stimmung jedoch um. 1918 musste Deutschland bedingungslos kapitulieren, Wilhelm II. ging nach Holland ins Exil. In Deutschland war jetzt der Weg frei, die monarchische durch die parlamentarische Regierungsform zu ersetzen.

8.1.2 Kulturelle Voraussetzungen

Wesentliche Grundbedingung der naturalistischen Weltsicht waren die Erkenntnisse der Naturwissenschaften, die dazu führten, dass auch in der Literatur jede **Transzendenz abgelehnt** wurde. Der Mensch und die Erforschung seines materiellen Umfelds rückten in den Mittelpunkt der Betrachtung. Dabei wurde Charles Darwins Abstammungslehre konsequent auf die menschliche

Existenz und die Gesellschaft übertragen. Die Willensfreiheit des Einzelnen wurde negiert, die **Determination** des Menschen behauptet. Hippolyte Taine (1828–1893) sah den Menschen durch Herkunft, Umgebung und die herrschenden Zeitumstände festgelegt **(Milieutheorie)**. Vor diesem Hintergrund ist das Handeln der Menschen zu sehen: Gut oder schlecht sind nur noch bedingt geeignete Kategorien zur Bewertung menschlichen Verhaltens; positiv bewertet wird vielmehr, was zur Selbsterhaltung des Einzelnen beiträgt (John Stuart Mill, Herbert Spencer). Diese geistesgeschichtlichen Einflüsse trugen nachhaltig zu der Überzeugung bei, dass eine allgemeine Verbesserung der Lebensbedingungen nicht in den Verantwortungsbereich des Einzelnen, sondern in die Zuständigkeit aller gesellschaftlichen und politischen Kräfte fällt.

8.2 Die Literatur des ausgehenden Jahrhunderts

8.2.1 Der Naturalismus

Die junge Generation der naturalistischen Dichter empfand aufgrund der gewandelten gesellschaftlichen Verhältnisse ein Ungenügen an der tradierten Literatur und strebte eine „Literaturrevolution" an. In *Die Kunst. Ihr Wesen und ihre Gesetze* (1891), einer Programmschrift des „konsequenten Naturalismus", stellt **Arno Holz** (1863–1929) die Forderung auf, dass die Kunst die Natur nicht abzubilden, sondern zu ersetzen habe. Dies sei seiner Meinung nach aber nicht möglich, indem der Dichter ein Kunstwerk im herkömmlichen Sinne verfasse. Er müsse vielmehr versuchen, Natur zu schaffen. Holz fasst dies in der Formel **„Kunst = Natur – x"** zusammen. Die Variable x ist dabei vor allem der Autor – wäre er nicht vorhanden, wäre also die Variable x = null, hätte das Kunstwerk seine höchste Entfaltung erreicht: Kunst und Natur wären identisch. Aus dieser theoretischen Position Holz' resultiert die Einschätzung des Schriftstellers durch die Naturalisten: Weder der gelehrte Dichter noch das „Genie" ist die leitende Figur, sondern der selbst fast unsichtbare Beobachter, der Stenograf wirklicher oder der Wirklichkeit entsprechender Begebenheiten. Bei der Umsetzung des naturalistischen Programms, der Wiedergabe der in der Gesellschaft existenten Sachverhalte und Probleme in Literatur, drängten sich vor allem den Dramatikern die Angehörigen der unteren Schichten als Protagonisten der Handlung geradezu auf.

Um der programmatischen Forderung des Naturalismus, die Kunst müsse der Wirklichkeit möglichst entsprechen, in sprachlich-gestalterischer Hinsicht nachzukommen, mussten die Autoren zu **neuen Mitteln der Darstellung** greifen. In der Erzählung *Papa Hamlet* (1889), die Arno Holz und Johannes Schlaf (1862–1941) unter dem Pseudonym Bjarne P. Holmsen veröffentlichten, sind erstmals grundlegend neue Darstellungsmittel zu finden, die in dem Begriff **„Sekundenstil“** zusammengefasst wurden. Dieser zeichnet sich dadurch aus, dass die Erzählzeit und die erzählte Zeit deckungsgleich sind. Er ermöglicht somit eine exakte Wiedergabe von Sprechsituationen in Form der schriftlichen Darstellung, die einem fotografischen Protokoll, der Zeitlupe im Film, gleichkommt, da auch Sprechpausen, Stottern und Versprecher „sichtbar“ gemacht werden. Anwendung findet diese neue Art der Darstellung auch auf der Bühne, wo ausführliche Regieanweisungen Sprache und Raumausstattung bis ins Detail regeln, um das Milieu, in dem sich die dramatische Handlung abspielt, so exakt wie möglich wiederzugeben. Der Erfolg von Holz und Schlaf mit ihrem Drama *Die Familie Selicke* (1890) ist daher kaum verwunderlich.

Die naturalistischen Autoren enthielten sich in ihren Werken weitgehend einer persönlichen Bewertung des Dargestellten. Indem sie die **kleinbürgerlichen und proletarischen Schichten** in die Literatur als **Handlungsträger** einführten, bezogen sie jedoch mehr oder weniger eindeutig Stellung. Sie zeigten die Schattenseiten des Daseins ihrer Protagonisten auf, wenngleich diese auch – der Milieutheorie zufolge – dafür nicht selbst zur Verantwortung zu ziehen sind. Erst eine Veränderung der Arbeits- und Lebensbedingungen sowie eine Verbesserung der Bildungssituation würde den sozial Unterprivilegierten zu einem menschenwürdigeren Leben verhelfen.

Doch über die **Kritik an den realen Lebensverhältnissen** hinausgehend, muss die **Darstellung des Menschen in seiner entwurzelten Existenz**, abgeschnitten von jeglicher Tradition und dementsprechend haltlos und verloren, als das eigentliche Anliegen des „konsequenten Naturalismus“ gelten. Neben Arno Holz und Johannes Schlaf zählen zu den wichtigsten Autoren des Naturalismus:

Gerhart Hauptmann (1862–1946)

Die Person Gerhart Hauptmanns zeigt einmal mehr, dass die naturalistische Phase für fast alle ihre Anhänger nur ein Durchgangsstadium war: Holz tendierte nach dem Zerwürfnis mit Schlaf in Richtung Expressionismus, Schlaf widmete sich impressionistischer Dichtung, für Hermann Sudermann bot der Naturalismus zwar anregende Effekte, seine Werke waren aber meist unterhaltender Natur.

Hauptmann war der bedeutendste Dichter des Naturalismus: Werke wie die Novelle *Bahnwärter Thiel* (1888) und die Dramen *Vor Sonnenaufgang* (1889),

Das Friedensfest (1890), *Einsame Menschen* (1891), *Die Weber* (1892), *Der Biberpelz* (1893) und *Die Ratten* (1911) begründeten seinen Rang.

In *Vor Sonnenaufgang* (1889) zeigt Hauptmann das Schicksal der ehemaligen Bauernfamilie Krause, die zu schnellem Reichtum gekommen ist, weil auf ihren Ländereien Kohlevorkommen gefunden worden sind, die nun abgebaut werden. Der idealistische Sozialreformer Loth, eine der Hauptpersonen dieses „sozialen Dramas", kommt in das Haus der Krauses, um Erkundigungen über die Arbeitsbedingungen der Bergleute einzuziehen. Dabei verliebt er sich in Helene, die Tochter des Hauses. Zu einer Heirat kommt es jedoch nicht, da Loth sieht, dass die Familie Krause ihren Gewinn aus den Grundstücksverkäufen nicht sinnvoll anlegt, sondern verprasst: Vater Krause ist ebenso wie seine Frau zum Alkoholiker geworden und Loth befürchtet eine Vererbung des Alkoholismus für den Fall, dass er mit Helene Kinder hätte. Vor die konkrete Entscheidung gestellt, vergisst Loth seine früheren Ideale; er lässt Helene im Stich, die daraufhin Selbstmord begeht.

In Hauptmanns Tragikomödie *Die Ratten* (1911) stirbt ein Neugeborenes vor den Augen seiner drogenabhängigen Mutter und des Theaterdirektors Hassenreuter, der zwar die klassische Ästhetik Schillers kennt, jedoch von den harten Lebensbedingungen seiner Bediensteten Frau John keine Ahnung hat.

Mit der Diebeskomödie *Der Biberpelz* (1893) und der Hauptfigur Mutter Wolffen hat Hauptmann die deutsche Bühne nachhaltig bereichert: Zwar lebt auch Mutter Wolffen in ärmlichen Verhältnissen und steht auf der gesellschaftlichen Leiter ganz unten, doch kann sie durch Eigeninitiative, meist Tricks und kleine Gaunereien, ihre Familie recht gut ernähren.

Später wandte sich Hauptmann zunehmend von naturalistischen Ideen ab und beschäftigte sich mit **neuromantischem Gedankengut** (*Die versunkene Glocke*, Drama, 1897; *Und Pippa tanzt. Ein Glashüttenmärchen*, Drama, 1906).

Nachdem Hauptmann in der Weimarer Republik zur Kultfigur geworden war – Thomas Mann bezeichnete ihn als „König der Republik" –, rückte er nach 1933 mit seiner Zustimmung zum Hissen der Hakenkreuzfahne vor seinem Haus, zum Hitlergruß und zum Austritt Deutschlands aus dem Völkerbund in die geistige Nähe der nationalsozialistischen Machthaber – mit dem Ergebnis, dass er von diesen als Autor in Deutschland geduldet wurde. Literarisch zog er sich in einen Bereich unpolitischer Innerlichkeit zurück, wobei ihm die griechische Mythologie einen Halt bot: Zwischen 1942 und 1948 veröffentlichte er die in gegenklassischem Sinne gestaltete Atriden-Tetralogie (1. Teil: *Iphigenie in Aulis*, 1944; 2. Teil: *Agamemnons Tod*, 1948; 3. Teil: *Elektra*, 1948; 4. Teil: *Iphigenie in Delphi*, 1942).

Hermann Sudermann (1857–1928)
Sudermann beschreibt in seinem Roman *Frau Sorge* (1887) den Lebensweg des misshandelten Bauernsohnes Paul Meyhofer, der sich schuldig macht, indem er den Hof anzündet. Gerade durch diese Tat aber fühlt er sich von der ihn seit Kindheit bedrohenden „Frau Sorge" befreit. Große Publikumserfolge konnte er auch als Bühnenautor mit seinen Gesellschaftsstücken *Ehre* und *Heimat* verbuchen.

Max Halbe (1865–1944)
Er gestaltet in seinem einzigen erfolgreichen Drama *Jugend* die Tragödie einer durch eine lebensfeindliche Umgebung zerstörten Liebe.

8.2.2 Die „Korrektur" des Naturalismus: der Impressionismus

Um 1890 kamen in literarisch interessierten Kreisen neue Dichtungsideale auf, da manche Autoren die Konzeption und Intention der Naturalisten ablehnten. Sie vertraten die Ansicht, Poesie müsse mehr leisten, als nur das soziale Elend der unteren Bevölkerungsschichten wiederzugeben und zu beklagen. Zwar nahmen auch sie die Forderung nach Darstellung der Wirklichkeit in ihr Programm auf, doch aus einem anderen Blickwinkel: Ausgehend von anderen sozialen Voraussetzungen und veränderte Zielrichtungen verfolgend, stellte sich ihnen die „Wirklichkeit" umfassender dar als Gerhart Hauptmann, Arno Holz und den übrigen „konsequenten Naturalisten".

Edouard Manet, *Die Barke* (1874)

Wie die Maler versuchten auch die Dichter im Impressionismus eine **Augenblicksstimmung** einzufangen, sie gaben momentane Eindrücke und damit assoziierte Empfindungen wieder. Ihren Werken liegt selten ein strenger Bauplan zugrunde; stattdessen werden Einzelbeobachtungen sinnvoll aneinander gereiht, ein mosaikartiges Verfahren, das den Beobachter mit der ihn umgebenden Welt eins werden lässt. Der „innere Monolog", der durch Arthur Schnitzler in die deutschsprachige Literatur eingeführt wurde, ermöglicht dem Dichter, ein enges Beziehungsgeflecht zwischen der literarischen Figur und dem Leser aufzubauen, sodass sich dieser gleichsam in das fiktive Geschehen eingebunden glaubt. Kurze, locker gereihte Sätze, ein parataktischer Stil, unterstützen diese **Imagination des Unmittelbaren und rein Zufälligen**. Aufgrund dieser formalen Beschränkungen erweist sich die Literatur als arm an Darstellungen von Handlung.

Der Impressionismus brachte daher kaum bedeutende **Dramen** hervor. Lediglich Schnitzlers Einakterfolge *Anatol* (1893), die in der Darstellung lockerer Erotik ein „Fin de Siècle"-Gefühl vermittelt, und die Stücke *Liebelei* (1895), *Der grüne Kakadu* (1899) und der *Reigen* (1900) fanden ihren festen Platz auf den Bühnen.

Auch in der **Epik** tendierte man zu kleineren Skizzen und Novellen: Thomas Manns *Tonio Kröger* (1903), Hugo v. Hofmannsthals *Reitergeschichte* (1899) und Arthur Schnitzlers *Leutnant Gustl* (1900) sind hierfür beispielhaft. Später verfassten Rainer Maria Rilke (1875–1926) mit seinen *Aufzeichnungen des Malte Laurids Brigge* (1910) und Eduard Keyserling (1855–1918) mit *Beate und Mareile* auch impressionistische Romane.

Die impressionistischen **Lyriker** Detlev v. Liliencron (1844–1909), Richard Dehmel (1863–1920) und Max Dauthendey (1867–1918) schufen Gedichte von bleibendem Rang.

8.2.3 Gegen den Naturalismus: der Symbolismus

Die Dichter des Symbolismus gehen von der Vorstellung eines hintergründigen, nicht leicht zugänglichen **Zusammenhangs alles Seienden** aus. Dieser wird als „Geheimnis" erfahren, das nur mittels künstlerischer Ausgestaltung durch die Sprache offenbart werden kann. Dabei berufen sich die Autoren auf ihre Subjektivität, die ihnen jedoch nur helfen soll, objektive Seinszustände wirklich umfassend zu erkennen. Nicht die Reflexion über die Dinge steht im Symbolismus im Vordergrund, sondern die sinnenhafte Erfahrung der Welt. Dies lässt den Symbolismus zu einer Gegenbewegung des Naturalismus werden, die **nicht die Wirklichkeit abbilden, sondern in Symbolen fassen** und mithilfe einer bewusst gestalteten Sprache erfahrbar machen will. Die Kunst der deutschen Symbolisten – die Anregungen aus Frankreich empfingen – zeigt sich vor allem als **Formkunst** („l'art pour l'art"). Gegen den Alltagsjargon des Naturalismus stellten sie eine gewählte, kunstvolle und ungewöhnlich gestaltete Sprache, die elitäre Wirkung haben sollte: Die fast durchgängige Kleinschreibung in den Texten Stefan Georges, die Vermeidung von Satzzeichen und das ungewöhnliche Druckbild seiner Texte, das seiner Handschrift entsprach, verlangen dem Leser vollste Konzentration ab.

Die wichtigsten Vertreter der symbolistischen Richtung in Deutschland sind **Stefan George** (1868–1933), der vor allem als Lyriker wirkte, und der Dramatiker **Hugo von Hofmannsthal** (1874–1929). Dieser suchte aus der festgestellten und im *Brief des Lord Chandos* (1902) ausgedrückten Unzulänglichkeit der Sprache bei der Erfassung der Wirklichkeit ein neues Medium, das er in der Oper fand (Zusammenarbeit mit Richard Strauss, *Der Rosenkavalier*, 1911). Zusammen mit Max Reinhardt und Strauss rief Hofmannsthal die „Salzburger Festspiele" ins Leben. 1920 fanden mit Reinhardts Inszenierung von Hofmannsthals *Jedermann* (1911) die Festspiele zum ersten Mal statt.

8.2.4 Literarische Gattungen

Im Naturalismus ist das **Drama** die vorherrschende Gattung. Mit seinen ausführlichen Regieanweisungen und dem dramatischen Dialog schien es den Autoren am besten geeignet, Lebensverhältnisse und psychologische Eigenheiten darzustellen.

Hatte auch Arno Holz einer „Revolution der Lyrik" vorgearbeitet, so stehen die naturalistische **Lyrik** (in Form der Anthologie *Moderne Dichtercharaktere* 1884 herausgegeben von Wilhelm Arent) und auch die moderne Großstadtlyrik Holz' (*Buch der Zeit*, 1886) doch hinter der des Symbolismus und Impressionismus zurück. Liliencrons *Heidebilder* (1890) oder seine Erlebnislyrik aus dem Krieg von 1870/71 (*Adjutantenritte und andere Gedichte*, 1883), Stefan Georges *Das Jahr der Seele* (1897) und seine Gedichtsammlungen *Der Teppich des Lebens* (1900), *Der siebente Ring* (1907) und *Der Stern des Bundes* (1913) befruchteten die Lyrik der nachfolgenden Generationen.

Auch das **Romanschaffen** der deutschen Naturalisten blieb hinter dem französischer oder russischer Autoren zurück. Ausnahmen bilden Max Kretzers *Meister Timpe* (1888), Otto Julius Bierbaums Künstlerroman *Stilpe* (1897), Hermann Conradis *Adam Mensch* (1889) und Michael Georg Conrads *Was die Isar rauscht* (1888).

8.2.5 Literarisches Leben: Großstadt und Gruppenbildung

Die Industriestädte wuchsen seit der Mitte des 19. Jahrhunderts durch arbeitssuchende Landflüchtige zu Großstädten heran. Die Autoren befanden sich ab etwa 1880 im Bann der Großstadt: Sei es, dass sie sich von ihr abgestoßen fühlten, sei es, dass die Anziehung vorherrschte. Viele siedelten sich in Künstlerkolonien am Rande der großen Städte an. Dies begünstigte die Gruppenbildung, was sich auf die Schaffung der theoretischen Grundlagen und damit auf die angestrebte Neuorientierung der Kunst förderlich auswirkte. In Berlin wurde die **„Freie Bühne“** gegründet, die unter der Regie von Otto Brahm die Dramen des Naturalismus – vor allem Ibsen, Strindberg und Hauptmann – aufführte. Ihr sozialkritischer Geist führte häufig zu Zusammenstößen mit der Staatsgewalt, die zwischen 1880 und 1890 immer wieder die oppositionelle Sozialdemokratie attackierte und zu unterdrücken versuchte.

Wichtige Gruppen und Zeitschriften waren:

- der Friedrichshagener Dichterkreis in Berlin (seit 1890). Im Mittelpunkt standen: Wilhelm Bölsche, Bruno Wille, die Brüder Heinrich und Julius Hart, Arno Holz, Hermann Conradi und Gerhart Hauptmann. Bölsche und Wille gründeten 1890 die „Freie Volksbühne“ in Berlin, wo die naturalistischen Dramen Hauptmanns uraufgeführt wurden;
- der naturalistische Kreis in München (seit 1882) um Michael Georg Conrad und Karl Bleibtreu. Zeitschrift: *Die Gesellschaft* (seit 1885);
- der ästhetizistisch ausgerichtete Kreis um Stefan George (ab 1892). Mitglieder waren u. a. Hugo von Hofmannsthal, Karl Wolfskehl, Max Dauthendey. Zeitschrift: *Blätter für die Kunst* (seit 1892);
- die Jung-Wiener Gruppe um Hofmannsthal, Schnitzler und Hermann Bahr.

8.3 Autoren und Werke

8.3.1 Das naturalistische Programm: Hauptmanns „Weber“

Kurzbiografie: Gerhart Hauptmann

1862	geboren in Ober-Salzbrunn (Schlesien) als Sohn eines Gastwirts
ab 1880	Studium der Bildhauerei in Breslau und Dresden; Studium der Philosophie, Geschichte und Naturwissenschaften in Jena und Berlin
1888	*Bahnwärter Thiel* (Erzählung)
1889	*Vor Sonnenaufgang* (Drama)
1892	*Die Weber* (Drama)
1893	*Der Biberpelz* (Komödie)
1894	Amerikareise
1896	Verleihung des Schiller-Preises scheitert am Einspruch Wilhelms II.
1911	*Die Ratten* (Tragikomödie)
1912	Nobelpreis für Literatur
1946	gestorben in Agnetendorf

Schon sein Vater hatte dem jungen Gerhart Hauptmann vom Aufstand der schlesischen Weber erzählt, den der Großvater, der selbst Weber war, noch miterlebt hatte. Was war geschehen? Durch die Konkurrenz der englischen, französischen und teilweise auch deutschen Weber, die schon über einen mechanischen Webstuhl verfügten, waren die schlesischen Weber verarmt. Die offenkundige Not dieses Berufsstandes – Frauen, Kinder und Alte mussten als vollwertige Arbeitskräfte tätig sein, um den Familienunterhalt zu sichern – entlud sich am 4. Juni 1844 in einer Revolte, die mehrere Tage andauerte. Der Aufstand wurde blutig niedergeschlagen, doch er hatte Signalwirkung für die Oppositionellen im Vormärz. Heinrich Heine verfasste 1844 das Gedicht *Die schlesischen Weber* (s. S. 94), in dem er das Elend der Weber darstellte und in eine scharfe Abrechnung mit dem restaurativen System kleidete. Noch zu Zeiten Wilhelms II. war es verboten, Heines Weberlied zu singen oder zu drucken. Vor diesem Hintergrund ist es verständlich, dass sich die deutsche Obrigkeit herausgefordert fühlte, als Hauptmann zu den Webern ins Eulengebirge reiste, um für sein neues Drama zu recherchieren. Bei der Uraufführung lösten *Die*

Weber einen Skandal aus: Die Führungsschichten des Kaiserreiches, Unternehmer, staatliche Obrigkeit und Kirchenvertreter, fühlten sich angegriffen.

Inhalt: Das Schauspiel *Die Weber* zeigt in fünf Akten das Schicksal der Weber aus wechselnder Perspektive: Im 1. Akt werden die Weber dargestellt, wie sie im Kontor des Fabrikanten Dreißiger ihre fertig gestellten Waren verkaufen wollen und dabei vom Verwalter Dreißigers übervorteilt werden. Alle außer dem „roten Bäcker“ lassen sich diese Behandlung gefallen, ohne dabei zu murren. Der 2. Akt spielt im Haus des Häuslers Ansorge. Gezeigt wird die Weberfamilie Baumert, die hier in ärmlichen Verhältnissen haust. Der Reservist Jäger tritt auf und stachelt die Menschen auf, sich gegen die Ungerechtigkeiten zu wehren. Der 3. Akt führt in ein Wirtshaus. Hier werden unterschiedliche Berufsgruppen und ihre Einstellung zum Weberelend gezeigt: Bauern und Handwerker distanzieren sich, die Weber sind auf sich allein gestellt. Der 4. Akt handelt im Hause des Fabrikanten Dreißiger, in das nach dessen Flucht aufständische Weber eindringen, bevor sie in die Nachbardörfer ziehen und die Maschinen stürmen. Der 5. Akt spielt in der Stube des alten Webers Hilse, der aus Gottesfürchtigkeit jede Gewalt ablehnt. Doch Hilse stirbt am Webstuhl, getroffen von einer Kugel, die sich in seine Hütte verirrt hatte.
Folgender Textauszug stammt aus dem fünften Akt:

Vier Männer tragen einen Verwundeten durchs Haus. Man hört deutlich eine Stimme sagen ’s is d’ Ulbrichs Weber. *Die Stimme nach wenigen Sekunden abermals:* ’s wird woll Feierabend sein mit’n; a hat ’ne Prellkugel ins Ohr gekriegt. *Man hört die Männer eine Holztreppe hinaufgehen. Draußen plötzlich:* Hurra, hurra!

STIMMEN IM HAUSE. Wo haben s’n de Steene her? – Nu zieht aber Leine! – Vom Chausseebau. – Nu hattjee, Soldaten. – Nu regnet’s Flastersteene.

Draußen Angstgekreisch und Gebrüll sich fortpflanzend bis in den Hausflur. Mit einem Angstruf wird die Haustür zugeschlagen.

STIMMEN IM „HAUSE“. Se laden wieder. – Se wern glei wieder ’ne Salve geb’n. – Vater Hilse, geht weg vom Fenster.

GOTTLIEB *rennt nach der Axt.* Was, was, was! Sein mir tolle Hunde!? Soll’n mir Pulver und Blei fressen stats Brot? *Mit der Axt in der Hand einen Moment lang zögernd, zum Alten:* Soll mir mei Weib derschossen werd’n? Das soll nich geschehen! *Im Fortstürmen:* Ufgepaßt, jetzt komm ich! *Ab.*

DER ALTE HILSE. Gottlieb, Gottlieb!

MUTTER HILSE. Wo ist denn Gottlieb?

DER ALTE HILSE: Beim Teiwel is a.

STIMME, *vom „Hause“.* Geht vom Fenster weg, Vater Hilse!

DER ALTE HILSE: Ich nich! Und wenn ihr alle vollens drehnig werd! *Zu Mutter Hilse mit wachsender Ekstase:* Hie hat mich mei himmlischer Vater hergesetzt. Gell, Mutter? Hie bleiben m'r sitzen und tun, was mer schuldig sein, und wenn d'r ganze Schnee verbrennt.

Er fängt an zu weben. Eine Salve kracht. Zu Tode getroffen, richtet sich der alte Hilse hoch auf und plumpt vornüber auf den Webstuhl. Zugleich erschallt verstärktes Hurra-Rufen. Mit Hurra stürmen die Leute, die bisher im Hausflur gestanden, ebenfalls hinaus. Die alte Frau sagt mehrmals fragend: Vater, Vater, was is denn mit dir? *Das ununterbrochene Hurra-Rufen entfernt sich mehr und mehr. Plötzlich und hastig kommt Mielchen ins Zimmer gerannt.*

MIELCHEN. Großvaterle, Großvaterle, se treiben de Soldaten zum Dorfe naus, se haben Dittrichens Haus gestirmt, se machen's aso wie drieben bei Dreißichern. Großvaterle!? *Das Kind erschrickt, wird aufmerksam, steckt den Finger in den Mund und tritt vorsichtig dem Toten näher.* Großvaterle!?

MUTTER HILSE. Nu mach ock, Mann, und sprich a Wort, 's kann een'n je orntlich angst werd'n.

Aus: G. Hauptmann, Die Weber. Hg. v. H. Schwab-Felisch. Ullstein: Berlin 1981, S. 70 f.

Deutlich wird hier wie in allen Schauspielen Hauptmanns – im Gegensatz zur klassischen Dramatik – die Bedeutung von Gebärden (Gestik), Körpersprache (Pantomimik) und Gesichtsausdruck (Mimik). Jede Figur wird auf diese Weise gemäß ihres Milieus charakterisiert. Hauptmanns Figuren artikulieren keine logischen Gedanken, sondern in der ihnen eigenen Sprache (Dialekt) Affekte.

8.3.2 Symbolismus: Rilkes Dinggedicht: „Der Panther“

Kurzbiografie: Rainer Maria Rilke

1875	geboren als René Maria Rilke in Prag als Sohn eines Bahnbeamten; Militärschule, Abitur, Studium der Philosophie, Kunst- und Literaturgeschichte in Prag
1897	Umzug nach Berlin (zusammen mit der Schriftstellerin Lou Andreas-Salomé)
1899	*Die Weise von Liebe und Tod des Cornets Christoph Rilke* (Novelle)
1900	Umzug in die Künstlerkolonie Worpswede bei Bremen
1901	Heirat mit der Bildhauerin Clara Westhoff

1902–1906	Privatsekretär des Bildhauers Auguste Rodin Paris
nach 1906	Aufenthalte in Belgien, Italien, Spanien, Nordafrika
1910	*Die Aufzeichnungen des Malte Laurids Brigge* (Roman)
1921	Übersiedelung auf Schloss Muzot (Schweiz)
1923	Vollendung der 1912 begonnenen *Duineser Elegien* (Lyrik)
1926	gestorben an Leukämie in Val Mont/Montreux

Rainer Maria Rilke zählt zu den einflussreichsten deutschen Lyrikern der ersten Hälfte des 20. Jahrhunderts. Die präzisen plastischen Schilderungen wie sie auch im Gedicht *Der Panther* (erschienen im Band *Neue Gedichte,* 1907/08) zu finden sind, gehen auf den Einfluss des französischen Bildhauers Auguste Rodin zurück. Die subjektive Sicht durch das lyrische Ich tritt in den Hintergrund, stattdessen nimmt das Gegenständliche mehr Raum ein.

Rilke hat den Jardin des Plantes, den Botanischen Garten von Paris, in dem seit 1793 auch exotische Tiere gehalten werden, auf Anraten Rodins immer morgens, vor Öffnung für das Publikum, mit einem Spezialausweis für bildende Künstler besucht. Dort beobachtete er auch den Panther.

Der Panther

Im Jardin des Plantes, Paris

Sein Blick ist vom Vorübergehn der Stäbe
so müd geworden, daß er nichts mehr hält.
Ihm ist, als ob es tausend Stäbe gäbe
und hinter tausend Stäben keine Welt.

Der weiche Gang geschmeidig starker Schritte,
der sich im allerkleinsten Kreise dreht,
ist wie ein Tanz von Kraft um eine Mitte,
in der betäubt ein großer Wille steht.

Nur manchmal schiebt der Vorhang der Pupille
sich lautlos auf -. Dann geht ein Bild hinein,
geht durch der Glieder angespannte Stille –
und hört im Herzen auf zu sein.

Aus: R. M. Rilke: Werke in drei Bänden. Frankfurt a. M. 1966

Der Panther ist ein **Dinggedicht**, in dem das eingesperrte Tier die Gefangenschaft veranschaulicht. Das Gedicht ist regelmäßig gebaut, besteht aus drei Strophen mit jeweils vier Versen und ist durchgängig im fünfhebigen Jambus abgefasst. Das Kreuzreimschema abab cdcd efef wechselt in der Kadenz zwischen klingend („Stäbe"/„gäbe") und stumpf („hält"/„Welt").

Aus der Perspektive eines **objektiven Betrachters** wird der Zustand des gefangen gehaltenen Raubtiers geschildert. In der ersten Strophe werden die Gitterstäbe so dargestellt, als wären sie aktiv, würden „vorübergehn". Das Tier sieht nur noch die Stäbe, nicht die Welt draußen; der Käfig ist dem Panther in der Gefangenschaft zu seiner eigenen Welt geworden.

Der Käfig ist rund, sodass sich „Der weiche Gang geschmeidig starker Schritte,/[...] im allerkleinsten Kreise dreht" (V. 5/6). Auch dies besitzt **symbolische Bedeutung:** So wie der Kreis ohne Anfang und Ende ist, hat auch das Leiden des Raubtiers kein Ende. Das Leben in der Gefangenschaft entspricht nicht dem Wesen der Raubkatze, die ihre ursprünglichen Anlagen noch immer besitzt, sie aber nicht ausleben kann („Tanz von Kraft", V. 7).

In der dritten Strophe wird das Leiden des Tieres offenkundig: Die Raubkatze als lebendes Wesen nimmt Dinge wahr – sie gehen ihm zu Herzen (s. V. 12). Doch im Zustand der Erstarrung, in dem sich der Panther befindet, bleibt das ohne Folgen; seine Wahrnehmung „hört im Herzen auf zu sein" (V. 12).

Rilke gibt in diesem Gedicht keinen Hinweis auf eine mögliche Deutung. Handelt es sich also nur um die Wiedergabe einer Wahrnehmung oder steht der Panther stellvertretend für jedes Lebewesen in Gefangenschaft? Ist gar der moderne Mensch gemeint, der sich in der Großstadt, in seiner beruflichen Existenz, im Alltag ebenso gefangen fühlt? Deutlich zum Ausdruck kommen in dem Gedicht Rilkes Auffassung von einer wechselseitigen Durchdringung von Innenwelt und Außenwelt sowie seine Überzeugung, dass alle Dinge der äußeren Erscheinungswelt das innere Leben gleichsam spiegeln.

Neben einem umfangreichen lyrischen Werk, das wie das Gedicht *Der Panther* deutliche Züge des **Symbolismus** trägt und diese Stilrichtung entscheidend prägte, verfasste Rilke zahlreiche Übersetzungen und auch einige Prosa-Werke, darunter den Roman *Die Aufzeichnungen des Malte Laurids Brigge* (1910).

8.3.3 Literarischer Impressionismus: Schnitzlers „Leutnant Gustl“

Kurzbiografie: Arthur Schnitzler

1862	geboren in Wien als Sohn eines Arztes
1879–1885	Studium der Medizin in Wien
1893	*Anatol* (Drama)
1895	*Liebelei* (Drama)
1900	*Reigen* (Dialoge)
1900	*Leutnant Gustl* (Erzählung)
1931	gestorben in Wien

Schnitzler fing als Biograf des „Fin de Siècle“ die gesellschaftlichen und psychologischen Zustände in Wien ein. Das von ihm entworfene Gesellschaftspsychogramm erfasste alle Stände, vorwiegend jedoch den Konflikt zwischen Groß- und Kleinbürgertum, zwischen dem gesellschaftlich angesehenen, finanziell situierten, aber orientierungslosen „jungen Herrn“ und dem einfachen, der Unterschicht zugehörigen „Mädel aus der Vorstadt“.

Dabei ging es Schnitzler nicht um Anklage der sozialen Ungerechtigkeit, nicht um Sozialkritik. Er wollte vielmehr in **Einzelstudien** die **psychischen Verfassungen** seiner Protagonisten ergründen und anschaulich machen. Hier unterstützten ihn seine medizinischen Kenntnisse und die Freundschaft mit dem Begründer der Psychoanalyse, Sigmund Freud. Schnitzler ist ein typischer Vertreter des literarischen Impressionismus: Nicht das Drama oder der große Roman ist sein Genre, sondern das Stimmungsbild, die Skizze, die Novelle.

In *Anatol*, einem Einakterzyklus von 1893, stellt Schnitzler einen Bohemien und seine wechselnden Beziehungen zu Frauen in den Mittelpunkt, im *Reigen* (1900) zeigt er die Austauschbarkeit der Partner, in *Liebelei* (1895) thematisiert er den scheiternden Versuch einer ernsthaften Bindung zwischen einem Offizier und einer Bürgerstochter.

In der Novelle *Leutnant Gustl* verwendet Schnitzler – ein Novum in der deutschsprachigen Literatur – den **inneren Monolog**. Damit gelingt ihm eine Innenschau seiner Hauptpersonen und die Rücknahme des Erzählers, der nur mehr der Seismograf der Seele ist. Gleichzeitig führt diese neuartige Technik zu einer – fiktiven – Objektivierung des Dargestellten. Die sich äußernde Kritik ist eine indirekte, sie entsteht im Leser als Antwort auf die Lektüre.

Schnitzler zeigt in der Form des inneren Monologs und der **erlebten Rede** die Seelennöte eines Leutnants, der am Vorabend von einem Bäcker beleidigt wurde. Da dieser dem damaligen Ehrbegriff zufolge nicht satisfaktionsfähig ist, also nicht zum Duell gefordert werden kann, glaubt Leutnant Gustl, sich erschießen zu müssen, um die Schmach der Beleidigung von sich abzuwenden. Er tut in dieser Nacht kein Auge zu, denkt nur über seine missliche Lage nach. Am nächsten Tag erfährt er im Kaffeehaus zu seiner Erleichterung, dass den Bäcker inzwischen der Schlag getroffen habe, er selbst also weiterleben kann. Wie er darauf reagiert, veranschaulicht der folgende Textauszug:

Ah, da liegen ja Zeitungen … schon heutige Zeitungen? … Ob schon was drinsteht? … Was denn? – Mir scheint, ich will nachseh'n, ob drinsteht, daß ich mich umgebracht hab'! Haha! – Warum steh' ich denn noch immer? … Setzen wir uns da zum Fenster … Er hat mir ja schon die Melange hingestellt … So, den Vorhang zieh' ich zu; es ist mir zuwider, wenn die Leut' hereingucken … Es geht zwar noch keiner vorüber … Ah, gut schmeckt der Kaffee – doch kein leerer Wahn, das Frühstücken! … Ah, ein ganz anderer Mensch wird man – der ganze Blödsinn ist, daß ich nicht genachtmahlt hab' … Was steht denn der Kerl schon wieder da? – Ah, die Semmeln hat er mir gebracht …
„Haben Herr Leutnant schon gehört?" …
„Was denn?" Ja, um Gotteswillen, weiß der schon was? … Aber, Unsinn, es ist ja nicht möglich!
„Den Herrn Habetswallner …"
Was? So heißt ja der Bäckermeister … was wird der jetzt sagen? … Ist der am End' schon dagewesen? Ist er am End' gestern schon dagewesen und hat's erzählt? … Warum red't er denn nicht weiter? … Aber er red't ja …
„… hat heut' nacht um zwölf der Schlag getroffen."
„Was?" … Ich darf nicht so schreien … nein, ich darf mir nichts anmerken lassen … aber vielleicht träum' ich … ich muß ihn noch einmal fragen … „Wen hat der Schlag getroffen?" – Famos, famos! – ganz harmlos hab' ich das gesagt! –
„Den Bäckermeister, Herr Leutnant! … Herr Leutnant werd'n ihn ja kennen … na, den Dicken, der jeden Nachmittag neben die Herren Offiziere seine Tarokpartie hat … mit'n Herrn Schlesinger und 'n Herrn Wasner von der Kunstblumenhandlung vis-a-vis!"
Ich bin ganz wach – stimmt alles – und doch kann ich's noch nicht recht glauben – ich muß ihn noch einmal fragen … aber ganz harmlos …
„Der Schlag hat ihn getroffen? … Ja, wieso denn? Woher wissen S' denn das?"
„Aber Herr Leutnant, wer soll's denn früher wissen, als unsereiner – die Semmel, die der Herr Leutnant da essen, ist ja auch vom Herrn Habetswallner. Der Bub, der uns das Gebäck um halber fünfe in der Früh bringt, hat's uns erzählt."
Um Himmelswillen, ich darf mich nicht verraten … ich möcht' ja schreien … ich möcht' ja lachen … ich möcht' ja dem Rudolf ein Bussel geben … Aber ich muß ihn noch was fragen! … Vom Schlag getroffen werden, heißt noch nicht: tot sein … ich muß fragen, ob er tot ist … aber ganz ruhig, denn was geht mich der Bäckermeister an – ich muß in die Zeitung schau'n, während ich den Kellner frag' …

„Ist er tot?“

„Na, freilich, Herr Leutnant; auf’m Fleck ist er tot geblieben.“

O, herrlich, herrlich! – Am End’ ist das alles, weil ich in der Kirchen g’wesen bin …

„Er ist am Abend im Theater g’wesen; auf der Stiegen ist er umg’fallen – der Hausmeister hat den Krach gehört … na, und dann haben’s ihn in die Wohnung getragen, und wie der Doktor gekommen ist, war’s schon lang’ aus.“

„Ist aber traurig. Er war doch noch in den besten Jahren.“ – Das hab’ ich jetzt famos gesagt – kein Mensch könnt’ mir was anmerken … und ich muß mich wirklich zurückhalten, daß ich nicht schrei’ oder aufs Billard spring’ …

„Ja, Herr Leutnant, sehr traurig; war ein so lieber Herr, und zwanzig Jahr’ ist er schon zu uns kommen – war ein guter Freund von unserm Herrn. Und die arme Frau …“

Ich glaub’ so froh bin ich in meinem ganzen Leben nicht gewesen … Tot ist er – tot ist er! Keiner weiß was, und nichts ist g’scheh’n! – Und das Mordsglück, daß ich in das Kaffeehaus gegangen bin … sonst hätt’ ich mich ja ganz umsonst erschossen – es ist doch wie eine Fügung des Schicksals … Wo ist denn der Rudolf? – Ah, mit dem Feuerburschen red’t er … – Also, tot ist er – tot ist er – ich kann’s noch gar nicht glauben! Am liebsten möcht’ ich hingeh’n, um’s zu seh’n. – – Am End’ hat in der Schlag getroffen aus Wut, aus verhaltenem Zorn … Ah, warum, ist mir ganz egal! Die Hauptsach’ ist: er ist tot, und ich darf leben, und alles g’hört wieder mein! … Komisch, wie ich mir da immerfort die Semmel einbrock’, die mir der Herr Habetswallner gebacken hat! Schmeckt mir ganz gut, Herr von Habetswallner! Famos! – So, jetzt möcht’ ich noch ein Zigarrl rauchen …

„Rudolf! Sie, Rudolf! Sie, lassen S’ mir den Feuerburschen dort in Ruh’!“

„Bitte, Herr Leutnant!“

„Trabucco“ … – Ich bin so froh, so froh! … Was mach’ ich denn nur? … Was mach ich denn nur? … Es muß ja was gescheh’n, sonst trifft mich auch noch der Schlag vor lauter Freud’! … In einer Viertelstund’ geh ich hinüber in die Kasern’ und laß mich vom Johann kalt abreiben … um halb acht sind die Gewehrgriff’, und um halb zehn ist Exerzieren. – Und der Steffi schreib’ ich, sie muß sich für heut abend frei machen, und wenn’s Graz gilt! Und nachmittag um vier … na wart’, mein Lieber, wart’, mein Lieber! Ich bin grad’ gut aufgelegt … Dich hau’ ich zu Krenfleisch!

Aus: A. Schnitzler, Sein Leben. Sein Werk. Seine Zeit. Hg. v. H. Schnitzler, Chr. Brandstetter u. H. Urbach. Frankfurt a. M. 1981, S. 196 f.

DER NATURALISMUS UND SEINE GEGENSTRÖMUNGEN

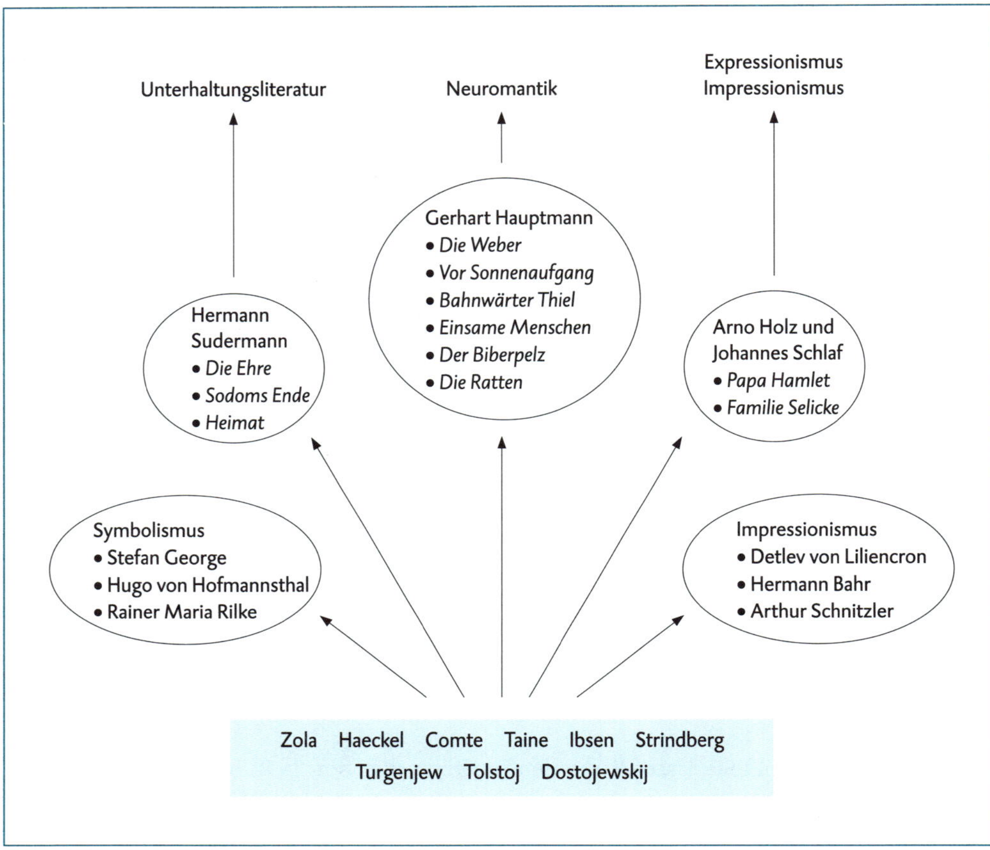

9 Der Expressionismus (1910–1925)

9.1 Die Epoche des Expressionismus

Der Begriff „Expressionismus" (lat. expressio: Ausdruck) meint eine Gegenbewegung zur Eindruckskunst des Impressionismus und zur l'art-pour-l'art-Gesinnung des Symbolismus.

Ursprünglich wurde der Begriff für die junge Generation von Malern verwendet, die sich unter dem Einfluss von Cézanne und van Gogh 1905 in Dresden („Die Brücke": Nolde, Kirchner, Heckel, Schmidt-Rottluff) und 1910 in München („Der blaue Reiter": Kandinsky, Marc, Klee, Macke) zusammenfanden. Nicht mehr die nuancierten Eindrücke der Außenwelt, sondern der **künstlerische Ausdruck der eigenen Innenwelt** stand im Mittelpunkt des Interesses. Kurt Hiller übertrug den Stilbegriff auf die Literatur.

Zeitlich läuft der Expressionismus mit dem Ersten Weltkrieg weitgehend parallel, doch weisen gerade die Dichtungen Heinrich Manns, Alfred Döblins und Franz Kafkas über die Epochengrenzen hinaus.

9.1.1 Die politische Situation

Der Expressionismus war die Kunst einer Krisenzeit: Der **Erste Weltkrieg** warf seine Schatten voraus, der Krieg wurde schon Jahre vorher befürchtet. Nach Kriegsausbruch wich die anfängliche Begeisterung schnell dem Erschrecken über die bislang unbekannten Grauen, die der Krieg mit sich brachte. Als dann das Deutsche Reich als Verlierer aus dem Krieg hervorging, machte das eine völlige Umorientierung im Bewusstsein der Zeitgenossen notwendig: Der Kaiser dankte ab, die Monarchie wurde von der Republik abgelöst, die alten Werte erwiesen sich als überholt. Doch auch die frühen Jahre der Weimarer Republik waren nicht unproblematisch: Die Dolchstoßlegende, also die von Hindenburg verbreitete These, das deutsche Heer sei „im Felde unbesiegt" geblieben, die revolutionären Ereignisse in der Heimat hätten die ungebrochene Kampffähigkeit der deutschen Truppen sabotiert, erwies sich als langfristige Belastung, ebenso die überzogenen Reparationsforderungen der Alliierten. Kapp-Putsch, Hitler-Putsch und politische Morde von links und rechts bestimmten das politische Leben in den **Krisenjahren der Republik** bis 1923.

Zu der autoritären, obrigkeitsgläubigen Prägung und der politischen Unsicherheit kam die wirtschaftliche Ungewissheit (Ruhrbesetzung, Inflation), die es den Menschen schwer machte, die neue Staatsform nach demokratischen Mustern mitzugestalten.

9.1.2 Kulturelle Voraussetzungen

Ein bedeutender Programmatiker der Zeit war **Friedrich Nietzsche**. In seiner frühen Schrift *Die Geburt der Tragödie aus dem Geiste der Musik* (1871) unterscheidet Nietzsche zwischen zwei Daseinsprinzipien, die er das Dionysische und das Apollinische nennt. Während das dionysische eine rauschhaft-sinnliche Existenz beschreibt, steht das apollinische Prinzip für Maß und Harmonie; der Kunst schreibt Nietzsche die Aufgabe zu, beide Prinzipien miteinander zu vereinen. In *Also sprach Zarathustra* (1883 ff.) schuf er – beeinflusst von Arthur Schopenhauer und Charles Darwin – das Ideal des Übermenschen, das vor allem als Kritik am Christentum zu verstehen ist, später jedoch von den Nationalsozialisten missverstanden und vereinnahmt wurde. Der Kulturpessimismus Nietzsches beeinflusste auch die junge Generation, die glaubte, am Ende des bürgerlichen Zeitalters zu leben.

Viel Beachtung fand auch das Werk Sören Kierkegaards, das auf den Existenzialismus weiter wirkte. Auch Sigmund Freud, Karl Marx und Friedrich Engels wurden rezipiert.

9.2 Die Literatur des Expressionismus

Der gesellschaftliche Anknüpfungspunkt dieser Dichtung war das Unbehagen an der Vorkriegszivilisation, die durch die Saturiertheit und Selbstgefälligkeit des wilhelminischen Bürgertums gekennzeichnet war. Dieses hatte sich ganz dem Materialismus und dem Positivismus verschrieben. Den literarischen Anknüpfungspunkt stellte der Ästhetizismus des „Fin de Siècle“ dar.

9.2.1 Menschheitsdämmerung

Naturalismus, Impressionismus, Symbolismus und Expressionismus sind (wie die kleineren künstlerischen Strömungen Futurismus, Dadaismus, Kubismus) Versuche der Reaktion auf eine sich verändernde Gesellschaft, Umwelt und Politik. Das Dasein wurde um 1900 als zunehmend gefährdet empfunden, die Expressionisten sahen das Leben als verlogen und sinnlos an. In der Kunst versuchten sie, diese **Existenzängste** wenn nicht zu bewältigen, dann wenigstens zu benennen oder darzustellen. Die Autoren bedienten sich eines leidenschaftlichen **Pathos** („expressionistischer Schrei"), um ihren Vorstellungen von einem menschenwürdigen Dasein und einer neuen Brüderlichkeit Ausdruck zu verleihen. Dabei verstanden sich die Expressionisten als Antipoden zu den Impressionisten und Symbolisten. Während sie in diesen die spielerischen, melancholisch tändelnden Chronisten der Krise (Impressionisten) oder die Dichter jenseits der gesellschaftspolitischen Wirklichkeit (Symbolisten) sahen, gaben sich die expressionistischen Autoren mit der Darstellung der Wirklichkeit nicht zufrieden – sie wollten die Realität verändern, die Wirklichkeit ihrem Ideal anpassen. Kurt Hiller spricht in diesem Zusammenhang von **„Aktivismus"**.

Edvard Munch, *Der Schrei* (1895)

Tradierte literarische Gesichtspunkte greifen nicht mehr, will man diese Richtung des Expressionismus verstehen. Formal-ästhetische Aspekte treten zugunsten von Satire und Polemik zurück. Ziel war die **Befreiung des Menschen** von den Zwängen der Maschinenwelt und des modernen Kapitalismus. Zu diesem Zweck sollten neue gesellschaftliche Rahmenbedingungen geschaffen, das den Menschen umgebende Milieu verändert werden. **Intensität** und **Simultaneität** waren die Schlagworte jener Zeit, die der Reizüberflutung durch die Großstadtwirklichkeit geschuldet waren.

Erste Phase

Neben dem Krieg thematisierten die expressionistischen Dichter vor allem in der Frühphase auch den **Generationenkonflikt** (Vater-Sohn-Problematik), also die Auflehnung gegen die väterliche und die staatliche Autorität. Walter Hasenclevers (1890–1940) *Sohn*, 1914 entstanden, war das erste öffentlich aufgeführte expressionistische Drama.

Die bevorzugte Gattung dieser ersten Phase war die **Lyrik**. In Gedichten wurde die Sinnentleertheit des Daseins deutlich artikuliert, z. B. von Georg Heym (1887–1912), der die **Großstadt** als dämonisch, das Individuum bedrohend darstellt. Auch die **Schrecken des Kriegs** zeigt er in apokalyptischen Bildern, die 1912 in der Gedichtsammlung *Umbra vitae* erschienen sind.

Die von Kurt Pinthus herausgegebene Anthologie *Menschheitsdämmerung* (1920) vereinigt die wichtigsten lyrischen Produkte der expressionistischen Richtung: u. a. Jakob van Hoddis (1887–1942), Georg Trakl (1887–1914), Gottfried Benn (1886–1956), Johannes R. Becher (1891–1958), Ernst Stadler (1883–1914) und Else Lasker-Schüler (1869–1945) sind hier vertreten.

Zweite Phase

In der zweiten Phase des Expressionismus, deren Beginn mit dem Ausbruch des Ersten Weltkriegs im Jahr 1914 zusammenfällt, setzten sich die Autoren verstärkt mit dem **Krieg und seinen Folgen** auseinander. Sie klagten in ihren Werken menschliche Wahrhaftigkeit ein und versuchten die Welt mithilfe der Literatur zu verbessern. Beschworen wurden nun Pazifismus, eine neue Brüderlichkeit und – v. a. von den jüdischen Dichtern – der Gedanke des Opfers; beispielhaft sind Else Lasker-Schülers *Hebräische Balladen* (1913) und das Werk Yvan Golls (1891–1950). Andere Autoren öffneten sich einer konkreten **Gesellschaftskritik**, z. B. Carl Sternheim (1878–1942) in seinem Komödienzyklus *Aus dem bürgerlichen Heldenleben* (ab 1911).

Yvan Goll. Bleistiftzeichnung von Hans Richter (1917)

Der Expressionismus bezog nun eine klare Gegenposition zu allen Entwicklungen, die die Autoren für die Entfremdung des Menschen verantwortlich machten: Militarismus und Kapitalismus, Mechanisierung und Industrialisierung. In der zweiten Phase des Expressionismus liegt das Schwergewicht der literarischen Produktion auf dem **Drama.** Carl Sternheim veröffentlichte *Die Hose* (1911) und *Bürger Schippel* (1913), Ernst Barlach (1870–1938) trat mit den Dramen *Der tote Tag* (1912), *Der arme Vetter* (1918) und *Der blaue Boll* (1926) hervor, Ernst Toller (1893–1939) mit *Die Wandlung* (1919), *Masse Mensch* (1920) und *Die Maschinenstürmer* (1922). Andere wichtige Dramenautoren sind: Johannes R. Becher, Franz Werfel (1890–1945), Georg Kaiser (1878–1945) und Frank Wedekind (1864–1918).

9.2.2 Literarische Gattungen

Lyrik und Drama waren die am meisten gepflegten Gattungen des Expressionismus, die **Epik** trat demgegenüber in den Hintergrund. Lediglich Novellen und Erzählungen (z. B. von Kafka), also kleinere Formen, entstanden, denn sie entsprachen neben der Lyrik am ehesten der Schnelllebigkeit jener Zeit. Der expressionistische Roman gelang in literarisch-künstlerischer Vollendung nur Alfred Döblin mit *Berlin Alexanderplatz* (1929). Erwähnenswert sind Döblins expressionistische Novellen, z. B. *Die Ermordung einer Butterblume* (1910) sowie sein Roman *Die drei Sprünge des Wang Lun* (1915). Weiter sind noch zu nennen: Gottfried Benns *Gehirne* (1914), Heinrich Manns (1871–1950) *Der Vater* und Robert Walsers (1878–1956) *Der Spaziergang* (1917).

Die **Lyrik** des Expressionismus ist zum einen vom Naturalismus und vom Impressionismus beeinflusst. Auch an den Sturm und Drang knüpfte man an, indem das Gefühl betont und über den Verstand gestellt wurde. In der Lyrik fand die von Dynamik, Leidenschaftlichkeit, Pathos und bizarrer Bildlichkeit gekennzeichnete Sprache der Expressionisten ihren adäquaten Ausdruck. Zum anderen brachen zynische und kalte Gedichte in einem saloppen Alltagsstil mit formalen Konventionen. Besonders Gottfried Benn schockierte mit seiner Gedichtsammlung *Morgue* (1912) die Leser, indem er mit medizinischer Nüchternheit Leichen beschrieb und in der Nachfolge Baudelaires eine **Ästhetik des Hässlichen** in der deutschen Literatur etablierte.

Im **Drama** glaubte man die Gegensätze, die man im Dasein erblickte, am besten darstellen zu können. Mit der Abkehr von Realismus und Naturalismus erfolgte auch eine Abkehr vom Bühnenrealismus: Die Autoren brachten meist keine individuellen Figuren mehr auf die Bühne, sondern zeigten modellhaft Typen, die die Stoffe transportieren sollten. Auch die Inszenierung von Massenszenen war ein expressionistisches Novum. Das expressionistische Drama ist sowohl als Vorläufer des politischen Thesenstücks (Piscator) wie auch des epischen (Brecht) und absurden Theaters (Beckett, Ionesco) zu sehen.

9.2.3 Literarisches Leben: Massenkultur und Kino

Berlin war in den ersten Jahrzehnten des 20. Jahrhunderts das herausragende **kulturelle Zentrum** in Deutschland. Hier befanden sich die großen Verlagshäuser, auch der Hauptsitz des Hugenberg-Imperiums, die modernsten Lichtspielhäuser, die das neue Medium **Film** darboten, und hier lebten viele der jungen, progressiv gesinnten Autoren. Auch sie waren vom Film beeinflusst, sei es, dass sie Szenen schreiben wollten, sei es, dass sie in ihre literarischen Werke Stilmittel aufnahmen, die sie aus der Welt des Films entliehen; man denke nur an die **Montagetechnik** oder den **Bewusstseinsstrom**, wie sie Döblin in seinem Roman *Berlin Alexanderplatz* einsetzte.

Die Expressionisten, und zwar Maler, Graphiker und Dichter in enger Zusammenarbeit, sammelten sich um **Zeitschriften**: Seit 1910 erschienen in Berlin *Die Aktion* und *Der Sturm*.

9.3 Autoren und Werke

9.3.1 Brechts expressionistische Anfänge: „Trommeln in der Nacht“

Kurzbiografie: Bertolt Brecht

1898	geboren in Augsburg als Sohn eines Kaufmanns
1917–1921	Studium der Medizin und Literatur in München
1922	*Trommeln in der Nacht* (Drama)
1928	*Dreigroschenoper* (Drama)
1933–1948	Emigration nach Dänemark, Finnland, schließlich in die USA
1941	*Mutter Courage und ihre Kinder* (Drama)
1943	*Der gute Mensch von Sezuan* (Drama)
1943	*Leben des Galilei* (Drama)
1949	Gründung des „Berliner Ensembles“ (nach seiner Rückkehr nach Ost-Berlin)
1949	*Kleines Organon für das Theater*
1956	gestorben in Berlin (Ost)

Bertolt Brecht war vor allem in den vierziger Jahren als Vertreter eines neuartigen „epischen Theaters“ zu Ruhm gekommen. Doch seine Anfänge als Dramatiker liegen im Expressionismus, wie die frühen Dramen *Baal* (1918), *Trommeln in der Nacht* (1919) und *Im Dickicht der Städte* (1924) zeigen. *Trommeln in der Nacht* ist das erste Drama Brechts, das aufgeführt wurde (1922 in München). Brecht erhielt für dieses Stück den Kleist-Preis.

Die zentrale Figur der „Komödie“ *Trommeln in der Nacht* ist der Kriegsheimkehrer Andreas Kragler. Vier Jahre vermisst, kommt er in den Wirren des Spartakus-Aufstandes (1918/19) nach Berlin zurück. Seine Verlobte hatte sich zwischenzeitlich von ihm abgewandt – Grund für Kragler, sich den Revolutionären anzuschließen. Doch als es zur familiären Aussöhnung kommt, erteilt Kragler der Revolution eine Absage und kehrt zu seiner Verlobten zurück.

Szenenfoto aus Brechts *Trommeln in der Nacht* in der Inszenierung von Otto Falckenberg an den Kammerspielen München 1922

Kraglers Rückzug von den revolutionären Aktionen ins private Glück wird im letzten Akt deutlich. Hier findet sich auch schon ansatzweise der erst in den folgenden Jahren von Brecht erarbeitete **Verfremdungseffekt**, etwa wenn Kragler das Publikum direkt anspricht („Glotzt nicht so romantisch") oder wenn der Zuschauer der Illusion beraubt wird („Mond, der ein Lampion war"):

> KRAGLER. Fast ersoffen seid ihr in euren Tränen über mich, und ich habe nur mein Hemd gewaschen mit euren Tränen! Mein Fleisch soll im Rinnstein verwesen, daß eure Idee in den Himmel kommt? Seid ihr besoffen?
>
> ANNA. Andree! Es macht nichts!
>
> KRAGLER *sieht ihr nicht ins Gesicht, trollt sich herum, langt sich an den Hals:* Ich hab's bis zum Hals! *Er lacht ärgerlich.* Es ist gewöhnliches Theater. Es sind Bretter und ein Papiermond und dahinter die Fleischbank, die allein ist leibhaftig. *Er läuft wieder herum, die Arme hängend bis zum Boden, und so fischt er die Trommel aus der Schnapskneipe.* Sie haben ihre Trommel liegen lassen. *Er haut drauf.* Der halbe Spartakus oder Die Macht der Liebe. Das Blutbad im Zeitungsviertel oder Jeder Mann ist der beste Mann in seiner Haut. *Sieht auf, blinzelt.* Entweder mit dem Schild oder ohne den Schild. *Trommelt.* Der Dudelsack pfeift, die armen Leute sterben im Zeitungsviertel, die Häuser fallen auf sie, der Morgen graut, sie liegen wie ersäufte Katzen auf dem Asphalt, ich bin ein Schwein, und das Schwein geht heim. *Er zieht den Atem ein.* Ich ziehe ein frisches Hemd an, meine Haut habe ich noch, meinen Rock ziehe ich aus, meine Stiefel fette ich ein. *Lacht bösartig.* Das Geschrei ist alles vorbei, morgen früh, aber ich liege im Bett morgen früh und vervielfältige mich, daß ich nicht aussterbe. *Trommelt.* Glotzt nicht so romantisch! Ihr Wucherer! *Trommelt.* Ihr Halsabschneider! *Aus vollem Halse lachend, fast erstickend:* Ihr blutdürstigen Feiglinge, ihr! *Sein Gelächter bleibt stecken im Hals, er kann*

nicht mehr, er torkelt herum, schmeißt die Trommel nach dem Mond, der ein Lampion war, und die Trommel und der Mond fallen in den Fluß, der kein Wasser hat. Besoffenheit und Kinderei. Jetzt kommt das Bett, das große, weiße, breite Bett, komm!

ANNA. O Andree!

KRAGLER *führt sie hinter.* Hast du auch warm?

ANNA. Aber du hast keine Jacke an. *Sie hilft ihm hinein.*

KRAGLER. Es ist kalt. *Er legt ihr den Schal um den Hals.* Komm jetzt!

Die beiden gehen nebeneinander, ohne Berührung, Anna etwas hinter ihm. In der Luft, hoch, sehr fern, ein weißes, wildes Geschrei: das ist in den Zeitungen.

KRAGLER *hält ein, horcht, legt stehend den Arm um Anna:* Jetzt sind es vier Jahre. *Während das Geschrei andauert, gehen sie weg.*

Aus: B. Brecht, Frühe Stücke. Baal. Trommeln in der Nacht. Im Dickicht der Städte. Suhrkamp: Frankfurt a. M. 1976, S. 136 ff.

9.3.2 Lyrik des Expressionismus: Heyms „Die Stadt"

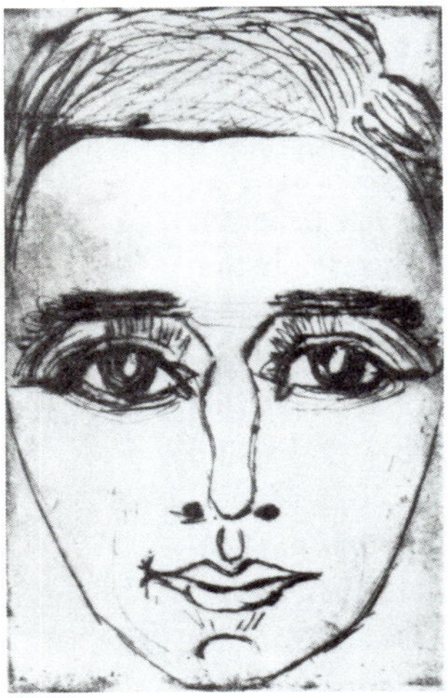

Kurzbiografie: Georg Heym

1878	geboren in Hirschberg (Schlesien)
1907–1911	Studium der Rechtswissenschaften und der Orientalistik in Würzburg, Jena und Berlin
1911	*Der ewige Tag* (Gedichte)
1912	Heym ertrinkt in der Havel
1912	*Umbra vitae* (Gedichte; posthum veröffentlicht)
1913	*Der Dieb* (Novelle; posthum veröffentlicht)

Der jung verstorbene Heym ist einer der großen expressionistischen Lyriker. Ihm gelang es, Alltägliches neu ins Blickfeld zu rücken, Bekanntes zu dämonisieren. Sein Gedicht *Die Stadt*, das sich in der Tradition **kulturkritischer Stadtgedichte** der Jahrhundertwende weiß, zeigt, wie Heym mithilfe einer exakten, auf das Wesentliche reduzierten Sprache das Ungenügen der jungen Generation an den für starr und überkommen empfundenen gesellschaftlichen Verhältnissen und der für bedrohlich gehaltenen Zivilisation ausdrückte.

Die Stadt

Sehr weit ist diese Nacht. Und Wolkenschein
Zerreißet vor des Mondes Untergang.
Und tausend Fenster stehn die Nacht entlang
Und blinzeln mit den Lidern, rot und klein.

Wie Aderwerk gehn Straßen durch die Stadt,
Unzählig Menschen schwemmen aus und ein.
Und ewig stumpfer Ton von stumpfem Sein
Eintönig kommt heraus in Stille matt.

Gebären, Tod, gewirktes Einerlei,
Lallen der Wehen, langer Sterbeschrei,
Im blinden Wechsel geht es dumpf vorbei.

Und Schein und Feuer, Fackeln rot und Brand,
Die drohn im Weiten mit gezückter Hand
Und scheinen hoch von dunkler Wolkenwand.

Aus: G. Heym, Das lyrische Werk. Hg. v. K. L. Schneider. München 1977, S. 452

Max Ernst, *Mond über der Stadt* (ca. 1916)

Heym benützt hier die Form des Sonetts, als Versmaß den fünfhebigen Jambus mit durchgängig männlichen Kadenzen. Dies ergibt ein Spannungsmoment, stehen doch die hermetische Geschlossenheit und Formstrenge in diametralem Gegensatz zum Inhalt. Dem Dichter gelingt es so, eine bedrohliche Grundstimmung, verstärkt durch Wortwiederholungen („stumpf"), Alliterationen („Fackel, Feuer") und Inversionen („Wie Aderwerk gehn Straßen durch die Stadt"), herzustellen. Asyndetische Reihung („Gebären, Tod, gewirktes Einerlei") und Anaphern („und") stellen den Bezug zum Inhalt des Gedichtes her: Gibt Heym in der ersten Strophe das Antlitz der nächtlichen Stadt mithilfe verfremdender Bilder lediglich wieder, so steigert sich die dichterische Aussage über die zweite Strophe, wo der gleichförmige Rhythmus, die Monotonie städtischen Lebens, verdeutlicht wird, zur dritten Strophe, in der die Sinnlosigkeit der Existenz festgestellt wird, bis hin zur vierten Strophe, die Untergang und Tod visionär beschwört.

9.3.3 Die Parabel bei Kafka: „Der Steuermann"

Kurzbiografie: Franz Kafka

1883	geboren in Prag als Sohn eines Kaufmanns
1901–1906	Jura-Studium in Prag, Promotion
1908	angestellt bei einer Versicherung in Prag
1912	*Das Urteil* (Erzählungen)
1915	*Die Verwandlung* (Erzählung)
1917	*Bericht für eine Akademie* (Erzählung)
1917	Krankheit (Kehlkopftuberkulose)
1922	*Der Hungerkünstler* (Erzählung)
1924	gestorben in einem Sanatorium bei Wien
1925	*Der Proceß* (Roman; posthum veröffentlicht)
1926	*Das Schloß* (Roman; posthum veröffentlicht)
1927	*Amerika* (Roman; posthum veröffentlicht)

Kafka gehörte nicht unmittelbar zum Kreis der expressionistischen Autoren. Seine Dichtung ist dem **Surrealismus** zuzurechnen und erinnert an E. T. A. Hoffmann (1776–1822) und Edgar Allan Poe (1809–1849). Kafkas Romane und Erzählungen gründen in ihrer allgemein-abstrakten Welterfahrung in persönlichen Stimmungen und Befindlichkeiten, sie sind vor allem durch einen als übermächtig und unnahbar empfundenen Vater geprägt.

In der Erzählung *Die Verwandlung* (1915) beschreibt Kafka den Handlungsreisenden Gregor Samsa, der über Nacht zu einem riesigen Insekt geworden ist. Die Familie, für deren Existenz Gregor bislang sorgte, wendet sich voll Grauen von ihm ab, bis er am Ende jämmerlich zugrunde geht.

Kafka ist auch Autor von drei Romanen: *Der Proceß*, *Das Schloss* und *Amerika*. Alle drei sind jedoch Fragment geblieben und wurden vom Autor selbst nicht veröffentlicht; ganz im Gegenteil: Kafka bat seinen Freund Max Brod, die Texte zu vernichten. Brod setzte sich aber über diesen Wunsch hinweg und rettete so diese Werke für die Nachwelt.

Der einzelne Mensch, der in die Welt geworfen wurde und diese nicht versteht und selbst von seinen Mitmenschen nicht verstanden, ja oft gar nicht wahrgenommen wird – das ist die Grundsituation in vielen Prosastücken Kafkas. Auch in der Parabel *Der Steuermann* (1920) finden sich Anklänge daran. Da eine Parabel, also eine Gleichniserzählung, nicht historisch oder geographisch festgemacht werden kann, dient sie vor allem zur Darstellung überzeitlicher, allgemein gültiger Wahrheiten. Kafka bediente sich gerne dieser Form, mit deren Hilfe er Probleme, die ihn selbst beschäftigten, verschlüsseln konnte.

Franz Kafka: Der Steuermann

„Bin ich nicht Steuermann?“ rief ich. „Du?“ fragte ein dunkler hoch gewachsener Mann und strich sich mit der Hand über die Augen, als verscheuche er einen Traum. Ich war am Steuer gestanden in der dunklen Nacht, die schwach brennende Laterne über meinem Kopf, und nun war dieser Mann gekommen und wollte mich beiseite schieben. Und da ich nicht wich, setzte er mir den Fuß auf die Brust und trat mich langsam nieder, während ich noch immer an den Stäben des Steuerrades hing und beim Niederfallen es ganz herumriß. Da aber faßte es der Mann, brachte es in Ordnung, mich aber stieß er weg. Doch ich besann mich bald, lief zu der Luke, die in den Mannschaftsraum führte und rief: „Mannschaft! Kameraden! Kommt schnell! Ein Fremder hat mich vom Steuer vertrieben!“ Langsam kamen sie, stiegen auf aus der Schiffstreppe, schwankende müde mächtige Gestalten. „Bin ich der Steuermann?“ fragte ich. Sie nickten, aber Blicke hatten sie nur für den Fremden, im Halbkreis standen sie um ihn herum und, als er befehlend sagte: „Stört mich nicht“, sammelten sie sich, nickten mir zu und zogen wieder die Schiffstreppe hinab. Was ist das für Volk! Denken sie auch oder schlurfen sie nur sinnlos über die Erde?

Aus: F. Kafka, Sämtliche Erzählungen. Frankfurt a. M. 1970, S. 319

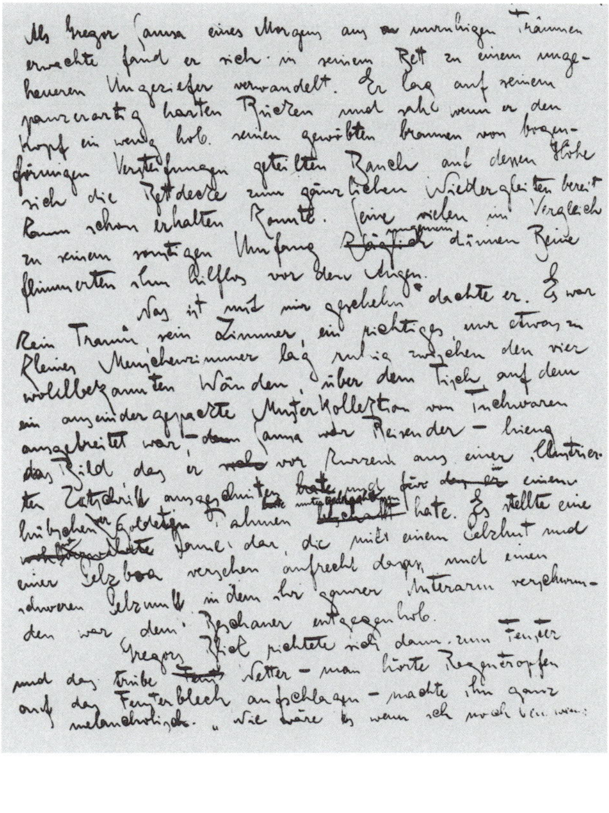
Als Gregor Samsa eines Morgens aus unruhigen Träumen erwachte fand er sich in seinem Bett zu einem ungeheueren Ungeziefer verwandelt. Er lag auf seinem panzerartig harten Rücken und sah wenn er den Kopf ein wenig hob, seinen gewölbten braunen von bogenförmigen Versteifungen geteilten Bauch auf dessen Höhe sich die Bettdecke zum gänzlichen Niedergleiten bereit kaum schon erhalten konnte. Seine vielen im Vergleich zu seinem sonstigen Umfang dünnen Beine flimmerten ihm hilflos vor den Augen.
„Was ist mit mir geschehen“ dachte er. Es war kein Traum, sein Zimmer, ein richtiges, nur etwas zu kleines Menschenzimmer lag ruhig zwischen den vier wohlbekannten Wänden, über dem Tisch, auf dem eine auseinandergepackte Musterkollektion von Tuchwaren ausgebreitet war – Samsa war Reisender – hieng das Bild, das er vor kurzem aus einer illustrierten Zeitschrift ausgeschnitten und in einem hübschen vergoldeten Rahmen hatte. Es stellte eine Dame dar, die mit einem Pelzhut und einer Pelzboa versehen aufrecht dasaß und einen schweren Pelzmuff in dem ihr ganzer Unterarm verschwunden war, dem Beschauer entgegenhob.
Gregors Blick richtete sich dann zum Fenster und das trübe Wetter – man hörte Regentropfen auf das Fensterblech aufschlagen – machte ihn ganz melancholisch. „Wie wäre es wenn ich noch ein wenig

Autograf der ersten Seite von Franz Kafkas 1912 entstandener Erzählung *Die Verwandlung*, die wie viele seiner Werke einen Vater-Sohn-Konflikt und die Hilflosigkeit des Individuums thematisiert

LITERATUR DES EXPRESSIONISMUS

Jahr	Epik	Lyrik	Dramatik
1911		Heym: *Der ewige Tag*	Sternheim: *Die Hose*
1912		Benn: *Morgue*	Sorge: *Der Bettler* Barlach: *Der tote Tag*
1913	Döblin: *Die Ermordung einer Butterblume*	Stramm: *Gedichte*	Sternheim: *Bürger Schippel*
1914		Stadler: *Der Aufbruch*	Kaiser: *Die Bürger von Calais*
1915	Kafka: *Die Verwandlung* Benn: *Gehirne* Döblin: *Die drei Sprünge des Wang Lun*		
1917		Trakl: *Die Dichtungen* Lasker-Schüler: *Gesammelte Gedichte*	
1918			Brecht: *Baal*
1919			Brecht: *Trommeln in der Nacht*
1920	Werfel: *Nicht der Mörder, der Ermordete ist schuldig*	Pinthus (Hg.): *Menschheitsdämmerung*	Toller: *Masse Mensch*
1922			Toller: *Die Maschinenstürmer*
1924			Brecht: *Im Dickicht der Städte*
1925	Döblin: *Berge, Meere und Giganten*		

10 Weimarer Republik und Drittes Reich (1918–1945)

10.1 Die Zeit von 1918 bis 1945

Handelte es sich beim Expressionismus noch um eine relativ einheitliche Epoche, der man gewisse Kennzeichen zuschreiben kann, so löste sich schon zu Beginn des 20. Jahrhunderts die literarische Entwicklung in verschiedene, zeitlich parallel verlaufende Strömungen auf. Daher erscheint es sinnvoll, die moderne Literatur analog zur politischen Entwicklung darzulegen und mit Begriffen zu bezeichnen, die ihrerseits wieder auf diese zurückverweisen.

10.1.1 Die politische Situation

Die Weimarer Republik hatte von Anfang an mit **enormen Problemen** zu kämpfen. Die Annahme des Friedensvertrags wurde Deutschland aufgezwungen; demokratisch gesinnte Politiker wurden als Novemberverbrecher verunglimpft; die Dolchstoßlegende entbehrte jeder Grundlage; die Abdankung Kaiser Wilhelms II. war keine nationale Schmach, sondern ein Gebot der Stunde. Auch die Reparationsforderungen der Alliierten (20 Milliarden Goldmark bis zum Jahr 1921) und ihre verständliche Forderung nach Abbau der deutschen Truppen (100 000-Mann-Heer) trugen nicht zur Stabilisierung der politischen Lage der Republik bei. Verhängnisvoll für das Selbstverständnis auch der demokratisch gesinnten Deutschen wirkten sich jedoch die Gebietsabtretungen aus, denen Deutschland zustimmen musste: Elsass-Lothringen (an Frankreich), Teile West- und Ostpreußens sowie Oberschlesien (an Polen) und das Hultschiner Land (an die Tschechoslowakei). Eine weitere Belastung stellte der Art. 231 des Versailler Vertrags dar: Deutschland und seinen Verbündeten wurde die alleinige Kriegsschuld zugeschrieben.

Trotz dieser widrigen Ausgangsbedingungen konnte sich die junge Republik über das Krisenjahr 1923 (Ruhrkampf, Inflation, separatistische Bewegungen und Hitler-Putsch) zu einem kulturell und wirtschaftlich blühenden Staat entwickeln. Die so genannten **„goldenen Zwanziger“** (gemeint sind die Jahre zwischen 1924 und 1929) zeigen dies.

Das Scheitern der Großen Koalition im Jahr 1930 weist schon auf das Ende der ersten deutschen Republik voraus. Die Weltwirtschaftskrise und der Versuch der Problembewältigung durch das Instrument der Präsidialregierung unter Brüning, Papen und Schleicher bahnten einem „starken Mann“, wie Hitler ihn verkörperte, den Weg. Die **„Machtergreifung“** der Nationalsozialisten war dann in Wirklichkeit eine Machtübertragung: Am 30. Januar 1933 ernannte Reichspräsident Hindenburg Hitler zum Reichskanzler. Die bürgerlichen Mitglieder der neuen Regierung waren überzeugt, Hitler für ihre Absichten benützen zu können. Vizekanzler Papen drückt dies so aus: „Wir haben ihn uns engagiert. In zwei Monaten haben wir Hitler in die Ecke gedrückt, dass er quietscht.“ Mit dieser Prognose hatte Papen sich – wie viele mit ihm – getäuscht. Hitler festigte seine Macht kontinuierlich: Mit der Aufhebung der Grundrechte (28. 2. 1933), der Einsetzung von sogenannten Reichsstatthaltern und der Aufhebung der Länder (1933/34) sowie dem Verbot der bürgerlichen Parteien (bis Juli 1933) waren die ersten Schritte getan. Als Hitler nach dem Tod Hindenburgs am 2. 8. 1934 dann auch das Amt des Reichspräsidenten übernahm, war seine Macht umfassend.

Andersdenkende und Gegner der NSDAP wurden gnadenlos verfolgt. Die Nürnberger Gesetze (1935) schufen die Grundlage für die systematische Judenverfolgung, die ihren Höhepunkt in der Wannseekonferenz (20. 1. 1942) erreichte, wo die so genannte „Endlösung“ beschlossen wurde: Ziel war die Ausrottung der Juden in ganz Europa. Viele jüdische Bürger und auch Mitglieder der Kommunistischen Partei hatten sich aber schon Jahre vorher ins Exil geflüchtet. Nach Ende des **Zweiten Weltkriegs** (1939–1945) kehrten sie nur zögernd oder gar nicht mehr nach Deutschland zurück.

10.1.2 Kulturelle Voraussetzungen

Einheitliche geistesgeschichtliche oder kulturelle Strömungen gab es schon in der Weimarer Republik nicht mehr. Der Expressionismus wirkte noch weiter, auch erkennt man eine Tendenz hin zu einer „neuen Sachlichkeit“, doch auch der Mythos des Völkischen wurde allenthalben beschworen.

Philosophische Einflüsse gingen aus von der Existenzphilosophie Martin Heideggers (1889–1976), von Karl Jaspers (1883–1969) und von Sören Kierkegaard (1813–1855). Für die Architektur waren die Anregungen des „Bauhauses“ in Dessau wichtig, in der Malerei und der bildenden Kunst wirkten Werke von Pablo Picasso (1881–1973), Hans Arp (1886–1966), George Grosz (1893–1959), Käthe Kollwitz (1867–1945) und Ernst Barlach (1870–1938) stilbildend.

10.2 Die Literatur zwischen 1918 und 1945

Der Erste Weltkrieg mit seinen nachfolgenden Krisen machte den Schriftstellern eine unveränderte Wiederaufnahme vergangener literarischer Traditionen unmöglich. Wieder einmal bestand die Notwendigkeit, einen eigenen Standpunkt der veränderten Wirklichkeit gegenüber zu finden, was auf die unterschiedlichste Weise geschah.

10.2.1 Literatur der Weimarer Republik

Die Jahre nach 1918 brachten eine Vielzahl von epischen Meisterleistungen hervor. Die **Romankunst**, die mit Goethes *Wilhelm Meisters Lehrjahre* 1796 begonnen hatte, von den Romantikern (Novalis, Eichendorff) fortgesetzt wurde und im Realismus (Keller, Stifter, Raabe, Fontane) eine Blütezeit erlebte, kam in der Weimarer Republik und im Exil zu einem Höhepunkt. Es gab zum einen historische Romane, die aber in Bezug zu ihrer Gegenwart verstanden werden wollten. Auch zeitgeschichtliche Romane, Künstlerbiografien und sozialkritische Romane entstanden in großer Zahl. Bedeutende Autoren sind:

Lion Feuchtwanger (1884–1958)
Der in München geborene Freund Brechts konnte sich mit seinen dramatischen Arbeiten nicht durchsetzen. Sein Genre war der historische Roman. In *Jud Süß* (1940) schildert er Aufstieg und Fall Joseph Süß Oppenheimers (1692–1738), der als Finanzberater des württembergischen Herzogs Karl Alexander zu Reichtum und höchstem Ansehen gekommen war. Als sich nach dem Tod des Herzogs eine antisemitische Stimmung im Volk breit machte, wurde Oppenheimer vor Gericht gestellt und hingerichtet. In seinem Romanzyklus *Der Wartesaal* (1930/40), der aus den drei Büchern *Erfolg* (1930), *Die Geschwister Oppermann* (1933) und *Exil* (1940) besteht, stellt er die schwierige Situation deutscher Juden in der Zeit der beginnenden Verfolgung und im Exil dar.

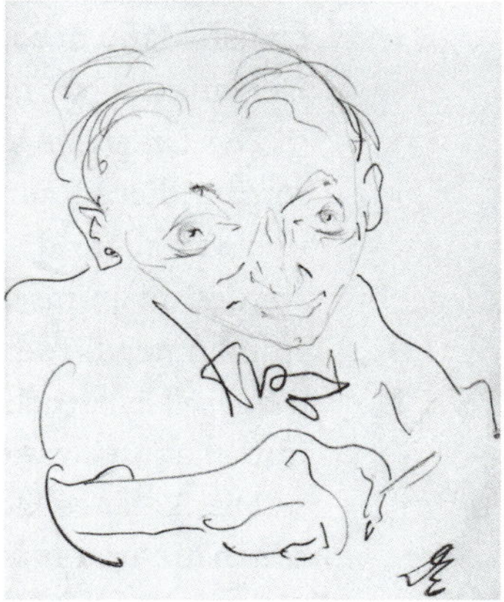
Joseph Roth (1894–1939).
Bleistiftzeichnung von Dolbin

Joseph Roth (1894–1939)
Roth rückt in seinen Romanen häufig das alte Österreich und seine Heimat Galizien (und – typisiert – die dort lebenden Menschen) in den Mittelpunkt: So in *Radetzkymarsch* (1932), *Hotel Savoy* (1924) und *Hiob* (1930). In der *Legende vom heiligen Trinker* (1939)

schildert er die Ereignisse um den Trinker Andreas, der in Paris in den Armen eines Mädchens stirbt. Roth selbst war im Exil zum Trinker geworden und starb 1939 in einem Pariser Krankenhaus.

Stefan Zweig (1881–1942)
Zweig ist vor allem als Autor der *Schachnovelle* (1941) und des Erzählbandes *Sternstunden der Menschheit* (1927) bekannt. Doch er war auch ein Meister der historischen Biografie. Die Lebensbeschreibungen von *Marie Antoinette* (1932), *Erasmus von Rotterdam* (1935) und *Maria Stuart* (1935) zeugen davon.

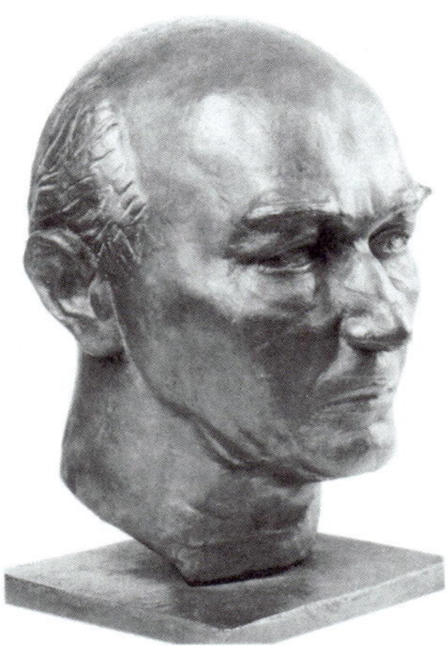
Robert Musil (1880–1942).
Bronzeguss von Fritz Wotruba

Robert Musil (1880–1942)
Wie Thomas Mann im *Zauberberg*, so beschäftigt sich auch Musil in seinem unvollendeten essayistischen Roman *Der Mann ohne Eigenschaften*, dessen erster Band 1930 erschien, mit dem Zeitgeist vor Ausbruch des Ersten Weltkriegs. Historischer Hintergrund ist die sich auflösende Donaumonarchie.

Heinrich Mann (1871–1950)
Die beiden großen Romane Heinrich Manns beschreiben die gesellschaftlichen Zustände im Kaiserreich: *Professor Unrat* (1905) thematisiert die bislang verborgenen und nun hervorbrechenden erotischen Leidenschaften des Gymnasialprofessors Raat, der zwar auf die Sittsamkeit seiner Schüler achtet, sich dabei aber in die Tänzerin Rosa Fröhlich verliebt. Als er sie heiratet, bedeutet dies das Ende seiner Karriere im Schuldienst. Mann decouvriert hier die Autoritätsgläubigkeit und die untergründige Neigung zur Anarchie, wie er sie in der wilhelminischen Gesellschaft vorfand.

Der Untertan (1914 fertig gestellt, 1918 veröffentlicht) ist ein Erziehungsroman; die Bildungsabsichten der Gesellschaft und die Erziehungsfähigkeit – und vor allem die Erziehungswilligkeit – der Hauptfigur Diederich Heßling werden in ironischer Brechung, teilweise sogar parodistisch dargestellt. Die Aufnahme, die der Roman bei seinem Erscheinen 1918 fand, signalisiert, dass die gesellschaftlichen und moralisch-ethischen Probleme des Kaiserreichs noch immer aktuell waren.

Die Anfänge Heinrich Manns als Schriftsteller liegen im Expressionismus; Thematik und manche Stilelemente in *Professor Unrat*, aber auch in *Untertan* weisen darauf hin. Trotzdem ist es gerechtfertigt, Mann als Autor der Weimarer Republik vorzustellen, fällt doch die Zeit zwischen 1918 und 1950 mit seiner größten öffentlichen Wirksamkeit zusammen. So sollte er, der durch die Nationalsozialisten 1933 aus der „Preußischen Akademie der Künste" ausgeschlossen wurde, nach seinem Exil im Jahr 1950 die Präsidentschaft der neu gegründeten „Akademie der Künste" in Ostberlin übernehmen.

Elias Canetti (1905–1994)
Er trat schon in den 30er-Jahren mit dem Roman *Die Blendung* (1935) in den Kreis der angesehenen Literaten ein. Eine breite Öffentlichkeit begann sich aber erst in den 60er- und 70er-Jahren für sein Werk, vor allem für die Gesellschaftsanalyse *Masse und Macht* (1960/73) und die autobiografischen Romane *Die gerettete Zunge* (1977), *Die Fackel im Ohr* (1980) und *Das Augenspiel* (1985) zu interessieren. Den Höhepunkt der öffentlichen Anerkennung Elias Canettis markiert die Verleihung des Nobelpreises für Literatur 1981.

Andere bedeutende Autoren sind: Ricarda Huch (1864–1947; *Wallenstein*, 1915), Annette Kolb (1875–1967; *Mozart*, 1937; *Franz Schubert*, 1941), Jochen Klepper (1903–1942; *Der Vater*, 1937), Hermann Broch (1886–1951; *Die Schlafwandler*, 1931/32), Lena Christ (1881–1920), Oskar Maria Graf (1894–1967; *Wir sind Gefangene*, 1927) Erich Kästner (1899–1974; *Fabian*, 1931), Kurt Tucholsky (1890–1935), Anna Seghers (1900–1983; *Das siebte Kreuz*, 1942), Hans Henny Jahnn (1894–1959; *Perrudja*, 1929) und Hermann Hesse (1877–1962; *Das Glasperlenspiel*, 1943).

Eine neuartige **Naturlyrik** verfassten Oskar Loerke (1884–1941), Georg Britting (1891–1964), der auch als Erzähler hervortrat *(Brudermord im Altwasser)*, Josef Weinheber (1892–1945) und Wilhelm Lehmann (1882–1968).

Als **Theaterautoren** machten sich Marieluise Fleißer (1901–1974), Carl Zuckmayer (1896–1977), Ödön von Horváth (1901–1938) und Bertolt Brecht (1898–1956) einen Namen.

10.2.2 Literatur der NS-Zeit

Die Lebens- und Arbeitsbedingungen für Schriftsteller während des Dritten Reiches waren in der Geschichte der deutschen Literatur einzigartig. Zwar bildeten Zensur und politische Verfolgung seit dem Mittelalter feste Bestandteile der Geschichte von Intellektuellen, noch nie aber waren sie in diesem Ausmaß einer Verfemung im rassischen oder politischen Sinn ausgesetzt wie in dieser Zeit. Es blieben ihnen, wollten sie sich von der nationalsozialistischen Kulturpolitik nicht in Dienst nehmen lassen, nur zwei Möglichkeiten: innere Emigration oder Exil.

Innere Emigration

Der Begriff „Innere Emigration“ wurde von Frank Thieß (1890–1977) geprägt und bezeichnet die Autoren, die während der nationalsozialistischen Diktatur in Deutschland geblieben waren und unter Lebensgefahr ihr Werk fortschrieben – oft in der Gewissheit lebend, es nicht mehr veröffentlichen zu können. Autoren der „inneren Emigration“ sind:

- **Werner Bergengruen** (1892–1964). In *Der Großtyrann und das Gericht* (1935) beschreibt der Autor, wie in Italien zur Zeit der Renaissance ein Tyrann einen seiner Untergebenen töten lässt, dann aber sein Volk des Mordes beschuldigt, um es zu prüfen.
- **Reinhold Schneider** (1903–1958): *Las Casas vor Karl V.* (1938)
- **Stefan Andres** (1906–1970): *El Greco malt den Großinquisitor* (1936)
- **Wolfgang Koeppen** (1906–1996): *Die Mauer schwankt* (1935)

Außerdem: Jochen Klepper, Rudolf Alexander Schröder (1878–1962), Edzard Schaper (1908–1984), Hans Carossa (1878–1956) und Elisabeth Langgässer (1899–1950). Häufig werden auch solche Autoren der „inneren Emigration“ zugerechnet, die zwar in Deutschland geblieben waren, aber ihre schriftstellerische Produktion eingestellt oder in politisch ungefährliche Bahnen gelenkt hatten. Hier erweist sich die Klassifizierung als problematisch, da diese Dichter teilweise in gefährliche Nähe zur nationalsozialistischen Ideologie gerieten. Der Übergang zur offiziellen „Blut-und-Boden“-Literatur, die das deutsche Wesen, den fleißigen Landmann und das blonde „Mädel“ heroisierte, war oft fließend.

Exil

Autoren, deren Leben unter dem Regime Hitlers unmittelbar bedroht war (vor allem Schriftsteller jüdischer Abstammung oder aktive Mitglieder der kommunistischen Partei), flüchteten häufig ins Ausland, sofern sie nicht schon inhaftiert waren. Rund 1 500 Autoren gingen ins Exil; anfangs glaubten sie sich noch in den Nachbarstaaten (Österreich, Schweiz, Tschechoslowakei) in Sicherheit, doch nach dem „Anschluss“ Österreichs 1938 wuchs auch im europäischen Ausland die Bedrohung. In dem Maße, wie die Nationalsozialisten Europa einnahmen (Tschechoslowakei 1939, Dänemark und Norwegen 1940, Frankreich 1940), wuchs die Zahl der Flüchtlinge, die sich in die USA, nach Südamerika, in die Sowjetunion sowie nach Israel in Sicherheit brachten.

Die Exil-Autoren verkörperten für das Ausland in der Regel *die* deutsche Kultur, doch hatten sie trotz ihres Ansehens mit oft gravierenden wirtschaftlichen Schwierigkeiten zu kämpfen, denn kaum einer war im Exil gesellschaftlich und beruflich integriert. Die Probleme resultierten nicht zuletzt aus einem alle Produktivität erdrückenden Gefühl der **Heimatlosigkeit**, das oftmals mit dem einer lebensbedrohlichen **Sprachlosigkeit** einherging. Was sollte ein Dichter, der auf seine Muttersprache angewiesen war, für den amerikanischen Markt schreiben? Deutschsprachige Literatur wurde kaum rezipiert und ein Wechsel der Sprache war den meisten Autoren nicht möglich. Nur wenige konnten sich, wie Bert Brecht, mit Drehbuchschreiben für Hollywood eine Existenzgrundlage sichern. Welche menschlichen Schicksale sich abgespielt haben müssen, ist an der enorm hohen Selbstmordrate ablesbar. Durch Suizid endeten u. a. Stefan Zweig (Brasilien), Walter Hasenclever (Frankreich), Walter Benjamin (Spanien), Ernst Toller (USA) und Kurt Tucholsky (Schweden).

In alle Welt vertrieben, fanden sich die Exil-Autoren doch in einigen Zentren zusammen. Sie gruppierten sich z. B. um deutsche Verlage, die ebenfalls in die Emigration gezwungen wurden (G. Bermann-Fischer), oder um deutsche Exil-Zeitschriften (z. B. *Der Wendepunkt*, Amsterdam). Im Exil entstanden so bedeutende Werke wie:

- *Furcht und Elend des Dritten Reiches* (1934–38) von Bertolt Brecht,
- *Mephisto* (1935) von Klaus Mann,
- *Das siebte Kreuz* (ab 1937) von Anna Seghers,
- *Lotte in Weimar* (1939) von Thomas Mann,
- *Der Tod des Vergil* (1945) von Hermann Broch und
- *Des Teufels General* (1946) von Carl Zuckmayer.

10.2.3 Literarisches Leben: Von der Zeitkritik zur Gleichschaltung

In kaum einer anderen Zeit vollzog sich der Wandel im literarischen Leben so rasch und rigoros wie zwischen Weimarer Republik und Drittem Reich.

Kabarett und „Weltbühne"

Künstlerische Zeitkritik manifestierte sich in den Nachkriegsjahren auf unterschiedliche Weise: zum einen als bissige politische **Satire** z. B. in der Berliner „Weltbühne", eine vor dem Krieg von Siegfried Jacobsohn gegründete und bis 1918 primär dem Theater verpflichtete Zeitschrift, zum anderen als politisches **Chanson**, das sich in dieser Zeit als bedeutende Waffe der Gesellschaftskritik in Deutschland durchsetzte. Als Forum diente dieser neuen Kunstform das Kabarett, wie das „Schall und Rauch" in Berlin. Oftmals waren es ein und dieselben Autoren, die für beides die je nachdem künstlerisch unterschiedlich gestalteten Stoffe lieferten: Klabund, Walter Mehring und Kurt Tucholsky.

Gleichschaltung der Literatur

Spätestens seit 1930 nahmen die staatlichen Eingriffe in den Bereich der Kunst und Publizistik immer mehr zu. Die Nationalsozialisten versuchten gezielt, jede literarische Äußerung, die nicht der Partei-Ideologie entsprach, zu unterdrücken. Schon im April/Mai 1933 inszenierten sie **Bücherverbrennungen**, bei denen die Werke von jüdischen, pazifistischen und linken Autoren Opfer der Flammen wurden. Betroffen waren u. a. Heinrich Mann, Ernst Gläser, Erich Kästner, Erich Maria Remarque, Alfred Kerr, Kurt Tucholsky, Karl v. Ossietzky. Die Nationalsozialisten erstellten auch schwarze Listen, in denen die unerwünschten Werke zusammengefasst waren. Nachdem unliebsame Autoren (u. a. Alfred Döblin, Georg Kaiser, Thomas Mann) aus der Preußischen Akademie der Künste verdrängt und durch Parteigänger der Nationalsozialisten ersetzt worden waren, wurde schon im Oktober 1933 die **„Reichsschrifttumskammer"** gegründet. Wer künftig in Deutschland veröffentlichen oder ein Werk verlegen und verkaufen wollte, musste Mitglied dieser Vereinigung sein. Nach der sog. „Reichskristallnacht" (9. 11. 1938) verschärfte sich die Situation noch einmal: Auch bislang unbehelligt gebliebene Autoren wurden nun mehr und mehr angegriffen (z. B. Günter Eich, Peter Huchel, Ernst Kreuder).

Bücherverbrennung vor der Staatsoper Berlin

10.3 Autoren und Werke

10.3.1 Europa am Vorabend des Ersten Weltkriegs: Thomas Manns Roman „Der Zauberberg“

Kurzbiografie: Thomas Mann

1875	geboren in Lübeck
ab 1893	wohnhaft in München
1895–1896	Studium an der Technischen Hochschule
1901	*Die Buddenbrooks* (Roman)
1905	Heirat mit Katja Pringsheim
1913	*Der Tod in Venedig*
1924	*Der Zauberberg* (Roman)
1930	*Mario und der Zauberer* (Novelle)
1933–1943	*Joseph und seine Brüder* (Romantrilogie)
1938–1952	wohnhaft in den USA (Princeton, Kalifornien, Pacific Palisades)
1939	*Lotte in Weimar* (Roman)
1947	*Doktor Faustus* (Roman)
1952	Übersiedlung in die Schweiz
1955	gestorben in Zürich

Ursprünglich wollte Thomas Mann nur eine kurze, humoristische Skizze über das Leben in mondänen Kurorten anfertigen, ein Thema, auf das er im Umkreis der Novelle *Tod in Venedig* (1913) aufmerksam geworden war: 1912 hatten Thomas Mann und seine Frau Katja ein Lungensanatorium in Davos besucht – Mann kannte also den Gegenstand seines Interesses aus eigener Anschauung. Doch aus dem geplanten satyrspielartigen Gegenstück zu seiner Novelle wurde ein umfangreicher Roman, der die unwirkliche, von Krankheit und Dekadenz beherrschte Stimmung in einem abgelegenen Bergsanatorium in der Schweiz unmittelbar vor dem Ersten Weltkrieg wiedergibt.

Hans Castorp, ein junger Hamburger Patriziersohn, der gerade sein Examen abgelegt hat, reist nach Davos, um seinen lungenkranken Vetter zu besuchen. Schließlich verbringt er, der selbst zum Patienten wird, sieben Jahre auf dem abgelegenen „Berghof“, den er erst wieder verlässt, als er durch den Ausbruch des Ersten Weltkriegs gezwungen ist, ins Feld (und man darf annehmen in den Tod) zu ziehen. Castorp erlebt in dieser unwirklichen Welt auf dem Berg, die ihn für ein Leben im „Flachland" immer untauglicher werden lässt, „eine Steigerung, die ihn zu moralischen, geistigen und sinnlichen Abenteuern fähig macht" (Th. Mann), die er sich nie hätte träumen lassen.

Der Zauberberg ist ein **moderner Bildungsroman**. Verschiedene Personen versuchen auf Hans Castorp Einfluss zu gewinnen: Settembrini, ein italienischer Literat, der dem Jungen seine aufklärerisch-humanistischen Vorstellungen nahe bringen möchte, der Jesuit Naphta, der als Settembrinis Gegenspieler fungiert, der holländische Kaufmann Peeperkorn, der Selbstmord begeht, sowie die unkonventionelle, androgyne Russin Chauchat, in die sich Hans verliebt. All diese Figuren dienen Thomas Mann als Sprachrohr der Vielschichtigkeit des Zeitgeistes, deren differenzierte Darstellung erst in der epischen Großform des Romans möglich wird.

Das Besondere an diesem Bildungsroman ist seine Platzierung fernab vom alltäglichen Dasein, das mit dem flachen Land gleichgesetzt wird. In der abgeschiedenen Bergwelt der Schweiz können – ohne Bezug zur gesellschaftlichen oder politischen Situation – ästhetische und weltanschauliche Probleme unverbindlich diskutiert werden. Die einzige Bedrohung dieser makaberen Idylle stellt der Tod dar. Folgender Textauszug, der Romananfang, führt die Hauptperson Hans Castorp ein und schildert seine Ankunft in Davos:

> Ein einfacher junger Mensch reiste im Hochsommer von Hamburg, seiner Vaterstadt, nach Davos-Platz im Graubündischen. Er fuhr auf Besuch für drei Wochen. Von Hamburg bis dort hinauf, das ist aber eine weite Reise; zu weit eigentlich im Verhältnis zu einem so kurzen Aufenthalt. Es geht durch mehrerer Herren Länder, bergauf und bergab, von der süddeutschen Hochebene hinunter zum Gestade des Schwäbischen Meeres und zu Schiff über seine springenden Wellen hin, dahin über Schlünde, die früher für unergründlich galten.
>
> Von da an verzettelt sich die Reise, die solange großzügig, in direkten Linien vonstatten ging. Es gibt Aufenthalte und Umständlichkeiten. Beim Orte Rorschach, auf schweizerischem Gebiet, vertraut man sich wieder der Eisenbahn, gelangt aber vorderhand nur bis Landquart, einer kleinen Alpenstation, wo man den Zug zu wechseln gezwungen ist. Es ist eine Schmalspurbahn, die man nach längerem Herumstehen in windiger und wenig reizvoller Gegend besteigt, und in dem Augenblick, wo die kleine, aber offenbar ungewöhnlich zugkräftige Maschine sich in Bewegung setzt, beginnt der eigentlich abenteuerliche Teil der Fahrt, ein jäher und zäher Aufstieg, der nicht enden zu wollen scheint. Denn Station Landquart liegt vergleichsweise noch in mäßiger Höhe; jetzt aber geht es auf wilder, drangvoller Felsenstraße allen Ernstes ins Hochgebirge.
>
> Hans Castorp – dies der Name des jungen Mannes – befand sich allein mit seiner krokodilsledernen Handtasche, einem Geschenk seines Onkels und Pflegevaters, Konsul Tienappel, um auch diesen Namen hier gleich zu nennen –, seinem

Wintermantel, der an einem Haken schaukelte, und seiner Plaidrolle in einem kleinen grau gepolsterten Abteil; er saß bei niedergelassenem Fenster, und da der Nachmittag sich mehr und mehr verkühlte, so hatte er, Familiensöhnchen und Zärtling, den Kragen seines modisch weiten, auf Seide gearbeiteten Sommerüberziehers aufgeschlagen. Neben ihm auf der Bank lag ein broschiertes Buch namens „Ocean steamships", worin er zu Anfang der Reise bisweilen studiert hatte; jetzt aber lag es vernachlässigt da, indes der hereinstreichende Atem der schwer keuchenden Lokomotive seinen Umschlag mit Kohlenpartikeln verunreinigte.

Zwei Reisetage entfernen den Menschen – und gar den jungen, im Leben noch wenig fest wurzelnden Menschen – seiner Alltagswelt, all dem, was er seine Pflichten, Interessen, Sorgen, Aussichten nannte, viel mehr, als er sich auf der Droschkenfahrt zum Bahnhof wohl träumen ließ. Der Raum, der sich drehend und fliehend zwischen ihn und seine Pflanzstätte wälzt, bewährt Kräfte, die man gewöhnlich der Zeit vorbehalten glaubt; von Stunde zu Stunde stellt er innere Veränderungen her, die den von ihr bewirkten sehr ähnlich sind, aber sie in gewisser Weise übertreffen. Gleich ihr erzeugt er Vergessen, er tut es aber, indem er die Person des Menschen aus ihren Beziehungen löst und ihn in einen freien und ursprünglichen Zustand versetzt, – ja, selbst aus dem Pedanten und Pfahlbürger macht er im Handumdrehen etwas wie einen Vagabunden. Zeit, sagt man, ist Lethe; aber auch Fernluft ist so ein Trank, und sollte sie weniger gründlich wirken, so tut sie es dafür desto rascher [...]

Es war gegen acht Uhr, noch hielt sich der Tag. Ein See erschien in landschaftlicher Ferne, seine Flut war grau, und schwarz stiegen Fichtenwälder neben seinen Ufern an den umgebenden Höhen hinan, wurden dünn weiter oben, verloren sich und ließen nebelig-kahles Gestein zurück. Man hielt an einer kleinen Station, es war Davos-Dorf, wie Hans Castorp draußen ausrufen hörte, er würde nun binnen kurzem am Ziele sein. Und plötzlich vernahm er neben sich Joachim Ziemßens Stimme, seines Vetters gemächliche Hamburger Stimme, die sagte: „Tag, du, nun steige nur aus"; und wie er hinaussah, stand unter seinem Fenster Joachim selbst auf dem Perron, in braunem Ulster, ganz ohne Kopfbedeckung und so gesund aussehend wie in seinem Leben noch nicht. Er lachte und sagte wieder:

„Komm nur heraus, du, geniere dich nicht!"

„Ich bin aber noch nicht da", sagte Hans Castorp verdutzt und noch immer sitzend.

„Doch, du bist da. Dies ist das Dorf. Zum Sanatorium ist es näher von hier. Ich habe 'nen Wagen mit. Gib mal deine Sachen her."

Und lachend, verwirrt, in der Aufregung der Ankunft und des Wiedersehens reichte Hans Castorp ihm Handtasche und Wintermantel, die Plaidrolle mit Stock und Schirm und schließlich auch „Ocean steamships" hinaus.

Aus: Th. Mann, Der Zauberberg. In: Gesammelte Werke Bd.3, S. Fischer: Frankfurt a. M. 1974, S. 5 ff.

10.3.2 Franz Biberkopf, der Antiheld: Döblins „Berlin Alexanderplatz"

Kurzbiografie: Alfred Döblin

1878	geboren in Stettin als Sohn eines Kaufmanns
ab 1888	aufgewachsen in Berlin
1900–1905	Medizinstudium in Berlin und Freiburg
1910	*Die Ermordung einer Butterblume* (Erzählungen)
1911–1931	eigene Praxis für Neurologie und Psychiatrie in Berlin
1914–1918	Militärarzt im Ersten Weltkrieg
1929	*Berlin Alexanderplatz* (Roman)
ab 1933	im Exil in Paris und in den USA
1945	Rückkehr nach Deutschland (als Mitarbeiter der französischen Militärregierung)
1953–1956	Aufenthalt in Paris
1956	*Hamlet oder Die lange Nacht nimmt ein Ende* (Roman)
1957	gestorben in Berlin

Der Roman *Berlin Alexanderplatz. Die Geschichte vom Franz Biberkopf* (1929) hat, wie der Titel schon besagt, zwei „Helden": die Stadt Berlin und Franz Biberkopf. Beide sind keine Helden im traditionellen Sinne: Indem Döblin das Leben in Berlin in den Mittelpunkt rückte, schuf er den ersten deutschen **Großstadtroman**. Biberkopf unterscheidet viel vom klassischen Typus des Helden: Statt durch seine Taten die Handlung voranzutreiben, wird er selbst von unsichtbarer Hand getrieben und erleidet mehr, als er bewegt.

Berlin Alexanderplatz ist in vielfacher Hinsicht ein „moderner Roman". Nicht nur die **Abkehr vom traditionellen Helden** und der chronologisch erzählten Fabel macht ihn dazu, sondern auch die Verwendung neuartiger Mittel des Erzählens (innerer Monolog, erlebte Rede und Bewusstseinsstrom) und die häufig eingesetzte **Montagetechnik** (Einbau von Songtexten, Überschriften von Tageszeitungen etc.).

Zu Beginn des Romans verlässt Biberkopf, ein ehemaliger Transportarbeiter, die Strafanstalt Tegel, in der er einsitzen musste, da er im Affekt seine Freundin Ida erschlagen hatte. Döblin schildert nun in neun Büchern den Weg Biberkopfs durch Berlin, der dabei ist, sich Arbeit und Wohnung zu suchen und „ein neuer Mensch“ zu werden. Das fällt ihm jedoch gar nicht so leicht: Zum einen steht er sich selbst mit seiner Gutgläubigkeit im Weg, zum anderen wird er, der nicht in der Lage ist, seine Mitmenschen zu übervorteilen, immer wieder Opfer egoistischer und ihn missbrauchender Zeitgenossen.

Als sein „Freund“ Reinhold ihn überredet, bei einer Diebestour mitzumachen und ihn auf der Flucht aus dem fahrenden Wagen wirft, überlebt er zwar den Sturz, doch er verliert den rechten Arm. Nun erkennt Biberkopf, dass sein Leben nur mehr an einem dünnen Faden hängt. Als dann Reinhold auch noch seine Freundin, die Prostituierte Mieze, tötet, bricht Biberkopf zusammen. Erst nach seinem Aufenthalt in der Irrenanstalt ist er in der Lage, sein Leben grundlegend zu ändern: Er findet eine Anstellung als Hilfsportier.

Folgende Textstelle stammt vom Anfang des Romans. Döblin verdeutlicht hier die psychische Situation, in der sich Franz Biberkopf nach seiner Entlassung aus dem Zuchthaus Tegel befindet:

Er stand vor dem Tor des Tegeler Gefängnisses und war frei. Gestern hatte er noch hinten auf den Äckern Kartoffeln geharkt mit den andern, in Sträflingskleidung, jetzt ging er im gelben Sommermantel, sie harkten hinten, er war frei. Er ließ Elektrische auf Elektrische vorbeifahren, drückte den Rücken an die rote Mauer und ging nicht. Der Aufseher am Tor spazierte einige Male an ihm vorbei, zeigte ihm seine Bahn, er ging nicht. Der schreckliche Augenblick war gekommen [schrecklich, Franze, warum schrecklich?], die vier Jahre waren um. Die schwarzen eisernen Torflügel, die er seit einem Jahre mit wachsendem Widerwillen betrachtet hatte [Widerwillen, warum Widerwillen], waren hinter ihm geschlossen. Man setzte ihn wieder aus. Drin saßen die andern, tischlerten, lackierten, sortierten, klebten, hatten noch zwei Jahre, fünf Jahre. Er stand an der Haltestelle.
Die Strafe beginnt.
Er schüttelte sich, schluckte. Er trat sich auf den Fuß. Dann nahm er einen Anlauf und saß in der Elektrischen. Mitten unter den Leuten. Los. Das war zuerst, als wenn man beim Zahnarzt sitzt, der eine Wurzel mit der Zange gepackt hat und zieht, der Schmerz wächst, der Kopf will platzen. Er drehte den Kopf zurück nach der roten Mauer, aber die Elektrische sauste mit ihm auf den Schienen weg, dann stand nur noch sein Kopf

Schutzumschlag der Erstausgabe von Döblins Roman *Berlin Alexanderplatz*

in der Richtung des Gefängnisses. Der Wagen machte eine Biegung, Bäume, Häuser traten dazwischen. Lebhafte Straßen tauchten auf, die Seestraße, Leute stiegen ein und aus. In ihm schrie es entsetzt: Achtung, Achtung, es geht los. Seine Nasenspitze vereiste, über seine Backe schwirrte es. „Zwölf Uhr Mittagszeitung", „B. Z.", „Die neuste Illustrierte", „Die Funkstunde neu" „Noch jemand zugestiegen?" Die Schupos haben jetzt blaue Uniformen. Er stieg unbeachtet wieder aus dem Wagen, war unter Menschen. Was war denn? Nichts. Haltung, ausgehungertes Schwein, reiß dich zusammen, kriegst meine Faust zu riechen. Gewimmel, welch Gewimmel. Wie sich das bewegte. Mein Brägen hat wohl kein Schmalz mehr, der ist wohl ganz ausgetrocknet. Was war das alles. Schuhgeschäfte, Hutgeschäfte, Glühlampen, Destillen. Die Menschen müssen doch Schuhe haben, wenn sie so viel rumlaufen, wir hatten ja auch eine Schusterei, wollen das mal festhalten. Hundert blanke Scheiben, laß die doch blitzern, die werden dir doch nicht bange machen, kannst sie ja kaputt schlagen, was ist denn mit die, sind eben blank geputzt. Man riss das Pflaster am Rosenthaler Platz auf, er ging zwischen den andern auf Holzbohlen. Man mischt sich unter die andern, da vergeht alles, dann merkst du nichts, Kerl. Figuren standen in den Schaufenstern in Anzügen, Mänteln, mit Röcken, mit Strümpfen und Schuhen. Draußen bewegte sich alles, aber – dahinter – war nichts! Es – lebte – nicht! Es hatte fröhliche Gesichter, es lachte, wartete auf der Schutzinsel gegenüber Aschinger zu zweit oder zu dritt, rauchte Zigaretten, blätterte in Zeitungen. So stand das da wie die Laternen – und – wurde immer starrer. Sie gehörten zusammen mit den Häusern, alles weiß, alles Holz.

Schreck fuhr in ihn, als er die Rosenthaler Straße herunterging und in einer kleinen Kneipe ein Mann und eine Frau dicht am Fenster saßen: die gossen sich Bier aus Seideln in den Hals, ja was war dabei, sie tranken eben, sie hatten Gabeln und stachen sich damit Fleischstücke in den Mund, dann zogen sie die Gabeln wieder heraus und bluteten nicht. Oh, krampfte sich sein Leib zusammen, ich kriege es nicht weg, wo soll ich hin? Es antwortete: Die Strafe.

Er konnte nicht zurück, er war mit der Elektrischen so weit hierher gefahren, er war aus dem Gefängnis entlassen und musste hier hinein, noch tiefer hinein.

Das weiß ich, seufzte er in sich, dass ich hier rin muss und dass ich aus dem Gefängnis entlassen bin. Sie mussten mich ja entlassen, die Strafe war um, hat seine Ordnung, der Bürokrat tut seine Pflicht. Ich geh auch rin, aber ich möchte nicht, mein Gott, ich kann nicht.

Aus: A. Döblin, Berlin Alexanderplatz. Deutscher Taschenbuch Verlag: München 1989, S. 8 f.
[Lizenz des Walter Verlags, Olten]

10.3.3 Das epische Theater Brechts: „Der gute Mensch von Sezuan“

Schon der junge Brecht kritisiert die Gesellschaft durch das Theater; seine frühen Stücke *Baal*, *Trommeln in der Nacht* und *Im Dickicht der Städte*, aber auch *Die heilige Johanna der Schlachthöfe* (1930) zeigen dies. Als er sich ab 1934 dem Studium der Werke Karl Marx' zuwandte, beeinflussten ihn diese nachhaltig. Brecht erkannte das traditionelle Theater als eine in die bürgerliche Harmlosigkeit pervertierte Institution. Er entwickelte die Theorie des epischen Theaters und stellte diese in *Das moderne Theater ist das epische Theater* stichpunktartig der des aristotelischen Theaters gegenüber.

DAS EPISCHE THEATER BRECHTS

Dramatische Form des Theaters	Epische Form des Theaters
handelnd	erzählend
verwickelt den Zuschauer in eine Bühnenaktion	macht den Zuschauer zum Betrachter, aber
verbraucht seine Aktivität	weckt seine Aktivität
ermöglicht ihm Gefühle	erzwingt von ihm Entscheidungen
Erlebnis	Weltbild
Der Zuschauer wird in etwas hineinversetzt	er wird gegenübergesetzt
Suggestion	Argument
Die Empfindungen werden konserviert	werden bis zu Erkenntnissen getrieben
Der Zuschauer steht mittendrin, miterlebt	Der Zuschauer steht gegenüber, studiert
Der Mensch als bekannt vorausgesetzt	Der Mensch ist Gegenstand der Untersuchung
Der unveränderliche Mensch	Der veränderliche und verändernde Mensch
Spannung auf den Ausgang	Spannung auf den Gang
Eine Szene für die andere	Jede Szene für sich
Wachstum	Montage
Geschehen linear	in Kurven
evolutionäre Zwangsläufigkeit	Sprünge
Der Mensch als Fixum	Der Mensch als Prozess
Das Denken bestimmt das Sein	Das gesellschaftliche Sein bestimmt das Denken
Gefühl	Ratio

Aus: B. Brecht, Schriften zum Theater. Frankfurt a. M. 1981, S. 19 f.

Zweck des epischen Theaters im Sinne Brechts ist die Veränderung der bürgerlichen Gesellschaft in eine, die den Vorstellungen der **marxistischen Weltanschauung** entspricht. Diese Möglichkeit und vor allem den Willen zur Veränderung spricht Brecht dem aristotelischen Theater und seinen Autoren ab.

Das 1938/39 entstandene „Parabelstück" *Der gute Mensch von Sezuan* trägt deutliche Züge des epischen Theaters: Die Handlung entwickelt sich nicht chronologisch, sondern sprunghaft in der Form des Stationentheaters. Im Epilog wird der Zuschauer in die gezeigte Bühnenhandlung einbezogen: „Verehrtes Publikum, los, such dir selbst den Schluss! Es muss ein guter da sein, muss, muss, muss!" Die Schauspieler führen sich selbst als Rollenträger in die Handlung ein und schaffen damit eine Distanz zwischen Dramenhandlung und Rezeptionserwartung des Publikums. Um die desillusionierende Wirkung zu verstärken, fügt Brecht mehrere Lieder ein.

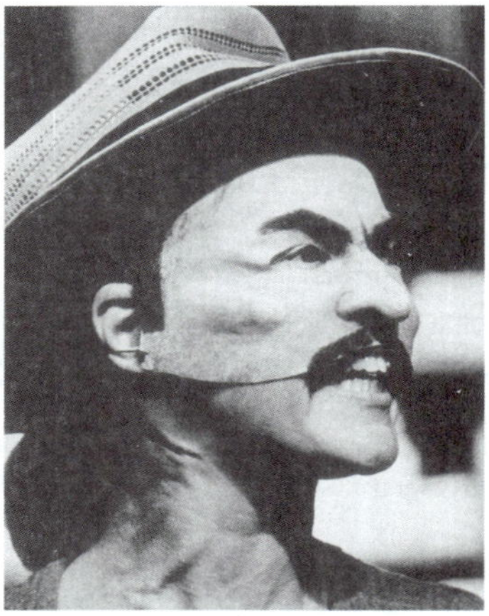

Szenenbild aus Brechts *Der gute Mensch von Sezuan*. Inszenierung von Harry Buckwitz. Ruhrfestspiele Recklinghausen 1969

Zum Inhalt: Drei Götter kommen auf die Erde, um „gute Menschen" zu finden. Doch nur die Prostituierte Shen Te ist bereit, sie über Nacht bei sich aufzunehmen. Zum Lohn erhält sie bei der Abreise der Götter so viel Geld, dass sie damit einen Tabakladen eröffnen kann. Die Menschen kommen in Scharen zu ihr – doch nicht um zu kaufen, sondern um sich von der „guten" Shen Te in ihren finanziellen Nöten aushelfen zu lassen. Wenn das Mädchen nun seine Existenzgrundlage nicht verlieren will, muss es aufhören, „gut" zu sein. So verwandelt Shen Te sich in Shu Ta und gibt sich für ihren Vetter aus. Dieser kann es sich nun erlauben, die Schmarotzer aus dem Laden zu werfen, ja in ihrer neuen Existenz geht Shen Te noch weiter: Als Shu Ta gründet sie eine bald florierende Tabakfabrik, in der die Arbeiter ausgebeutet werden, um den Gewinn zu sichern. Die Menschen in Sezuan fragen sich bald, wo Shen Te wohl geblieben sein mag. Shu Ta gerät schließlich in den Verdacht, sie getötet zu haben. Es kommt zu einem Prozess, bei dem die drei Götter als Richter fungieren. In der Gerichtsszene deckt Shen Te ihre Verwandlung in Shu Ta auf und begründet diese. Die Götter können Shen Te aber auch nicht helfen und kehren in den Himmel zurück.

Folgende Textstelle zeigt den Gewissenskonflikt und die ausweglose Lage Shen Tes nach dem Verschwinden der Götter:

Eine rosa Wolke läßt sich hernieder. Auf ihr fahren die Götter sehr langsam noch oben.

SHEN TE. Oh, nicht doch, Erleuchtete! Fahrt nicht weg! Verlaßt mich nicht! Wie soll ich den beiden guten Alten in die Augen schauen, die ihren Laden verloren haben, und dem Wasserverkäufer mit der steifen Hand? Und wie soll ich mich des Barbiers erwehren, den ich nicht liebe, und wie Suns, den ich liebe? Und mein Leib ist gesegnet, bald ist mein kleiner Sohn da und will essen? Ich kann nicht hier bleiben!

Sie blickt gehetzt nach der Tür, durch die ihre Peiniger eintreten werden.

DER ERSTE GOTT. Du kannst es. Sei nur gut, und alles wird gut werden!

Herein die Zeugen. Sie sehen mit Verwunderung die Richter auf ihrer rosa Wolke schweben.

WANG. Bezeugt euren Respekt! Die Götter sind unter uns erschienen! Drei der höchsten Götter sind nach Sezuan gekommen, einen guten Menschen zu suchen. Sie hatten ihn schon gefunden, aber …

DER ERSTE GOTT. Kein Aber! Hier ist er!

ALLE. Shen Te!

DER ERSTE GOTT. Sie ist nicht umgekommen, sie war nur verborgen. Sie wird unter euch bleiben, ein guter Mensch!

SHEN TE. Aber ich brauche den Vetter!

DER ERSTE GOTT. Nicht zu oft!

SHEN TE. Jede Woche zumindest!

DER ERSTE GOTT. Jeden Monat, das genügt!

SHEN TE. Oh, entfernt euch nicht, Erleuchtete! Ich habe noch nicht alles gesagt! Ich brauche euch dringend!

Die Götter *singen das* „TERZETT DER ENTSCHWINDENDEN GÖTTER AUF DER WOLKE“.

Leider können wir nicht bleiben
Mehr als eine flüchtige Stund:
Lang besehn, ihn zu beschreiben
Schwände hin der schöne Fund.
Eure Körper werfen Schatten
In der Flut des goldnen Lichts
Drum müßt ihr uns schon gestatten
Heimzugehn in unser Nichts.

SHEN TE. Hilfe!

DIE GÖTTER.

Und lasset, da die Suche nun vorbei
Uns fahren schnell hinan!
Gepriesen sei, gepriesen sei
Der gute Mensch von Sezuan!

Während Shen Te verzweifelt die Arme nach ihnen ausbreitet, verschwinden sie oben, lächelnd und winkend.

Aus: B. Brecht, *Der gute Mensch von Sezuan*. Suhrkamp: Frankfurt a. M. 1990, S. 141 ff.

10.3.4 Eine ‚unerhörte Begebenheit': Zweigs „Schachnovelle"

Kurzbiografie: Stefan Zweig

1881	geboren in Wien als Sohn eines wohlhabenden Industriellen
ab 1890	Studium der Philosophie, Germanistik und Romanistik in Berlin und Wien
1920	Heirat mit Friderike Maria Burger
1927	*Sternstunden der Menschheit* (Erzählungen)
1932	*Marie Antoinette* (historischer Roman)
1935	*Triumph und Tragik des Erasmus von Rotterdam* (historischer Roman)
1935	Emigration nach England
1938	*Ungeduld des Herzens* (Roman)
1940	Emigration nach Brasilien
1941	*Schachnovelle* (Novelle)
1942	Selbstmord in Rio de Janeiro

Stefan Zweigs Romanschaffen war immens; die große Form des Romans scheint die kleine, die Novelle, fast zu verdecken. Und doch besitzt gerade die *Schachnovelle*, die Zweig nur wenige Wochen vor seinem Tod niederschrieb, eine ganz besondere Faszination: Zum einen ist die Handlung auf ein Minimum verdichtet, zum anderen spürt jeder Leser die politische Brisanz – die brutale Geistlosigkeit Czentovic' steht symbolisch für den Faschismus und gegen den bürgerlichen Humanismus des Dr. B. – und Authentizität dieses Werks.

Zum Inhalt: Der Ich-Erzähler beobachtet, wie ein Millionär auf einer Schiffsreise von New York nach Buenos Aires den an Bord befindlichen Schachweltmeister Mirko Czentovic zu einer Simultanpartie herausfordert, indem er ihm Geld anbietet. Als der Herausforderer die Partie schon für verloren hält, greift ein bislang Unbeteiligter, der österreichische Emigrant Dr. B., ein und erreicht zumindest ein Remis. An dieser Stelle gibt der Autor Auskunft über die Biografie von Dr. B.: Dieser hatte sich fast ein Jahr lang in Wien in Gestapo-Haft befunden und konnte sich seine Widerstandskraft in den Verhören nur bewahren, weil er sein Nervenkostüm heimlich durch das Nachspielen von 150 Meisterschachpartien gestärkt hatte. Als er dadurch aber in den Zustand der Schizophrenie geriet, wurde er aus der Haft entlassen. Im folgenden Spiel zwischen Czentovic und Dr. B. siegt der Österreicher souverän. Der Weltmeister aber, der als stumpfsinnig, träge und langweilig dargestellt wird, will diese Blamage nicht auf sich sitzen lassen und fordert Dr. B. zu einer Revanche. Am Höhepunkt dieses zweiten Spiels verfällt Dr. B. wieder in jenes Nervenfieber und bricht das Spiel ab. Er verlässt den Spieltisch mit dem festen Vorsatz, sich nie wieder im Schachspiel zu versuchen.

Die **novellistische Struktur** der *Schachnovelle* zeigt sich an einigen typischen Merkmalen: Die Begegnung zwischen Dr. B. und Czentovic steht für die „sich ereignete, unerhörte Begebenheit“ im Sinne der Novellentheorie Goethes. Das Schachbrett (oder besser: das Schachspiel) ist das für Novellen typische Dingsymbol, der Ausbruch des Nervenfiebers während der Partie Czentovic’ gegen Dr. B. der Höhe- und damit gleichzeitig der Wendepunkt. Nachfolgender Textauszug gibt den Wendepunkt im Spiel Czentovic’ gegen Dr. B. wieder; er findet sich am Ende der Novelle:

> Czentovic schwieg und beugte seinen Kopf nieder. Erst nach sieben Minuten tat er den nächsten Zug, und in diesem tödlichen Tempo schleppte sich die Partie fort. Czentovic versteinte gleichsam immer mehr; schließlich schaltete er immer das Maximum der vereinbarten Überlegungspause ein, ehe er sich zu einem Zug entschloss, und von einem Intervall zum andern wurde das Benehmen unseres Freundes sonderbarer. Es hatte den Anschein, als ob er an der Partie gar keinen Anteil mehr nehme, sondern mit etwas ganz anderem beschäftigt sei. Er ließ sein hitziges Aufundniederlaufen und blieb an seinem Platz regungslos sitzen. Mit einem stieren und fast irren Blick ins Leere vor sich starrend, murmelte er ununterbrochen unverständliche Worte vor sich hin; entweder verlor er sich in endlosen Kombinationen, oder er arbeitete – dies war mein innerster Verdacht – sich ganz andere Partien aus, denn jedesmal, wenn Czentovic endlich gezogen hatte, musste man ihn aus seiner Geistesabwesenheit zurückmahnen. Dann brauchte er immer einige Minuten, um sich in der Situation wieder zurechtzufinden, immer mehr beschlich mich der Verdacht, er habe eigentlich Czentovic und uns alle längst vergessen in dieser kalten Form des Wahnsinns, der sich plötzlich in irgendeiner Heftigkeit entladen konnte. Und tatsächlich, bei dem neunzehnten Zug brach die Krise aus. Kaum dass Czentovic seine Figur bewegt, stieß Dr. B. plötzlich, ohne recht auf das Brett zu blicken, seinen Läufer drei Felder vor und schrie derart laut, dass wir alle zusammenfuhren:
> „Schach! Schach dem König!“
> Wir blickten in der Erwartung eines besonderen Zuges sofort auf das Brett. Aber nach einer Minute geschah, was keiner von uns erwartet. Czentovic hob ganz, ganz langsam den Kopf und blickte – was er bisher noch nie getan – in unserem Kreise von einem zum andern. Er schien irgend etwas unermeßlich zu genießen, denn allmählich begann auf seinen Lippen ein zufriedenes und deutlich höhnisches Lächeln. Erst nachdem er diesen seinen uns noch unverständlichen

Triumph bis zur Neige genossen, wandte er sich mit falscher Höflichkeit unserer Runde zu.

„Bedauere – aber ich sehe kein Schach. Sieht vielleicht einer von den Herren ein Schach gegen meinen König?"

Wir blickten auf das Brett und dann beunruhigt zu Dr. B. hinüber. Czentovics Königsfeld war tatsächlich – ein Kind konnte das erkennen – durch einen Bauern gegen den Läufer völlig gedeckt, also kein Schach dem König möglich. Wir wurden unruhig. Sollte unser Freund in seiner Hitzigkeit eine Figur danebengestoßen haben, ein Feld zu weit oder zu nah? Durch unser Schweigen aufmerksam gemacht, starrte jetzt auch Dr. B auf das Brett und begann heftig zu stammeln:

„Aber der König gehört doch auf f7 … er steht falsch, ganz falsch. Sie haben falsch gezogen! Alles steht ganz falsch auf diesem Brett … der Bauer gehört doch auf g5 und nicht auf g4 … Das ist ja eine ganz andere Partie … Das ist …"

Er stockte plötzlich. Ich hatte ihn heftig am Arm gepackt oder vielmehr ihn so hart in den Arm gekniffen, dass er selbst in seiner fiebrigen Verwirrtheit meinen Griff spüren musste. Er wandte sich um und starrte mich wie ein Traumwandler an.

„Was … was wollen Sie?"

Ich sagte nichts als „Remember!" und fuhr ihm gleichzeitig mit dem Finger über die Narbe seiner Hand. Er folgte unwillkürlich meiner Bewegung, sein Auge starrte glasig auf den blutroten Strich. Dann begann er plötzlich zu zittern und ein Schauer lief über seinen ganzen Körper.

„Um Gottes willen", flüsterte er mit blassen Lippen. „Habe ich etwas Unsinniges gesagt oder getan … bin ich am Ende wieder …?"

„Nein", flüsterte ich leise. „Aber Sie müssen sofort die Partie abbrechen, es ist höchste Zeit. Erinnern Sie sich, was der Arzt Ihnen gesagt hat!"

Dr. B. stand mit einem Ruck auf. „Ich bitte um Entschuldigung für meinen dummen Irrtum", sagte er mit seiner alten höflichen Stimme und verbeugte sich vor Czentovic. „Es ist natürlich purer Unsinn, was ich gesagt habe. Selbstverständlich bleibt es Ihre Partie." Dann wandte er sich zu uns. „Auch die Herren muss ich um Entschuldigung bitten. Aber ich hatte Sie gleich im voraus gewarnt, Sie sollten von mir nicht zu viel erwarten. Verzeihen Sie die Blamage – es war das letzte Mal, dass ich mich im Schach versucht habe."

Er verbeugte sich und ging, in der gleichen bescheidenen und geheimnisvollen Weise, mit der er zuerst erschienen. Nur ich wusste, warum dieser Mann nie mehr ein Schachbrett berühren würde, indes die andern ein wenig verwirrt zurückblieben mit dem ungewissen Gefühl, mit knapper Not etwas Unbehaglichem und Gefährlichem entgangen zu sein. „Damned fool!" knurrte McConnor in seiner Enttäuschung. Als Letzter erhob sich Czentovic von seinem Sessel und warf noch einen Blick auf die halb beendete Partie.

„Schade", sagte er großmütig. „Der Angriff war gar nicht so übel disponiert. Für einen Dilettanten ist dieser Herr eigentlich ungewöhnlich begabt."

Aus: S. Zweig, Schachnovelle. S. Fischer: Frankfurt a. M. 1992, S. 105 ff.

LITERATUR DER WEIMARER REPUBLIK – ANREGUNGEN UND EINFLÜSSE

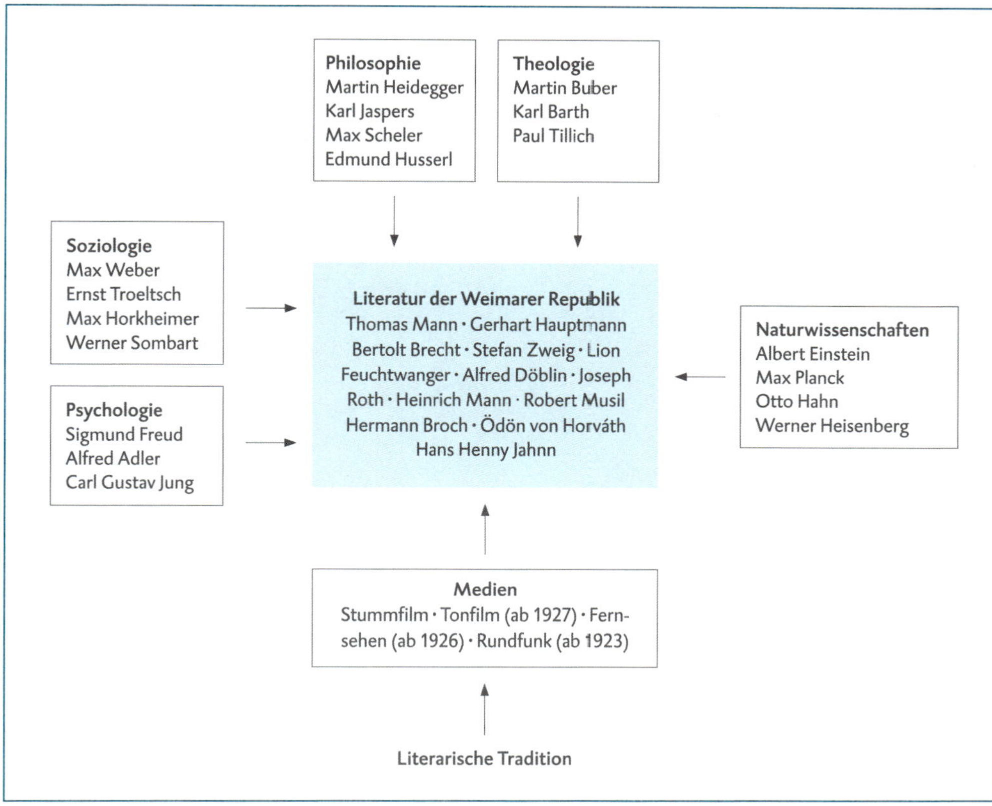

DEUTSCHSPRACHIGE LITERATUR ZWISCHEN 1933 UND 1945

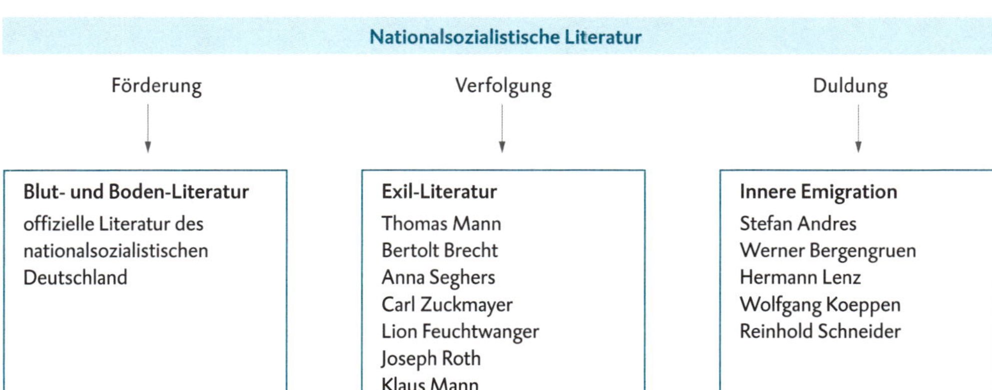

11 Literatur zwischen 1945 und 1968

11.1 Die Zeit nach 1945

Die literarischen Strömungen und Entwicklungen nach 1945 lassen sich nicht auf einen einfachen Nenner bringen. Zu viele verschiedenartige geistesgeschichtliche Systeme und Weltanschauungen konkurrieren, auch ist der zeitliche Abstand zu dieser Literatur noch nicht groß genug, um leitende, auch langfristig tragfähige Aspekte heute schon bestimmen zu können. Hinzu kommt eine räumliche Differenzierung: Die „deutsche Literatur" nach 1945 entsteht nicht unbedingt in der Bundesrepublik Deutschland selbst: Die deutschsprachige Literatur der Schweiz, Österreichs, dann auch die der DDR muss berücksichtigt werden. Wegen dieser Unsicherheiten wird häufig für die jüngste Zeit auf eine chronologische Literaturgeschichtsschreibung verzichtet; man behilft sich dann entweder damit, Literatur nach den thematischen Schwerpunkten zu gruppieren („Arbeitswelt", „Welt der Technik" usw.) oder man rechnet die jeweilige Literatur übergeordneten geistesgeschichtlichen Strömungen zu („hermeneutischer Historismus", „skeptischer Realismus" usw.).

Sinnvoll ist jedoch ein Einschnitt im Jahr 1968. Bis dahin steht die Bundesrepublik im Zeichen des **Wiederaufbaus** und des **Wirtschaftswunders**, die Fortschrittsgläubigkeit ist groß und der Wunsch stark, unter die Nazi-Greuel einen „Schlussstrich" zu ziehen.

11.1.1 Die politische Situation

Am 8. Mai 1945 kapitulierte Deutschland vor der Übermacht der Alliierten und war damit zu einem besetzten Land geworden. In den folgenden Jahren wurde die Welt in eine östliche (von der UdSSR dominierte) und eine westliche (an den USA orientierte) Hemisphäre geteilt – ein Vorgang, den Deutschland mit der Teilung in Bizone (1947) und SBZ (Sowjetische Besatzungszone), später in Bundesrepublik Deutschland und Deutsche Demokratische Republik (1949) im Kleinen widerspiegelt. Die Einbindung der beiden deutschen Staaten in militärische Bündnisse folgte; der **Kalte Krieg**, der seinen ersten Höhepunkt in der Berlin-Blockade (1948/49) gefunden hatte, bestimmte das politische Leben der 50er-Jahre, die in weiten Teilen der Bevölkerung gewünschte

Berlin 1945. Text an der Fassade eines Hauses in der Pfalzburger Strasse.

Wiedervereinigung war nicht in Sicht. Die 50er- und beginnenden 60er-Jahre werden oft mit der Kanzlerschaft Konrad Adenauers (CDU) gleichgesetzt, der den Nachkriegsjahren seinen politischen Stempel aufgedrückt hat. Ludwig Erhard, der vormalige Wirtschaftsminister und „Vater des Wirtschaftswunders“, hatte als Kanzler und „Erbe“ Adenauers eine weniger glückliche Hand und trat 1966 zurück. Kurt Georg Kiesinger (CDU) bildete in den ersten Krisenjahren der jungen Bundesrepublik dann zusammen mit der CSU und der SPD eine große Koalition. Da die FDP als einzige, kleine Partei zu einer wirkungsvollen Opposition nicht in der Lage war, verlagerten sich die politischen (Protest-)Aktionen auf die Straße: die APO, die außerparlamentarische Opposition war geboren.

11.1.2 Kulturelle Voraussetzungen

Die Herrschaftspraxis des nationalsozialistischen Regimes, das unvorstellbare Ausmaß der Judenvernichtung, das erst jetzt allgemein bekannt wurde, und die Niederlage Deutschlands im Zweiten Weltkrieg waren die das geistige Leben nach 1945 bestimmenden Elemente. Die Philosophen und Literaten reagierten darauf mit **Nihilismus** und **Atheismus** oder sie machten sich auf die Suche nach neuen sinnstiftenden Faktoren, wandten sich der Religion oder einem neuen Mystizismus zu. Starken Einfluss auf die gesamte europäische Literatur nach 1945 hatte die **Existenzphilosophie** Jean Paul Sartres (*Das Sein und das Nichts*, 1943) und Albert Camus' (*Der Mythos vom Sisyphos*, 1942).

11.2 Die Literatur nach 1945

11.2.1 Kahlschlag, Stunde Null oder Kontinuität?

Viele Autoren empfanden die Situation nach der bedingungslosen Kapitulation Deutschlands am 8. Mai 1945 als „Stunde Null". Sie standen unter dem Eindruck des vollkommenen Zusammenbruchs, der einen neuen Anfang aus dem Nichts möglich und nötig machen würde. Wolfgang Weyrauch (1907–1980) forderte sogar einen „Kahlschlag" im Sinne einer radikalen Sprachkritik, die einem wirklichen Neubeginn vorausgehen müsste.

Heute wissen wir, dass sich die literarische Situation nach Kriegsende doch etwas anders gestaltete, als dies die Zeitgenossen wahrnahmen. Von einem absoluten „Nullpunkt" kann keine Rede sein, vielmehr waren manche Traditionslinien abgebrochen, andere aber nur unterbrochen, und an diese konnten die Schriftsteller bald wieder anknüpfen. Autoren, die sich als Erste im Nachkriegs-Deutschland wieder Gehör verschaffen und größere Erfolge erzielen konnten, waren noch aus den Zeiten der Weimarer Republik bekannt: Thomas Mann, Hermann Hesse, Robert Musil – um nur einige zu nennen.

Zwölf Jahre war die deutsche Literatur vom Ausland abgeschnitten. Nach 1945 war das Bedürfnis, die in dieser Zeit entstandene **ausländische Literatur** zu lesen, bei den Deutschen sehr groß. Rezipiert wurden vor allem Autoren aus den Besatzerländern, aus den USA, aus Frankreich und aus Großbritannien: Ernest Hemingway (1899–1961), John Steinbeck (1902–1968), William Faulkner (1897–1962), Thornton Wilder (1897–1975), Tennessee Williams (1914–1983) und Arthur Miller (1915–2005); Jean Paul Sartre (1905–1980), Albert Camus (1913–1960), Paul Claudel (1868–1955), Jean Anouilh (1910–1987), Eugène Ionesco (1912–1994) und Jean Giraudoux (1882–1944); Georg Bernhard Shaw (1856–1950), Christopher Fry (1907–2005), T. S. Eliot (1888–1965) und Samuel Beckett (1906–1989).

Auch der Autoren der **inneren Emigration** erinnerte man sich: Frank Thieß (1890–1977), Ricarda Huch (1864–1947), Rudolf Hagelstange (1912–1984), Reinhold Schneider (1903–1958), Ernst Wiechert (1887–1950) und Jochen Klepper (1903–1942).

Langsamer setzte die Auseinandersetzung mit den exilierten Autoren ein; es wurde ihnen oft zum Vorwurf gemacht, Deutschland in Zeiten größter Not verlassen zu haben (wobei die Kritiker nicht sahen oder nicht sehen wollten, dass fast alle Exilautoren im Falle ihres Bleibens unmittelbar an Leib und Leben bedroht gewesen wären). Viele Dichter kamen aus dem Exil nicht nach Westdeutschland zurück – auch dies machte sie in der Zeit des beginnenden Kalten Krieges für viele Menschen suspekt. Bert Brecht etwa ging nach Ostberlin, was ihn im Westen zur persona non grata werden ließ, auch Anna Seghers (1900–1983), Johannes R. Becher, Arnold Zweig (1887–1968) und Theodor Plievier (1892–1955) ließen sich (vorübergehend) in der sowjetisch besetzten Zone nieder. Lion Feuchtwanger, Hermann Kesten (1900–1996) und Hermann Broch (1886–1951) blieben in den Vereinigten Staaten, Walter Mehring (1896–1981), Carl Zuckmayer (1896–1977), Thomas Mann und Erich Maria Remarque (1898–1970) in der Schweiz.

11.2.2 „Trümmerliteratur" und Gruppe 47

Treffen der Gruppe 47: Martin Walser, Ingeborg Bachmann und Heinrich Böll, Empfang im SFB 15./18. 5. 1955

Nach 1945 trat in Deutschland eine neue Dichtergeneration auf den Plan; die jungen, um 1920 geborenen Autoren, die den Krieg als Frontsoldaten selbst miterlebt hatten. Sie traten mit einem Programm an, das Heinrich Böll mitprägte: In seinem *Bekenntnis zur Trümmerliteratur* (1952) spricht er sich für eine Literatur aus, die die Folgen des Kriegs ohne Beschönigung darstellt, für eine **rückhaltlose Auseinandersetzung mit der Vergangenheit**, die nicht hinter einem „schönen Stil" oder einer Beschwörung von neuer Innerlichkeit zurückbleiben dürfe.

Dieses Programm erwies sich als der folgenreiche Versuch, zu einem neuen Stil und zu neuen Inhalten der Dichtung zu finden. Entscheidend mitgetragen wurde es von der „Gruppe 47", einer 1947 von den Autoren Alfred Andersch (1914–1980) und Hans Werner Richter (1908–1993) ins Leben gerufenen lockeren Vereinigung von jungen Dichtern.

Die Gruppe 47 hatte keine festen Statuten, die Autoren trafen sich ein- oder zweimal jährlich zu Lesungen aus ihrem Werk. Für viele junge Schriftsteller bedeuteten diese Treffen den Beginn ihrer Karriere. Dazu gehören Martin Walser (geb. 1927), Günter Grass (geb. 1927), Ilse Aichinger (geb. 1921), Heinrich Böll, Günter Eich (1907–1972), Ingeborg Bachmann (1926–1973), Wolfdietrich Schnurre (1920–1989), Peter Handke (geb. 1942), Peter Härtling (geb. 1933), Uwe Johnson (1934–1984), Hans Magnus Enzensberger (geb. 1929) und Siegfried Lenz (geb. 1926).

11.2.3 Die moderne deutsche Kurzgeschichte

Unmittelbar nach Kriegsende war neben den lebensnotwendigsten Dingen auch das Papier knapp, das die Alliierten rationierten. Damit hatten sie zugleich eine gewisse Kontrolle darüber, was gedruckt wurde; konnte man doch noch nicht mit Sicherheit davon ausgehen, dass die nationalsozialistische Gesinnung der Deutschen völlig aus ihrem Denken verbannt war. Diese äußeren Rahmenbedingungen waren ein Grund für die Autoren, sich einer neuen Gattung zuzuwenden, ja sie eigentlich in und aufgrund dieser Situation erst zu kreieren: Die Rede ist von der modernen deutschen Kurzgeschichte.

Vorbild war die amerikanische **„short story“**, wie man sie z. B. von Hemingway kannte, und die im Gefolge der Massenpresse, Tageszeitungen etwa, entstanden war. Diese Gattung scheint in der damaligen Situation für die deutschen Schriftsteller das richtige Medium gewesen zu sein: Einmal konnte man damit an die so begierig aufgenommene **anglo-amerikanische Tradition** anknüpfen, zudem löste sich so das Problem der **Papierknappheit** fast von selbst. Und noch ein Aspekt, vielleicht sogar der wichtigste, kommt hinzu: Die Dichter hatten in der unmittelbaren Nachkriegszeit zwar den Drang sich mitzuteilen, aber kaum die Kraft, einen langen Roman oder ein streng aufgebautes Drama zu verfassen. Auch wäre es bei der damals unter den Schriftstellern und Intellektuellen herrschenden „geistigen Unbehaustheit“, die sich nach dem **Zusammenbruch der bis dahin gültigen Werteordnung** in der Suche nach neuen ethischen wie ästhetischen Kategorien manifestierte, wohl nicht möglich gewesen, sofort schlüssige Orientierungshilfen und Problemlösungen anzubieten. Mit der Kurzgeschichte bestand jedoch die Möglichkeit, Probleme und Krisensituationen aufzuzeigen und literarisch zu gestalten, die Lösung dabei allerdings den Rezipienten zu überlassen.

Bekannte Kurzgeschichten, die meist den **Krieg und seine Folgen** thematisieren, stammen von Wolfgang Borchert (1921–1947): *Die Hundeblume*, *Nachts schlafen die Ratten doch*, *An diesem Dienstag*, *Schischyphusch*, *Das Brot*,

Die drei dunklen Könige (alle 1947). Auch Heinrich Böll (*Wanderer, kommst du nach Spa …*, 1950), Elisabeth Langgässer (1899–1950; *Saisonbeginn*, 1947) und Ilse Aichinger (*Das Fenstertheater*, 1952) traten mit Kurzgeschichten hervor.

11.2.4 Das Hörspiel

Eine bedeutende literarische Nachkriegsform war das Hörspiel: Nach ersten Anfängen vor 1933 (Brecht, Ernst Hardt) wurde es nun wieder entdeckt. Für viele Autoren erwies sich der Rundfunk, der zwölf Jahre lang für nationalsozialistische Propaganda missbraucht worden war, als Medium, mit dessen Hilfe ein relativ großer Kreis von Interessierten angesprochen werden konnte. Als Hörspielautoren traten vor allem Wolfgang Weyrauch, Wolfgang Borchert, Günter Eich (*Träume*, 1951), Fred von Hoerschelmann (*Das Schiff Esperanza*, 1953) und Ingeborg Bachmann (*Der gute Gott von Manhattan*, 1958) hervor.

11.2.5 Lyrik nach 1945

Die Nationalsozialisten hatten die deutsche Sprache für ihr verbrecherisches Regime in Dienst genommen, sie missbraucht und deformiert. Der Philosoph Theodor W. Adorno formulierte den später oft zitierten Satz: **„Nach Auschwitz noch ein Gedicht zu schreiben, ist barbarisch.“** So ist das Anliegen vieler Lyriker verständlich, die Sprache als Ausdrucksmittel neu zu erfinden und mit ihrer Hilfe den Dingen auf den Grund zu gehen. Viel Beachtung fand das Gedicht *Inventur* (1946) von Günter Eich, das einen sprachlichen Kahlschlag versucht.

Während die zerstörten deutschen Städte wiederaufgebaut wurden, forderten die Dichter auch eine sprachliche Neubesinnung.

Die Lyrik entwickelte sich nach 1945 in mehreren großen Linien, die durch gegensätzliche weltanschauliche Tendenzen geprägt sind:

- Auf der einen Seite standen die Dichter, denen es nach dem Hitlerregime darum ging, ein neues Verständnis für Sprache zu entwickeln (**hermetische Dichtung**). Hermetische Gedichte sind in sich abgeschlossen und meist von der Wirklichkeit losgelöst; ihre Ausdeutung bleibt deshalb spekulativ und stellt für jede Generation eine neue

Herausforderung dar. Bahnbrechend wirkten Gottfried Benns *Marburger Rede über Lyrik* (1951), in der er das „absolute Gedicht“ fordert, das „ohne Glauben“, „ohne Hoffnung“ und „an niemanden gerichtet“ sein solle, sowie sein Gedichtband *Statische Gedichte* (1948), wo der Autor exotische Landschaften und Aspekte der griechischen Mythologie beschwört, die keinen unmittelbaren Bezug zur Realität der Nachkriegszeit erkennen lassen. Beispiele für hermetische Gedichte sind *Todesfuge* (1952) von Paul Celan, *Anrufung des Großen Bären* (1957) von Ingeborg Bachmann, *Welt, frage nicht …* (1961) von Nelly Sachs und *Vermächtnis* (1967) von Rose Ausländer.

- Andere Autoren orientierten sich am Vorbild Brechts und behandelten die gesellschaftliche Realität in ihren **politischen Gedichten**. Themen waren z. B. der Zweite Weltkrieg und seine Folgen für das Individuum, die Notstandsgesetze, die außerparlamentarische Opposition und der Vietnam-Krieg. Noch heute bekannte politische Gedichte aus den Jahren nach 1945 sind z. B. *Ins Lesebuch für die Oberstufe* (1957) von Hans Magnus Enzensberger und *und Vietnam und* (1966) von Erich Fried.
- Ein wichtiges Genre war die **Naturlyrik**. Die Natur war politisch unbelastet, weshalb sich Autoren, die Kritik und Selbstkritik scheuten, ihr ebenso zuwandten wie viele Leser, die von Politik nichts mehr hören wollten, sich lieber dem Wiederaufbau widmeten und die Vergangenheit verdrängten. Wichtige Vertreter der Naturlyrik fanden sich in der sogenannten „naturmagischen Schule“ zusammen, z. B. Peter Huchel (*Der Garten des Theophrast*, 1962), Johannes Bobrowski (*Schattenland*, 1962), Wilhelm Lehmann (*Auf sommerlichem Friedhof*, 1946), Oskar Loerke (*Leitspruch*, 1958), Werner Bergengruen (*Die heile Welt*, 1950) und Elisabeth Langgässer (*Frühling 1946*, 1951).
- Die Vertreter der **„Konkreten Poesie“**, z. B. Eugen Gomringer (*schweigen*, 1960), H. C. Artmann (*landschaft 18*, 1969), Helmut Heißenbüttel (*das Sagbare sagen*, 1960) und Ernst Jandl (*laut und luise*, 1971), versuchten sich in Sprachexperimenten. Dabei nahmen sie das Sprachmaterial ernst und stellten einzelne Worte und Laute in einen neuen Zusammenhang. Dichtung verstanden sie als Politikum und betonten selbst ihre Verantwortung als Dichter. Oft sind die Sprachspiele der Konkreten Poesie visuelle Bilder, oft beziehen sie ihren Wert aus ihrer akustischen Qualität.

11.2.6 Der zeitkritische Roman

Eine herausragende Rolle in der Literatur der 50er- und 60er-Jahre spielt der zeitkritische Roman. Den großen Epikern der Restaurationsjahre der Bundesrepublik ging es um eine kritische Auseinandersetzung mit der neu entstehenden Bundesrepublik, mit der Wohlstandsgesellschaft und mit dem Vergessen und Verdrängen der individuellen und kollektiven Schuld während der nationalsozialistischen Herrschaft. Wichtige Autoren und Werke sind:

Wolfgang Koeppen (1906–1996)
Koeppen setzte sich schon sehr früh mit der jungen Bundesrepublik und ihren Repräsentanten auseinander. In *Tauben im Gras* (1951), einem an Döblins Montagetechnik und James Joyce' innerem Monolog geschulten Werk, zeigt er in dreißig Einzelszenen ohne durchgängige Handlung verschiedene Gesinnungen und Lebensschicksale der Nachkriegszeit. In *Das Treibhaus* (1953) fängt Koeppen die in Bonn herrschende Stimmung zur Zeit der Wiederaufrüstung ein. Die Romanhandlung stellt den Bundestagsabgeordneten Keetenheuve in den Mittelpunkt, der als Gegner der Wiederbewaffnung vor sich selbst bestehen will und – anstatt sich auf einen Botschafterposten abschieben zu lassen – den Freitod wählt. Im dritten Roman mit dem Titel *Tod in Rom* (1954) macht Wolfgang Koeppen das Weiterleben des nationalsozialistischen Gedankenguts anschaulich.

Heinrich Böll (1917–1985)
Bölls frühe Romane *Wo warst du, Adam?* (1951), *Und sagte kein einziges Wort* (1953), *Haus ohne Hüter* (1954), *Billard um halbzehn* (1959) und der erst 1992 veröffentlichte, in den Jahren 1949–1951 entstandene Roman *Der Engel schwieg* schildern den Krieg und das Leben in der Bundesrepublik aus der Sicht des Kleinbürgers. In *Ansichten eines Clowns* (1963) zeigt Böll die Wandlung des Industriellensohns Hans Schnier zum Clown, also zum gesellschaftlichen Aussteiger aus Protest gegen den Absolutheitsanspruch von Staat und Kirche. Eine positive Parallelfigur zu Hans Schnier stellt Böll in den Mittelpunkt des Romans *Gruppenbild mit Dame* (1971): Leni Pfeiffer widersetzt sich dem gängigen Profitdenken und gerät dadurch zur Idealfigur. Weitere Romane und Erzählungen Bölls, mit denen er wie Walser zum (subjektiven) Chronisten der Bundesrepublik wurde, sind *Die verlorene Ehre der Katharina Blum* (1974), *Fürsorgliche Belagerung* (1979) und *Frauen vor Flußlandschaft* (1985).

Günter Grass (geb. 1927)
Grass' Hauptwerk ist der Roman *Die Blechtrommel* (1959). Darin lässt der 30-jährige Oskar Matzerath, der als Dreijähriger beschlossen hat, das Wachsen aufzugeben und die Welt fortan aus der Perspektive des Gnoms zu betrachten, sein Leben – und in der Retrospektive das seiner Eltern und Großeltern – Revue passieren. Die familiären Ereignisse dienen dabei aber nur als Fixpunkte, vor deren Hintergrund die wechselvolle politische Geschichte der Stadt Danzig, Polens und Deutschlands dargestellt wird. Neben Gedichten und Dramen veröffentlichte Grass zahlreiche Romane und Erzählungen, u. a. *Hundejahre* (1963), *Örtlich betäubt* (1969), *Der Butt* (1977), *Die Rättin* (1986), *Katz und Maus* (1961), *Das Treffen in Telgte* (1979), *Ein weites Feld* (1995) *Mein Jahrhundert* (1999) und *Im Krebsgang* (2002). Für sein Gesamtwerk, v. a. aber für *Die Blechtrommel,* wurde Günter Grass 1999 mit dem Nobelpreis für Literatur ausgezeichnet.

Siegfried Lenz (geb. 1926)
Siegfried Lenz ist mit dem Roman *Deutschstunde* (1968) schlagartig bekannt geworden. Auch er thematisiert die jüngste deutsche Vergangenheit unter dem Aspekt der eigenen Verantwortlichkeit gegenüber einer übermächtigen Obrigkeit: Siggi Jepsen muss in einem Heim für schwer erziehbare Jugendliche einen Strafaufsatz über „Die Freuden der Pflicht" verfassen. Während des Schreibens reflektiert er seine Kindheitsgeschichte. Er wuchs in Rugbüll auf, einem Dorf in Schleswig, in dem sein Vater Polizist war. Dieser hatte den Auftrag erhalten, die Einhaltung des Malverbots zu überwachen, mit dem der Maler Nansen von

Wolfgang Büttner als Max Nansen in der Verfilmung der *Deutschstunde* (1971), Regie: Peter Beauvais

den Nazis belegt worden war. Siggi hilft jedoch Nansen, das Verbot zu umgehen und wird, als er Bilder vor der Zerstörung retten will, als Dieb straffällig. Grundsätzlich ändert Siggis Verhalten an der Lage Nansens nichts. Der alte Jepsen kehrt nach Kriegsende schnell auf seinen früheren Posten zurück und nimmt – autoritätshörig wie eh und je – sein altes Verhalten wieder auf.

Alfred Andersch (1914–1980)
Durchgängiges Motiv der Dichtungen Alfred Anderschs ist die **Freiheit**. Schon in seinem ersten Roman *Die Kirschen der Freiheit* (1952), der von eigenem Erleben in Italien gespeist ist, stellt Andersch einen Deserteur in den Mittelpunkt der Handlung. *Die Rote* (1960) handelt von einer jungen Frau, die aus der Enge der Wohlstandsgesellschaft ausbricht und mit einem Fischer in Mestre bei Venedig ein neues Leben beginnt. In *Sansibar oder der letzte Grund* (1957) zeigt der Autor fünf Personen, die sich alle aus unterschiedlichen Gründen auf der Flucht (in die Freiheit) befinden: Zwei Kommunisten sind enttäuscht von der kommunistischen Partei, die Jüdin Judith will vor den Nazis nach Skandinavien fliehen, Pfarrer Helander möchte eine Plastik, die der „entarteten Kunst" zugerechnet wird, vor den Nazis retten und ein Schiffsjunge möchte aus Abenteuerlust nach Sansibar. Weitere Romane und Erzählungen Alfred Anderschs sind: *Efraim* (1967), *Winterspelt* (1974), *Vater eines Mörders* (1980).

Martin Walser (geb. 1927)
Walsers Romanfiguren entstammen der bürgerlichen Mittelschicht: Anselm Kristlein aus *Halbzeit* (1960), *Das Einhorn* (1966) und *Der Sturz* (1973) ist zunächst als Handelsvertreter, dann als Werbetexter und zuletzt als Schriftsteller tätig; Helmut Halm aus der Novelle *Ein fliehendes Pferd* (1978) ist Lehrer. Walsers Helden entstammen also dem Alltag des durchschnittlichen Bundesbürgers, sie scheitern am Leben, resignieren und passen sich an.

11.2.7 Literatur der Arbeitswelt

Die Forderung nach zeitgemäßen Inhalten, verbunden mit einem kritischen Sprachbewusstsein, führte zur Gründung der **„Gruppe 61"**, die die Auseinandersetzung mit der industriellen Arbeitswelt und den sozialen Problemen zum Thema machte. In diesem Umfeld entstanden die *Industriereportagen* (1966) von Günter Wallraff (geb. 1942), die *Bottroper Protokolle* (1968) von

Erika Runge (geb. 1933) und der Roman *Irrlicht und Feuer* (1963) von Max von der Grün (1926–2005). Bei den Erstgenannten stand nicht das Dichterische, sondern die Dokumentation konkreter gesellschaftlicher Um- bzw. Missstände im Vordergrund; ihre Intention war eine durch und durch politische. Überhaupt erlangte die Annäherung von Politik und Literatur Ende der 60er-Jahre nicht zuletzt durch die Politik Willy Brandts und seine Offenheit gegenüber Intellektuellen und Schriftstellern ihren Höhepunkt.

11.2.8 Deutschsprachige Literatur der Schweiz

Wichtige Anregungen für die deutsche Literatur kamen aus der Schweiz. Vom Zweiten Weltkrieg nicht unmittelbar betroffen, konnte sich in der Schweiz ein unverkrampfteres Verhältnis zur Vergangenheit entwickeln. Die Frage nach der Mitverantwortlichkeit des Einzelnen als Teil eines gesellschaftlichen Ganzen stellten die Schriftsteller Max Frisch und Friedrich Dürrenmatt in ihren Werken auf unterschiedlichste Weise dar.

Max Frisch (1911–1991)
Frischs schier unerschöpfliches Thema ist das der **Identität**. Noch in *Biographie: Ein Spiel* (1967) lässt der Autor einen Menschen sein Leben nach eigenem Gutdünken noch einmal leben, da er mit seiner ursprünglichen Biografie unzufrieden ist. Doch schon die Romane *Stiller* (1954), *Homo faber* (1957) und *Mein Name sei Gantenbein* (1964) sind Variationen zum Thema Identität: Walter Faber lebt an seinem eigenen Wesen vorbei, da er sich von sich selbst ein starres Bildnis gemacht hat, Stiller will seine Identität wechseln und behauptet „Ich bin nicht Stiller“, Gantenbein schlüpft in immer neue Rollen.

Friedrich Dürrenmatt (1921–1990)
Dürrenmatt wählte für die Darstellung seiner Stoffe häufig die Form der **Komödie** oder der **Groteske**. In *Die Physiker* (1963) zieht sich der Physiker Dr. Möbius als scheinbar Geisteskranker in die Irrenanstalt zurück, um zu verhindern, dass seine Entdeckung für die Vernichtung des Menschengeschlechts missbraucht wird. Zwei gegnerische Geheimdienste sind ihm jedoch auf der Spur und schleusen Agenten in die Klinik ein, die Möbius entführen sollen. Am Ende dieser Komödie stellt sich heraus, dass die drei angeblichen Irren einer wahrhaft Irren gegenüberstehen – der Ärztin des Sanatoriums. Sie hat die Papiere, die Möbius verbrannte, längst abgeschrieben und eine Firma gegründet, um seine Entdeckung wirtschaftlich zu nutzen. Es bleibt nur die Erkenntnis: „Was einmal gedacht wurde, kann nicht mehr zurückgenommen werden“.

In *Besuch der alten Dame* (1956) zeigt Dürrenmatt die Bestechlichkeit der Menschen – ohne Anklage, aber als bissige Groteske: Vor Jahren hatten Alfred Ill und Klara Wäscher ein Verhältnis, aus dem ein Sohn hervorgegangen ist. Ill bekannte sich jedoch nicht zu seiner Geliebten, im Gegenteil: Er hatte Zeugen gekauft, die seine Unschuld bekunden sollten. Klara musste in Schimpf und Schande die Stadt Güllen verlassen. Die Handlung der Komödie setzt mit Klaras Rückkehr ein. Unter ihrem jetzigen Namen Claire Zachanassian kommt sie als Milliardärin zurück mit dem Ziel, sich an Alfred Ill zu rächen. Sie fordert die Bürger von Güllen auf, Ill für das Kopfgeld von einer Milliarde zu töten. Diese sind zuerst entrüstet, doch die „alte Dame" hatte vorgesorgt: Sie hat langfristig die Wirtschaft der Stadt aufgekauft, die Bürger Güllens sind von ihr abhängig. Als sie kein Geld mehr haben, kaufen sie auf Pump – immer in der Hoffnung, irgend jemand würde das Geld für Güllen verdienen. Und so geschieht es dann auch: Der Mord, der zu einer wirtschaftlichen Notwendigkeit geworden ist, wird verübt.

Dürrenmatt ist auch als Autor unkonventioneller Kriminalromane berühmt geworden: *Der Richter und sein Henker* (1952), *Der Verdacht* (1953) und *Das Versprechen* (1958) stammen aus seiner Feder.

Szenenfoto *Der Besuch der alten Dame*

11.2.9 Literarisches Leben: Verlage und Buchgemeinschaften

Das literarische Leben in der Bundesrepublik Deutschland, wie auch in Österreich und der Schweiz, ist sehr vielschichtig geworden. Es wird nicht mehr nur von den Autoren und den literarisch Interessierten geprägt, vielmehr treten immer mehr die wirtschaftlichen Interessen der Verlage in den Vordergrund. Auch Buchgemeinschaften spielen eine große Rolle – ebenso wie der Taschenbuchmarkt –, wenn es darum geht, Bücher aller Couleur in möglichst hohen Auflagen an den Mann bzw. die Frau zu bringen; sie dienen aber auch der allgemeinen Volksbildung.

11.3 Autoren und Werke

11.3.1 Das Heimkehrerdrama: Borcherts „Draußen vor der Tür"

Kurzbiografie: Wolfgang Borchert

1921	geboren in Hamburg
1938	erste Veröffentlichung von Gedichten
1939	heimlicher Schauspielunterricht
1941	Soldat: Verwundung im Winterkrieg in Russland
1942	Diphtherie, Gelbsucht; anschließend wegen Denunziation Überstellung ins Untersuchungsgefängnis Nürnberg: Verurteilung zu verschärfter Haft und anschließender „Frontbewährung"
1942	Einweisung ins Krankenhaus Smolensk
1944	wegen einer Parodie auf Propagandaminister Goebbels erneut in Haft
1945	wieder an der Front, Flucht nach Hamburg, Gründung des Theaters „Die Komödie"
1947	*Draußen vor der Tür* entsteht in acht Tagen
1947	gestorben in Basel
1949	Veröffentlichung des Gesamtwerks (posthum)

In seinem Manifest *Generation ohne Abschied* drückt Wolfgang Borchert aus, was viele Zeitgenossen fühlten: dass sie heimatlos geworden waren, kaum eine Vergangenheit hinter sich und keine Zukunft vor sich hatten. Doch nicht nur in seinen Prosatexten traf Borchert den Nerv der Zeit; auch sein Schauspiel *Draußen vor der Tür*, das den Untertitel *Ein Stück, das kein Theater spielen und kein Publikum sehen will* trägt, war nach seiner Uraufführung 1947 – einen Tag vor Borcherts Tod – von den deutschen Bühnen nicht mehr wegzudenken.

Zum Inhalt: Der Kriegsheimkehrer Beckmann kommt nach Hause, doch seine Frau, die schon nicht mehr an seine Rückkehr geglaubt hat, lebt mit einem anderen zusammen. Beckmann irrt durch die Stadt, er versucht, Selbstmord zu begehen, doch die Elbe – eine Allegorie – nimmt ihn nicht in ihren Fluten auf: Er solle sich an die Menschen halten, die würden ihm schon helfen. Diese Hoffnung stellt sich als Irrtum heraus: Sein ehemaliger Oberst, der sich auch im Frieden wieder etabliert hat, will von der Verantwortung für seine Soldaten nichts wissen; er wirft Beckmann hinaus. Auch ein Kabarettdirektor, bei dem Beckmann Anstellung sucht, weist ihn ab. Als er schließlich in seinem Elternhaus einkehrt, erfährt er von den neuen Bewohnern, dass seine Eltern Selbstmord begangen haben. Nun weiß er keinen Rat mehr: „Gibt denn keiner eine Antwort" sind seine letzten Worte.

Szenenfoto *Draußen vor der Tür*

In folgendem Textauszug versucht Beckmann den Oberst an den gerade zu Ende gegangenen Krieg zu erinnern:

OBERST. Was wollen Sie denn von mir?
BECKMANN. Ich bringe sie Ihnen zurück.
OBERST. Wen?
BECKMANN *(beinah naiv)*. Die Verantwortung. Ich bringe Ihnen die Verantwortung zurück. Haben Sie das ganz vergessen, Herr Oberst? Den 14. Februar? Bei Gorodok. Es waren 42 Grad Kälte. Da kamen Sie doch in unsere Stellung, Herr Oberst, und sagten: Unteroffizier Beckmann. Hier, habe ich geschrieen. Dann sagten Sie, und Ihr Atem blieb an Ihrem Pelzkragen als Reif hängen – das weiß ich noch ganz genau, denn Sie hatten einen sehr schönen Pelzkragen – dann sagten Sie: Unteroffizier Beckmann, ich übergebe Ihnen die Verantwortung für die zwanzig Mann. Sie erkunden den Wald östlich Gorodok und machen nach Möglichkeit ein paar Gefangene, klar? Jawohl, Herr Oberst, habe ich da gesagt. Und dann sind wir

losgezogen und haben erkundet. Und ich – ich hatte die Verantwortung. Dann haben wir die ganze Nacht erkundet, und dann wurde geschossen, und als wir wieder in der Stellung waren, da fehlten elf Mann. Und ich hatte die Verantwortung. Ja, das ist alles, Herr Oberst. Aber nun ist der Krieg aus, nun will ich pennen, nun gebe ich Ihnen die Verantwortung zurück, Herr Oberst, ich will sie nicht mehr, ich gebe sie Ihnen zurück, Herr Oberst.

OBERST. Aber mein lieber Beckmann, Sie erregen sich unnötig. So war das doch gar nicht gemeint.

BECKMANN *(ohne Erregung, aber ungeheuer ernsthaft)*. Doch. Doch, Herr Oberst. So muss das gemeint sein. Verantwortung ist doch nicht nur ein Wort, eine chemische Formel, nach der helles Menschenfleisch in dunkle Erde verwandelt wird. Man kann doch Menschen nicht für ein leeres Wort sterben lassen. Irgendwo müssen wir doch hin mit unserer Verantwortung. Die Toten – antworten nicht. Gott – antwortet nicht. Aber die Lebenden, die fragen. Die fragen jede Nacht, Herr Oberst. Wenn ich dann wach liege, dann kommen sie und fragen. Frauen, Herr Oberst, traurige, trauernde Frauen. Alte Frauen mit grauem Haar und harten rissigen Händen – junge Frauen mit einsamen sehnsüchtigen Augen, Kinder, Herr Oberst, Kinder, viele kleine Kinder. Und die flüstern dann aus der Dunkelheit: Unteroffizier Beckmann, wo ist mein Vater, Unteroffizier Beckmann? Unteroffizier Beckmann, wo ist mein Sohn, wo ist mein Bruder, Unteroffizier Beckmann, wo ist mein Verlobter, Unteroffizier Beckmann? Unteroffizier Beckmann, wo? wo? wo? So flüstern sie, bis es hell wird. Es sind nur elf Frauen, Herr Oberst, bei mir sind es nur elf. Wieviel sind es bei Ihnen, Herr Oberst? Tausend? Zweitausend? Schlafen Sie gut, Herr Oberst? Dann macht es Ihnen wohl nichts aus, wenn ich Ihnen zu den zweitausend noch die Verantwortung für meine elf dazugebe. Können Sie schlafen, Herr Oberst? Mit zweitausend nächtlichen Gespenstern? Können Sie überhaupt leben, Herr Oberst, können Sie eine Minute leben, ohne zu schreien? Herr Oberst, Herr Oberst, schlafen Sie nachts gut? Ja? Dann macht es Ihnen ja nichts aus, dann kann ich wohl nun endlich pennen – wenn Sie so nett sind und sie wieder zurücknehmen, die Verantwortung. Dann kann ich wohl nun endlich in aller Seelenruhe pennen. Seelenruhe, das war es, ja, Seelenruhe, Herr Oberst! Und dann: schlafen! Mein Gott!

OBERST *(ihm bleibt doch die Luft weg. Aber dann lacht er seine Beklemmung fort, aber nicht gehässig, eher jovial und rauhbeinig, gutmütig, sagt sehr unsicher):* Junger Mann, junger Mann! Ich weiß nicht recht, ich weiß nicht recht. Sind Sie nun ein heimlicher Pazifist, wie? So ein bißchen destruktiv, ja?

Aus: W. Borchert, Das Gesamtwerk. Rowohlt: Reinbek bei Hamburg 1949, S. 25 f.

11.3.2 Die moderne deutsche Kurzgeschichte: Bölls „So ein Rummel“

Kurzbiografie: Heinrich Böll

1917	geboren in Köln
1928–1937	Besuch des Gymnasiums, dann Lehre als Buchhändler
1938–1945	Reichsarbeitsdienst, Infanterist u. a. in Frankreich, Kriegsgefangenschaft
1945–1947	Veröffentlichung von etwa 60 Kurzgeschichten in verschiedenen Zeitungen
1950	*Wanderer, kommst du nach Spa ...* (Erzählungen)
1957	*Irisches Tagebuch* (Erzählung)
1959	*Billard um halbzehn* (Roman)
1963	*Ansichten eines Clowns* (Roman)
1970–1972	Präsident des deutschen PEN-Clubs
1971–1974	Präsident des internationalen PEN-Clubs
1971	*Gruppenbild mit Dame* (Roman)
1972	Nobelpreis für Literatur
1974	*Die verlorene Ehre der Katharina Blum* (Erzählung)
1983	Böll nimmt an der Blockade des Militärdepots Mutlangen teil
1985	gestorben in Hürtgenwald (Eifel)

Wie viele Kurzgeschichten, die in den Jahren nach 1945 erschienen sind, handelt auch Bölls *So ein Rummel* vom Krieg, genauer: von den Auswirkungen des gerade zu Ende gegangenen Krieges. Dabei macht der Autor – der die Handlung in das Umfeld des Jahrmarkts verlegt – deutlich, wie sehr die Kriegsereignisse das Denken der Menschen und vor allem der Kinder prägten, ja dass ein Leben, das nicht an Krieg erinnerte, in dieser Zeit unmöglich zu sein schien. Das Kriegspielen der Kinder, die Namen der Spiele „Bunker“, „Totalgeschädigt“ und „Flüchtling“ zeigen, dass der Krieg in dieser Familie zur Normalität geworden ist – sie zeigen aber auch die Abstumpfung der Menschen, die über die Inhalte ihres Tuns und über ihre Wortwahl nicht mehr nachdenken.

So ein Rummel (1950)

Die Frau ohne Unterleib erwies sich als eines der charmantesten Frauenzimmer, das ich je gesehen hatte, sie trug einen entzückenden sombreroartigen Strohhut, denn als bescheidene Hausfrau hatte sie sich an die Sonnenseite jener kleinen Terrasse gesetzt, die neben ihrem Wohnwagen angebracht war. Ihre drei Kinder spielten unter der Terrasse ein sehr originelles Spiel, das nannten sie „Neandertaler“. Die beiden jüngeren, Junge und Mädchen, mussten das Neandertalpaar abgeben, und der größere, acht Jahre alt, ein blonder Bengel, der während des Dienstes den Sohn der „dicken Susi“ abgeben musste, dieser Bursche spielte den modernen Forscher, der die Neandertaler findet. Er wollte mit aller Gewalt seinen jüngeren Geschwistern die Kinnladen aushängen, um sie in sein Museum zu bringen.

Die Frau ohne Unterleib klopfte mehrmals mit ihren Holzsohlen auf den Boden der Terrasse, denn ein wildes Geschrei drohte unsere beginnende Unterhaltung zu ersticken.

Der Kopf des Älteren erschien über der niedrigen Balustrade, die mit rot blühenden Geranien geschmückt war, und fragte mürrisch: „Ja?“

„Lass die Quälerei“, sagte die Mutter, wobei sie in ihren sanften grauen Augen eine Belustigung unterdrückte, „spiel doch Bunker oder Totalgeschädigt.“

Der Junge murmelte missmutig etwas, das sich fast wie „Quatsch“ anhörte, tauchte dann unter, schrie unten: „Es brennt, das ganze Haus brennt.“ Leider konnte ich nicht verfolgen, wie das Spiel „Totalgeschädigt“ weiterging, denn die Frau ohne Unterleib fixierte mich jetzt etwas schärfer; im Schatten ihres breitrandigen Hutes, durch den warm und rot die Sonne leuchtete, sah sie viel zu jung aus, um Mutter dreier Kinder zu sein und täglich bei fünf Vorstellungen die harten Aufgaben der Frau ohne Unterleib zu erfüllen.

„Sie sind …“, sagte sie.

„Nichts“, sagte ich, „absolut nichts. Sehen Sie mich als einen Vertreter des Nichts an …“

„Sie sind“, fuhr sie ruhig fort, „vermutlich Schwarzhändler gewesen.“

„Jawohl“, sagte ich.

Sie zuckte die Schultern. „Es wird nicht viel zu machen sein. Auf jeden Fall, wo wir Sie auch gebrauchen können, müssen Sie arbeiten, arbeiten, verstehen Sie?“

„Meine Dame“, entgegnete ich, „vielleicht stellen Sie sich das Leben eines Schwarzhändlers allzu rosig vor. Ich, ich war sozusagen an der Front.“

„Wie?“ Sie klopfte wieder mit dem Holzabsatz auf den Boden der Terrasse, denn die Kinder hatten nun ein ziemlich lang anhaltendes wildes Gemaul angestimmt. Wieder erschien der Kopf des Jungen über der Balustrade.

„Nun?“, fragte er kurz.

„Spielt jetzt Flüchtling“, sagte die Frau ruhig, „ihr müsst jetzt abhauen aus der brennenden Stadt, verstehst du?“

Wieder verschwand der Kopf des Jungen, und die Frau fragte mich: „Wie?“

Oh, sie hatte den Faden durchaus nicht verloren.

„Ganz vorne“, sagte ich, „ich war ganz vorne. Glauben Sie, das war ein leichtes Brot?“

„An der Ecke?“

„Sozusagen am Bahnhof, wissen Sie?“

„Gut. Und nun?“

„Möchte ich irgendeine Beschäftigung haben. Ich bin nicht faul, durchaus nicht faul, meine Dame.“

„Sie verzeihen“, sagte sie. Sie wandte mir jetzt ihr zartes Profil zu und rief in den Wagen hinein: „Carlino, kocht das Wasser noch nicht?“

„Moment“, rief eine gleichgültige Stimme, „ich bin schon beim Aufschütten.“

„Trinkst du mit?“

„Nein .“

„Dann bring zwei Tassen, bitte. Sie trinken doch eine Tasse mit?“

Ich nickte. „Und ich lade Sie zu einer Zigarette ein.“

Das Geschrei unter der Terrasse wurde nun so wild, dass wir kein Wort mehr hätten verstehen können. Die Frau ohne Unterleib beugte sich über den Geranienkasten und rief: „Jetzt müsst ihr fliehen, schnell, schnell ... die Russen stehen schon vor dem Dorf ...“

„Mein Mann“, sagte sie, sich zurückwendend, „ist nicht da, aber in Personalfragen kann ich ...“

Wir wurden unterbrochen von Carlino, einem schmalen, stillen, dunklen Burschen mit einem Haarnetz über dem Kopf, der Tassen und Kaffeekanne brachte. Er blickte mich misstrauisch an.

„Warum willst du nichts trinken?“, fragte ihn die Frau, da er sich ganz kurz wieder abwandte.

„Keine Lust“, murmelte er, im Wagen verschwindend.

„In Personalfragen kann ich ziemlich selbstständig entscheiden, allerdings etwas müssen Sie schon können. Nichts ist nichts.“

„Meine Dame“, sagte ich demütig, „vielleicht kann ich die Räder schmieren oder die Zelte abbrechen, Traktor fahren oder dem Mann mit den Riesenkräften als Prügelknabe dienen ...“

„Traktor fahren“, sagte sie, „ist nichts, und die Räder schmieren ist eine kleine Kunst.“

„Oder bremsen“, sagte ich. „Schiffschaukel bremsen ...“

Sie zog hochmütig die Brauen hoch, und zum ersten Male blickte sie mich ein wenig verächtlich an. „Bremsen“, sagte sie kalt, „ist eine Wissenschaft, ich vermute, Sie würden allen Leuten die Hälse brechen. Carlino ist Bremser.“

„Oder ...“, wollte ich zaghaft wieder vorschlagen, aber ein kleines dunkelhaariges Mädchen mit einer Narbe über der Stirn kam jetzt eifrig jene kleine Treppe herauf, die mich so lebhaft an eine Fallreep erinnerte.

Sie stürzte sich in den Schoß der Mutter und schluchzte empört: „Ich soll sterben ...“

„Wie?“, fragte die Frau ohne Unterleib entsetzt.

„Ich soll das Flüchtlingskind sein, das erfriert, und Fredi will meine Schuhe und alles verscheuern ...“

„Ja“, sagte die Mutter, „wenn ihr Flüchtling spielt.“

„Aber ich“, sagte das Kind, „ich soll immer sterben. Immer bin ich es, die sterben soll. Wenn wir Bomben spielen, Krieg oder Seiltänzer, immer muss ich sterben.“

„Sag Fredi, er soll sterben, ich hätte gesagt, er sei jetzt an der Reihe mit Sterben.“

Das Mädchen entlief.

„Oder?“, fragte mich die Frau ohne Unterleib. Oh, sie verlor den Faden nicht so leicht.

„Oder Nägel gerade klopfen, Kartoffeln schälen, Suppe verteilen, was weiß ich“, rief ich verzweifelt, „geben Sie mir eine Chance …“

Sie drückte die Zigarette aus, goss uns beiden noch einmal ein und blickte mich an, lange und lächelnd, dann sagte sie: „Ich werde Ihnen eine Chance geben. Sie können rechnen, nicht wahr, es gehört sozusagen zu Ihrem bisherigen Beruf und“ – sie druckste ein bisschen – „ich werde Ihnen die Kasse geben.“

Ich konnte nichts sagen, ich war wirklich sprachlos, ich stand nur auf und küsste ihre kleine Hand. Dann schwiegen wir, es war sehr still, und es war nichts zu hören als ein sanftes Singen von Carlino aus dem Wagen, jenes Singen, dem ich entnehmen konnte, dass er sich rasierte …

Aus: H. Böll, Wanderer, kommst du nach Spa … Kiepenheuer & Witsch: Köln 1950, S. 69 ff.

Diese Kurzgeschichte Heinrich Bölls zeigt Stilmerkmale, die für die moderne deutsche Kurzgeschichte, wie sie nach dem Zweiten Weltkrieg eine Blütezeit erfuhr, typisch sind. Da ist zuerst die **offene Form** zu nennen, es fehlen also Einleitung und Schluss. Die Kurzgeschichte blendet sich in eine Augenblickssituation ein und zeigt diese, ohne das „Warum?“ oder „Wie kam es dazu?“ zu klären oder sich mit den Folgen des Dargestellten zu beschäftigen. Es war nicht die Intention der jungen Nachkriegsautoren – oftmals selbst Kriegsheimkehrer wie Böll und Borchert – Lösungen für die von ihnen aufgezeigten Probleme anzubieten. Es ging ihnen darum, in der damals für nötig erachteten Kürze **Krisensituationen** der menschlichen Existenz darzustellen. Diese literarische Praxis hat zur Folge, dass der Leser selbst im Sinne der Problemlösung tätig werden muss – auch dies ist Teil des literarischen Programms der Autoren der „Trümmerliteratur“, die nach dem Verlust der tradierten Werte durch die Herrschaft der Nationalsozialisten über keine neue Werteordnung verfügten.

11.3.3 Vom Leben des Mittelstandes: Walsers Roman „Halbzeit“

Kurzbiografie: Martin Walser

1927	geboren in Wasserburg (Bodensee)
1948–1951	Studium der Literatur, Geschichte und Philosophie in Tübingen
ab 1949	Mitarbeiter beim Süddeutschen Rundfunk
1951	Promotion über das Werk Kafkas
1955	*Ein Flugzeug über dem Haus* (Erzählungen)
1957	*Ehen in Philippsburg* (Roman)
ab 1960	Romantrilogie: *Halbzeit*, *Das Einhorn* (1966), *Der Sturz* (1973)
1962	*Eiche und Angora* (Drama)
1975	*Das Sauspiel. Szenen aus dem 16. Jahrhundert* (Drama)
1978	*Ein fliehendes Pferd* (Novelle)
1979	*Seelenarbeit* (Roman)
1985	*Brandung* (Roman)
1991	*Verteidigung der Kindheit* (Roman)

Anselm Kristlein, die Hauptperson aus Walsers Romantrilogie, deren erster Band *Halbzeit* überschrieben ist, ist eine typische Figur Walsers. Selbst ein kleiner „Christus“ – Namen haben in Walsers Werk oft sprechende Bedeutung – verkörpert Anselm den bundesdeutschen Durchschnittsbürger: Nach einem abgebrochenen Studium der Philosophie schlägt er sich als Handelsvertreter durchs Leben (und durch die Republik, wo zahlreiche Geliebte auf ihn warten), um seine Familie ernähren zu können. „Mimikry“, die bestmögliche Anpassung an die Umwelt, ist sein Lebens- und Überlebensprinzip. Die Leere seines Daseins erkennt Kristlein selbst – und wird (im Roman *Das Einhorn*) Werbetexter. In den letzten Zeilen von *Halbzeit* stellt Walser das Erwachen Anselm Kristleins im Kreise seiner Familie dar:

> Von Haut zu Haut der Schlafzwiebel glitt ich, nicht senkrecht mich durchnagend, sondern kreisend, das Elektron, Schale für Schale tiefer kreisend, angezogen vom Kern, von der Mitte der Schlafzwiebel kosmischen Ausmaßes, beschleunigt von Windung zu Windung glitt ich, auf gut eingefahrenen Traumkufen Fortschritte machend, nahm ich, was sich bot, ließ mich ziehend von irgendeinem Zwiebelfaden ins Überall. Aber im Überall sitzt eine Mieze oder eine Maus oder eine Miezemaus oder Mausemiez, die beißt den Faden ab, dass der Kern

nicht mehr zieht, dass ich rückwärts rollte, glitt, sauste, abwärts, dem himmlischen Dienstmädchen, dem Sonnenvieh im Visier, abwärts, Ikarus ohne Bremse, Traumgesellschaften mordete ich, nach Wänden griff ich, alle sieben Locken ließ ich zurück, der Atzengrundwald brannte, Pilzsprechchöre loderten, Onkel Gallus umarmte die Freiheitsstatue, dass sie schmolz und in Frantzkes Suppenterrine versulzte, Edmund schnitt sich Unter den Linden was ab und aß es, Petri Heil schrie Alissa, nahm die Zappelseele vom Haken und lispelte Paati, Feete donnerte Übelhör durch das Treppenhaus, entschwand im Romanischen, ich fiel hinterher, nicht einmal Bremsen lehrt Not, die Zwiebel riss, die Häute flatterten, Fahnen zwischen pünktlichen Planeten, Tempeltore spuckten Tomaten in den Sand, Susanne nahm sich der Schalentiere an, ich drehte mich auf den Rücken, ließ mir Wimpern entflechten, lieferte Steinpilzchören löschende Responsorien, schleppte im Sturz die schwere Mutter durch den harten Horizont, trieb auf Kastanienstämmen, mädchenkniebuckligen, rauchende Ströme hinab, kaufte die Bundesbahn und den Frühling, schleifte Lambert mit dem Auto über spitzen Schotter, bis er keine Eier-Ellipsen-Oliven-Ovale mehr malte, Dieckow verging sich an der U-Bahn an einem O, ich schoss, aß noch rasch die knusprige Narbe von Suses explodierendem Hals, nahm mit, ließ fallen, fiel, fiel schneller als die ruinierte Zwiebel, Erzengel Tillyvon lenkte mich singend hinab, Josef-Heinrich blies pausbäckig den Wolkenweg frei, der Atlantikbauch wölbte sich, wölbte sich bloß noch, sank nicht mehr, ich griff nach Luft, aber überall war bloß Licht, leider bloß Licht, das griff mich, zerrte mich durch den letzten Tunnel dem grellen Ende Tag zu, griff mir spitzfingrig unter die Lider, meine Lider kippten, die Gardinen kicherten, Sichtbarkeit spielte sich auf, Beschränktheit maßte sich an, Märzmorgenlicht blökte, ich ergab mich, ein Gefangener der Sonne für einen weiteren Tag.

Über mir saßen Drea, Lissa und Guido und sangen, weil ich wieder da war, drei verschiedene Lieder zur gleichen Zeit, und Drea fuhr mit ihrem Kinderfinger in meinem Gesicht herum, als sei er der Zeigefinger des Schöpfers selbst, der gerade letzte Hand anlegte bei der Modellierung meiner Nasenflügel, und ich sei ihm nur um eine Sekunde zu früh zum Leben erwacht. Der mattgesetzte Wecker machte – die Sonne machte ihm die Zeiger fett und schwarz – machte fett und schwarz plemplem. Alissas Hand, ein Wesen sondergleichen, stieg drüben auf, ließ sich, des Ziels ganz sicher, auf mir nieder, beteiligte sich, an der Nasenwurzel ansetzend, am familiären Schöpfungswerk, bügelte die Falten von der Nasenwurzel an aufwärts, bis die endlich nachgaben und sich glätten ließen, glättete, ohne herzusehen, die Stirn mir mit sicheren Fingern, glättete sie, bis sie, ganz glatt, genügend glatt war.

Aus: M. Walser, Halbzeit. Suhrkamp: Frankfurt a. M. 1960

11.3.4 Die Parabel vom Anderssein: Frischs Drama „Andorra"

Kurzbiografie: Max Frisch

1911	geboren in Zürich
1931–1933	Studium der Germanistik in Zürich
1936–1941	Studium der Architektur in Zürich
ab 1942	freier Architekt
1950	*Tagebuch 1946–1949*
1954	*Stiller* (Roman)
1957	*Homo faber* (Roman)
1958	*Biedermann und die Brandstifter* (Drama)
1960–1965	wohnhaft in Rom (zusammen mit Ingeborg Bachmann)
1961	*Andorra* (Drama)
1964	*Mein Name sei Gantenbein* (Roman)
ab 1965	wohnhaft in Berzona (Tessin)
ab 1965	Reisen nach Israel und in die UdSSR
1970/71	Aufenthalt in den USA
1978	*Triptychon* (Drama)
1979	*Der Mensch erscheint im Holozän* (Roman)
1980	*Blaubart* (Roman)
1991	gestorben in Zürich

Frisch fühlte sich schon früh zur schriftstellerischen Tätigkeit hingezogen; das Studium der Germanistik musste er aber abbrechen, als sein Vater starb. Frisch brauchte nun einen „Brotberuf" und wurde – ebenfalls aus Neigung – Architekt. In dieser Eigenschaft erbaute er das Zürcher Freibad Letzigraben. Doch auch jetzt kam Frisch vom Schreiben nicht los. Da er als Architekt aber keine Zeit für größere literarische Arbeiten hatte, legte er ein Notizheft an, in dem er seine – auf die Literatur bezogenen – Gedanken notierte: das *Tagebuch 1946–1949*. In diesem findet sich ein kurzer Prosatext, *Der andorranische Jude*, in dem Frisch die Fabel des späteren Dramas *Andorra* niederschrieb.

Zum Inhalt: Im Mittelpunkt des Schauspiels steht ein Junge namens Andri. Er ist der uneheliche Sohn des andorranischen Lehrers mit einer Frau aus dem feindlichen Land der „Schwarzen". Damit er sich nicht zu seinem Seitensprung bekennen muss, seinen Sohn aber trotzdem bei sich haben kann, gibt er Andri als jüdisches Kind aus, das von den „Schwarzen" verfolgt werde. Im Laufe der Dramenhandlung stellt sich heraus, dass die Andorraner Andri, den sie folgerichtig für einen Juden halten, ganz bestimmte Eigenschaften zuweisen, die seine Andersartigkeit festschreiben. Andri nimmt diese Einschätzung seiner Umgebung an und fühlt sich selbst als Fremder in Andorra. Als seine Mutter aus dem Land der „Schwarzen" kommt und den Lehrer auffordert, sich zu seinem Sohn zu bekennen, glaubt ihr niemand – sie wird ermordet. Als daraufhin die „Schwarzen" die Andorraner angreifen und entwaffnen, wird eine „Judenschau" angeordnet: Auch dabei wird Andri als Jude bezeichnet und anschließend erschossen. Der Lehrer, der seine Schuld längst eingesehen hat, nimmt sich das Leben.

Szenenfoto *Andorra*

Der nachfolgende Textauszug zeigt, dass Andri die ihm von der Gesellschaft zugewiesene Außenseiterrolle angenommen hat:

Andri und Barblin auf der Schwelle vor der Kammer der Barblin.
BARBLIN. Andri, schläfst du?
ANDRI. Nein.
BARBLIN. Warum gibst du mir keinen Kuss?
ANDRI. Ich bin wach, Barblin, ich denke.
BARBLIN. Die ganze Nacht.
ANDRI. Ob 's wahr ist, was die andern sagen.
Barblin hat auf seinen Knien gelegen, jetzt richtet sie sich auf, sitzt und löst ihre Haare.
ANDRI. Findest du, sie haben recht?

BARBLIN. Fang jetzt nicht wieder an!
ANDRI. Vielleicht haben sie recht. *Barblin beschäftigt sich mit ihrem Haar.* Vielleicht haben sie recht …
BARBLIN. Du hast mich ganz zerzaust.
ANDRI. Meinesgleichen, sagen sie, hat kein Gefühl.
BARBLIN. Wer sagt das?
ANDRI. Manche.
BARBLIN. Jetzt schau dir meine Bluse an!
ANDRI. Alle.
BARBLIN. Soll ich sie ausziehen? *Barblin zieht ihre Bluse aus.*
ANDRI. Meinesgleichen, sagen sie, ist geil, aber ohne Gemüt, weißt du –
BARBLIN. Andri, du denkst zuviel!
Barblin legt sich wieder auf seine Knie.

Aus: M. Frisch, Andorra. Suhrkamp: Frankfurt a. M. 1961

DEUTSCHSPRACHIGE LITERATUR ZWISCHEN 1945 UND 1968

Literarische Tradition
Sartre Jaspers Camus Heidegger Kierkegaard

Literatur in der Bundesrepublik
Ilse Aichinger
Ingeborg Bachmann
Wolfgang Borchert
H. M. Enzensberger
Rolf Hochhuth
Wolfgang Koeppen
Siegfried Lenz
Alfred Andersch
Heinrich Böll
Paul Celan
Günter Grass
Uwe Johnson
Elisabeth Langgässer
Martin Walser

Literatur in Österreich
Ingeborg Bachmann
Thomas Bernhard
Peter Handke
Brigitte Schwaiger

Literatur in der Schweiz
Max Frisch
Friedrich Dürrenmatt

12 Literatur in der DDR (1945–1990)

12.1 Die DDR zwischen 1945 und 1990

Anders als im pluralistischen Westen war die Literatur in der DDR von vornherein durch die politischen Rahmenbedingungen eingeschränkt; sie musste die jeweils aktuelle Linie der SED unterstützen. Diese **politische Funktion**, die die Literatur im Sozialismus innehatte, wertete sie auf, legte sie aber ideologisch fest. Abweichungen von den offiziellen Vorgaben wurden meist rigoros mit Schikanen, Zensur, Publikationsverbot oder Ausbürgerung des Autors geahndet.

Die Eckdaten der DDR-Literatur entsprechen der politischen Geschichte und sind deckungsgleich mit der Existenz des deutschen Ost-Staates: Ursprünglich konstituiert als „sowjetisch besetzte Zone“ (SBZ), wurde 1949 die DDR als zweiter deutscher Staat gegründet. Dieser existierte bis zur Wiedervereinigung der Bundesrepublik Deutschland am 3. Oktober 1990.

12.1.1 Die politische Situation

Nach der Kapitulation vom Mai 1945 und der sich anschließenden Besatzungszeit entstand unter dem Einfluss der KPdSU und der SED parallel zur Bundesrepublik im Westen die DDR im Osten als eigenständiger Staat. Wenige Jahre später beschloss die SED offiziell den „Aufbau des Sozialismus“, also die Übernahme des politischen und wirtschaftlichen Systems der Sowjetunion. Oppositionelle wurden von der „Staatssicherheit“ (Stasi) bekämpft, Fluchtwege wurden geschlossen. Der **Arbeiteraufstand** vom 17. Juni 1953 bedeutete einen Rückschlag für die Herrschenden, durch den Bau der Berliner Mauer 1961 versuchten sie, die hohen Flüchtlingszahlen zu minimieren. Die neue Verfassung von 1968 definierte den Sozialismus als eigenständige Gesellschaftsform. Erst in der **Ära Honecker** (ab 1971) entkrampften sich die Beziehungen zwischen BRD und DDR, der **„Grundlagenvertrag“** (1972) machte den Weg frei für ein gleichberechtigtes Nebeneinander der beiden deutschen Staaten. Die Reform-Politik des sowjetischen Präsidenten Gorbatschow schaffte dann den Freiraum für die Oppositionsgruppen, die mit der offiziellen Politik der DDR-Führung unzufrieden waren und sich in den sog. Montagsdemonstrationen artikulierten. Tausenden gelang 1989 die Flucht über Ungarn und Österreich in die Bundesrepublik, bis die Regierung Honecker dem öffentlichen Druck nicht mehr Stand halten konnte und am 18. 10. 1989 zurücktrat. Bis zur Wiedervereinigung war es nur noch ein kleiner Schritt.

12.1.2 Kulturelle Voraussetzungen

Die Literatur hat in den sozialistischen Staaten einen hohen Stellenwert. Dies liegt darin begründet, dass sich die politischen Systeme mithilfe der Gesellschaftswissenschaften legitimieren und die Literatur- bzw. Sprachwissenschaft als Teil jener definiert ist. Grundlage jeder offiziellen, staatstragenden Literatur sind die Schriften von Karl Marx und Friedrich Engels, von Lenin, Stalin und anderen sozialistischen Staatsdenkern und Führerpersönlichkeiten, die teilweise auch literaturtheoretische Direktiven verfasst hatten.

12.2 Die Literatur der DDR

12.2.1 Antifaschistische Sammlung (nach 1945)

Nach 1945 gab es in der SBZ, der späteren DDR, keine offenen Auseinandersetzungen zwischen bürgerlichen und kommunistischen Positionen. Vielmehr versuchte man im Sinne der „Volksfrontpolitik" unter dem Schlagwort der **„antifaschistisch-demokratischen Ordnung"** zu den kommunistisch gesinnten auch die großen bürgerlichen Autoren der Weimarer Zeit aus dem Exil zurück sowie die Vertreter der inneren Emigration ins Land zu holen.

In ihren Anfängen war die Literatur der DDR von den zurückkehrenden Exilautoren wie Bertolt Brecht, Anna Seghers, Arnold Zweig, Friedrich Wolf und Stephan Hermlin bestimmt. Schon 1945 wurde in der sowjetischen Besatzungszone der **„Kulturbund zur demokratischen Erneuerung Deutschlands"** gegründet, dessen erster Präsident der Schriftsteller Johannes R. Becher war. Als Ehrenpräsident fungierte Gerhart Hauptmann. Der Kulturbund prägte den scheinbar überparteilichen Charakter der frühen DDR-Literatur entscheidend mit, ohne völlig verschleiern zu können, dass die Literatur den Aufbau des sozialistischen Staates unterstützen sollte.

Ab 1948 baute Bertolt Brecht zusammen mit seiner Frau Helene Weigel das „Berliner Ensemble" auf, das Berlin als Theaterstadt wieder Weltgeltung verschaffte. Im Goethe-Jahr 1949 kam sogar Thomas Mann als Redner nach Weimar, was für die SBZ einen erheblichen Prestigegewinn bedeutete.

12.2.2 Sozialistischer Realismus (ab 1950)

Heiner Müller (1929–1995)

Auf dem III. Parteitag der SED im Juli 1950 wurde der sozialistische Realismus zur Doktrin erhoben. Die Autoren wurden angewiesen, den **Aufbau des Sozialismus** bzw. seine Errungenschaften zu beschreiben; dazu sollten sie positive Helden („Held der Arbeit") in den Mittelpunkt ihrer Werke stellen. Der führende Theoretiker war der Literaturwissenschaftler Georg Lukács. Eduard Claudius und Heiner Müller versuchten sich erfolgreich auf dem Gebiet der Produktionsliteratur, doch schon bald war die Thematik erschöpft.

In der kurzen Periode des **„Tauwetters"** nach Stalins Tod und dem Arbeiteraufstand 1953 übten viele Autoren, allen voran Brecht und J. R. Becher, verstärkt Kritik an der engen Auslegung der geltenden Doktrin vom sozialistischen Realismus. Da jedoch in der Folge der Freiraum für kritisches Denken nach wie vor bedrückend eng blieb und schon nach den Unruhen in Polen und Ungarn 1956 eine neue Eiszeit im kulturellen Leben einsetzte, verließen selbst berühmte Denker wie Ernst Bloch (*Das Prinzip Hoffnung*, 1959) die DDR.

12.2.3 „Bitterfelder Weg" (1959–1964)

1959 begann eine neue kulturpolitische Phase: Auf Anregung der SED kamen im Chemiekombinat Bitterfeld Parteifunktionäre, Literaten und schreibende Arbeiter zusammen und riefen den sog. Bitterfelder Weg ins Leben: Die Arbeiter sollten sich der Literatur zuwenden, Schriftsteller in Betrieben Studien betreiben. Das Ziel war eine engere **Verzahnung von Kunst und Arbeitswelt** und die Entstehung echter **Dokumentarliteratur**. Das Motto für das neue Vorhaben lautete: „Greif zur Feder, Kumpel, die sozialistische Nationalkultur braucht dich!" Fünf Jahre später war diese literarische Strömung, die sich in der Produktion von eher langweiligen Industrieromanen erschöpfte, gescheitert.

Die Westintegration der Bundesrepublik, der Mauerbau sowie damit einhergehend ein ausgeprägteres Staatsbewusstsein der DDR-Bürger schlugen sich Anfang der 60er-Jahre auch in der Literatur nieder. Als **„Ankunftsliteratur"** – nach dem Roman von Brigitte Reimann *Ankunft im Alltag* (1961) benannt – oder **Reformliteratur** kann die Literatur bezeichnet werden, die nun die jüngere Generation jener Schriftsteller schrieb, die in der DDR aufwuchsen und Kritik nur an den Einzelerscheinungen einer sonst akzeptierten gesellschaftlichen Ordnung übten. Christa Wolfs *Geteilter Himmel* (1963) mit seiner Absage an die Republikflucht steht exemplarisch für diese Phase.

12.2.4 Kulturpolitische Liberalisierung in der Ära Honecker und der Fall Biermann

Wolf Biermann (geb. 1936)

Mit dem Machtwechsel von Ulbricht zu Honecker kam es zu einer Liberalisierung im Bereich der Kulturpolitik. Das Konzept vom sozialistischen Realismus verlor an Bedeutung, es folgte eine Phase **zunehmender Subjektivität** in der Literatur. Christa Wolfs *Nachdenken über Christa T.* (1968) oder die sprachlich saloppe Liebesgeschichte *Die neuen Leiden des jungen W.* (1972) von Ulrich Plenzdorf (1934–2007) stehen dafür exemplarisch.

Die **Ausweisung** des unbequemen Lyrikers **Wolf Biermann** (geb. 1936) im Jahr 1976 bedeutete eine Zäsur nicht nur in der Literatur, sondern in der gesamten Kulturpolitik der DDR. Dem Wahl-DDR-Bürger Biermann wurde nach einem Konzert in Köln die Rückkehr in die DDR verweigert: Mehr als 70 Künstler und Schriftsteller unterzeichneten daraufhin einen Protestbrief, eine Reihe von Schriftstellern verließ das Land (u. a. Sarah Kirsch, Reiner Kunze, Günter Kunert, H.-J. Schädlich, Jurek Becker) und siedelte in die Bundesrepublik über.

12.2.5 Zwischen Repression und Anpassung in den 80er-Jahren

Nach 1979 mussten die DDR-Autoren mit Repressalien rechnen, die im Westen veröffentlichten; der neue § 219 („Ungesetzliche Verbindungsaufnahme") ließ sich gegen jeden unliebsamen Autor anwenden. Die Zahl derer, die die DDR in der Folgezeit verließen, wurde immer größer, darunter so bekannte Namen wie Klaus Schlesinger, Bettina Wegner, Erich Loest und Kurt Bartsch.
Diejenigen, die blieben, zogen sich häufig in das Umfeld der evangelischen Kirche zurück, die Lesungen oppositioneller Autoren zuließ und schützte. Um

den Prenzlauer Berg in Berlin entstand zeitgleich eine **alternative Literaturszene.** Radikale Zivilisationskritik, Endzeitgedanken und Umweltbewusstsein sind die Themen der Literatur der 80er-Jahre. Vor allem in den Romanen Christa Wolfs (*Kassandra*, 1983; *Störfall*, 1987) und Franz Fühmanns (*Das Ohr des Dionysos*, 1985) werden sie thematisiert und auch dem Lesepublikum im Westen zugänglich gemacht. Bedeutende Autoren der DDR sind:

Jurek Becker (1937–1997)
Der Sohn jüdisch-polnischer Eltern verbrachte seine Kindheit im Getto in Lodz und in den Konzentrationslagern Ravensbrück und Sachsenhausen. Im Getto ist auch sein bekanntester Roman *Jakob der Lügner* (1969) angesiedelt: Der Jude Jakob Heym behauptet, im Besitz eines Radioapparates zu sein und Nachrichten über eine bevorstehende Befreiung der Lagerinsassen empfangen zu haben. Diese Lüge macht weitere notwendig, da die Menschen in Jakobs Umgebung keine andere Hoffnung mehr besitzen. Am Ende bewahrheitet sich scheinbar die Prognose Jakobs: Die sowjetischen Befreier nähern sich dem Lager – für die Nazis ein Grund, die Gefangenen zu töten und das Getto dem Erdboden gleich zu machen. Auch andere Romane Beckers fanden beim Lesepublikum große Beachtung, z. B. *Irreführung der Behörden* (1973), *Der Boxer* (1976) und *Amanda herzlos* (1992). Einer breiteren Öffentlichkeit wurde Becker als Drehbuchautor der ARD-Serie *Liebling Kreuzberg* bekannt.

Wolf Biermann (geb. 1936)
Biermann wurde in Hamburg als Sohn eines wenige Jahre später im KZ Auschwitz ermordeten Arbeiters geboren. 1953 siedelte er in den sozialistischen Teil Deutschlands um, wo er studierte, Assistent am Berliner Ensemble wurde und politische Lieder (*Die Drahtharfe*, 1965; *Mit Marx- und Engelszungen*, 1968) schrieb und sang. In seinen Songs kritisierte er die politischen Verhältnisse in der DDR, da sie sich weit von der kommunistischen Theorie entfernt hätten. Die SED-Funktionäre reagierten rasch: Sie rieten Biermann, die DDR zu verlassen und erteilten ihm Auftrittsverbot. Nach einem Konzert im Westen 1976 verweigerten sie ihm die Rückkehr in die DDR und entzogen ihm die Staatsbürgerschaft. Biermann blieb fortan in der Bundesrepublik. 1989, nach dem Fall der Mauer, trat er wieder in Leipzig auf. Im wiedervereinigten Deutschland erhielt der umstrittene Künstler zahlreiche Preise und Ehrungen. 1991 wurde er mit dem Mörike-Preis und dem Georg-Büchner-Preis ausgezeichnet. 1993 ehrte ihn die Stadt Düsseldorf mit dem Heinrich-Heine-Preis. Im Jahr 2006 erhielt er das Große Bundesverdienstkreuz und im Jahr 2007 die Ehrenbürgerwürde der Stadt Berlin.

Monika Maron (geb. 1941)
Auch diese Autorin muss zu den „großen Namen“ der DDR-Literatur gerechnet werden. Spätestens seit ihrem Roman *Stille Zeile Sechs* (1991) ist sie einem größeren Leserkreis bekannt. Doch schon der Roman *Flugasche* (1981) erregte Aufsehen, durfte er doch in der DDR nicht erscheinen. Was ist der Grund dafür? Im Mittelpunkt dieses Buches steht die Journalistin Josefa Nadler, die über die Stadt B., die „schmutzigste Stadt Europas“, eine Reportage schreibt. Dabei gibt sie eine Innenansicht der DDR, die nicht der offiziellen und verbindlichen Sichtweise der SED-Funktionäre entsprach; im Gegenteil: Sie zeigt ganz offen die durch die Industrie entstandenen Umweltschäden, aber auch das deformierte Selbstbewusstsein der Fabrikarbeiter auf.

In *Pawels Briefe* (1999) zeichnet die Autorin anhand von Briefen, Fotos und Erinnerungsstücken aus ihrer eigenen Familie das Portrait einer Familie in drei Generationen nach und leistet damit einen Beitrag zur Aufarbeitung der deutschen Geschichte im 20. Jahrhundert.

12.2.6 Literarische Gattungen

In den Anfangsjahren der Literatur in der SBZ bzw. DDR dominierten **Lyrik** und **Drama.** Für die Lyrik ist ein hymnischer, pathetischer Stil typisch, den man in vielen Gedichten Johannes R. Bechers erkennen kann. Bedeutende Naturgedichte schrieben Peter Huchel und Johannes Bobrowski. Auch Brecht ist als Lyriker hervorgetreten (*Buckower Elegien*, 1953), wichtiger sind aber seine Stücke (*Die Tage der Commune*, 1956; *Turandot oder Der Kongreß der Weißwäscher*, 1967). Andere bedeutende Dramatiker sind Peter Hacks (1928–2003), Heiner Müller (1929–1995) und Volker Braun (geb. 1939).

Der erzählenden **Prosa** kam in der Phase des sozialistischen Realismus besondere Bedeutung zu, da die damals aktuellen Themen die epische Schilderung verlangten. „Produktions- und Ankunftsromane“ schrieben Erwin Strittmatter (*Katzgraben*, 1954), Günter de Bruyn (*Buridans Esel*, 1968) und Erich Loest (*Es geht seinen Gang oder Mühen in unserer Ebene*, 1978). Auch die seit den 70er-Jahren entstehende Frauenliteratur ist meist Prosa-Literatur: Brigitte Reimann (*Franziska Linkerhand*, 1974), Irmtraud Morgner (*Amanda. Ein Hexenroman*, 1983), Maxie Wander (*Guten Morgen, du Schöne*, 1977) und Christa Wolf (*Kein Ort. Nirgends*, 1979; *Kassandra*, 1983; *Medea. Stimmen*, 1996).

12.2.7 Literarisches Leben: Vom Literaturinstitut „Johannes R. Becher“ zum „Deutschen Literaturinstitut“

Um im Sinne des sozialistischen Realismus eine Elite von Schriftstellern heranzubilden, wurde auf Beschluss der DDR-Regierung 1955 in Leipzig das **Literaturinstitut „Johannes R. Becher“** gegründet. In Seminaren zu Lyrik, Dramatik und Prosa konnten die Autoren das Schreiben erlernen, daneben steckten weitere Lehrveranstaltungen den geistigen und ideologischen Rahmen ab: z. B. in Ästhetik, Stilistik, Literaturkritik sowie Marxismus-Leninismus. Zu dem Studium an diesem Institut, das Hochschulstatus hatte, gehörte auch ein Praktikum in einem VEB Braunkohlenwerk.

Nach der Wiedervereinigung 1990 wurde das Institut aufgelöst, da das Lehrangebot nicht den Prinzipien eines demokratischen Rechtsstaats entsprach. Nach Protesten von Studenten und angesehenen Professoren wie Walter Jens und Hans Mayer fand man einen Kompromiss: Das Institut wurde 1995 als **„Deutsches Literaturinstitut“** neu gegründet und der Universität Leipzig angegliedert. Als Direktoren konnten Bernd Jentzsch (1995–1999), Hans-Ulrich Treichel (1999–2001) und Josef Haslinger (seit 2001) gewonnen werden.

12.3 Autoren und Werke

12.3.1 Über den Umgang mit dem literarischen „Erbe“: Plenzdorfs Roman „Die neuen Leiden des jungen W.“

Kurzbiografie: Ulrich Plenzdorf

1934	geboren in Berlin-Kreuzberg
	Studium des Marxismus-Leninismus, anschließend Studium an der Filmhochschule Babelsberg, Arbeit als Filmdramaturg
1973	*Die neuen Leiden des jungen W.* (Roman)
1974	*Die Legende von Paul und Paula* (Drehbuch)
1979	*Legende vom Glück ohne Ende* (Erzählungen)
1983	*Gutenachtgeschichten*
2007	gestorben in Berlin

Schon seit den 50er-Jahren war die „Aneignung“ des klassischen, bürgerlichen Literaturerbes die Strategie der offiziellen Literaturpolitik der DDR. Mithilfe der Literatur der Aufklärung, der Klassik, des Vormärz und des Realismus sollte die Umerziehung der Bevölkerung im sozialistischen Sinn geleistet werden.

Mit Ulrich Plenzdorf griff auch ein junger Ostberliner Drehbuchautor auf ein Werk Goethes (*Die Leiden des jungen Werthers*, 1774) zurück. Beabsichtigten jedoch die Kulturfunktionäre eine widerspruchsfreie, verklärende Orientierung an den vergangenen Literaturepochen, so entdeckte er Goethes Roman für seine Generation neu und interpretierte ihn im Hinblick auf die veränderte gesellschaftliche, politische und geschichtliche Situation um.

Worum geht es in Plenzdorfs Roman, der auch in einer Dramenfassung existiert? Der junge Edgar Wibeau, Werthers alter ego, kommt mit der Gesellschaft nicht zurecht: Er bricht seine Lehrlingsausbildung ab, zieht von der Provinz nach Berlin, haust dort in einer Schrebergartenkolonie, malt, bastelt und lebt ohne Lohnarbeit in den Tag hinein. Er verliebt sich in die Kindergärtnerin Charlotte, die jedoch ihren Freund Dieter heiraten will. Edgar, ohne Perspektive auf soziale Integration, steigert sich immer mehr in die Vorstellung hinein, er sei ein von der Gesellschaft verkanntes Genie. So glaubt er, mit der Erfindung eines nebellosen Farbspritzgeräts allgemeine Anerkennung zu finden. Bei Versuchen mit dem neuen Gerät verunglückt er jedoch tödlich.

Plenzdorfs *Die neuen Leiden des jungen W.* Verfilmung BRD 1976, Regie: Eberhard Itzenplitz

Plenzdorf ist es mit seinem Roman gelungen, die **Werther-Handlung** zu **aktualisieren.** Doch auch Goethes Werk ist ständig präsent; es wird von Edgar Wibeau als Zitatenvorrat benützt, nachdem er es als Reclam-Heft auf der Toilette gefunden hat. Dieser Umgang mit dem „Erbe" entsprach nicht den Vorstellungen der DDR-Kulturpolitiker; sie warfen Plenzdorf vor, mit der Doktrin des sozialistischen Realismus gebrochen zu haben. Verboten wurde

Plenzdorfs Buch jedoch nicht, dafür war es schon zu populär: Fast die Hälfte der Jugendlichen in der DDR erklärten in einer Umfrage, sie würden Wibeaus Kritik an der DDR-Gesellschaft teilen. Die folgende Textstelle schildert, wie Edgar Goethes *Werther*-Roman in die Hände fällt:

> Der Garten war dunkel wie ein Loch. Ich rannte mir fast überhaupt nicht meine olle Birne an der Pumpe und an den Bäumen da ein, bis ich das Plumpsklo fand. An sich wollte ich mich bloß verflüssigen, aber wie immer breitete sich das Gerücht davon in meinen gesamten Därmen aus. Das war ein echtes Leiden von mir. Zeitlebens konnte ich die beiden Geschichten nicht auseinander halten. Wenn ich mich verflüssigen musste, musste ich auch immer ein Ei legen, da half nichts. Und kein Papier, Leute. Ich fummelte wie ein Irrer in dem ganzen Klo rum. Und dabei kriegte ich dann dieses berühmte Buch oder Heft in die Klauen. Um irgendwas zu erkennen, war es zu dunkel. Ich opferte also zunächst die Deckel, dann die Titelseite und dann die letzten Seiten, wo erfahrungsgemäß das Nachwort steht, das sowieso kein Aas liest. Bei Licht stellte ich fest, dass ich tatsächlich völlig exakt gearbeitet hatte [...] Nach zwei Seiten schoss ich den Vogel in die Ecke. Leute, das konnte wirklich kein Schwein lesen. Beim besten Willen nicht. Fünf Minuten später hatte ich den Vogel wieder in der Hand. Entweder ich wollte bis früh lesen oder nicht. Das war meine Art. Drei Stunden später hatte ich es hinter mir.
> Ich war fast gar nicht sauer! Der Kerl in dem Buch, dieser Werther, wie er hieß, macht am Schluss Selbstmord. Gibt einfach den Löffel ab. Schießt sich ein Loch in seine olle Birne, weil er die Frau nicht kriegen kann, die er haben will, und tut sich ungeheuer leid dabei. Wenn er nicht völlig verblödet war, musste er doch sehen, dass sie nur darauf wartete, dass er etwas *machte,* diese Charlotte [...] Und was macht er? Er sieht ruhig zu, wie sie heiratet. Und dann murkst er sich ab. Dem war nicht zu helfen.

Aus: U. Plenzdorf, Die neuen Leiden des jungen W. Hinstorff: Rostock 1973

12.3.2 Heins Novelle „Der fremde Freund / Drachenblut“

Kurzbiografie: Christoph Hein

1944	geboren in Heinzendorf/Schlesien als Sohn eines Pfarrers
nach 1960	Tätigkeit als Buchhändler, Kellner, Journalist und Schauspieler
ab 1967	Studium der Philosophie in Leipzig und Berlin
1971	Dramaturg bei der Berliner Volksbühne
seit 1979	freier Schriftsteller in Berlin

Hein zählt neben Heiner Müller und Peter Hacks zu den bedeutendsten Dramatikern der DDR (*Cromwell*, 1980; *Die wahre Geschichte des Ah Q*, 1983). In der Bundesrepublik wurde er vor allem mit der Novelle *Drachenblut* (1983; in der DDR 1982 unter dem Titel *Der fremde Freund* erschienen) bekannt, in der Hein eine vierzigjährige Krankenhausärztin namens Claudia in ihrer von Alltäglichkeiten bestimmten Existenz vorstellt. An den Erfolg dieser Novelle konnte Hein auch mit den Romanen *Horns Ende* (1985), *Der Tangospieler* (1989), *Willenbrock* (2000) und *Frau Paula Trousseau* (2007) sowie dem Drama *Die Ritter der Tafelrunde* (1989) anknüpfen.

In folgendem Textauszug, dem Schluss der Novelle, zieht die Ich-Erzählerin Bilanz über ihr bisheriges Leben. Dieses ist von so vielen Verletzungen geprägt, dass sie nicht mehr bereit – oder in der Lage? – ist, Gefühle zu investieren und angreifbar zu sein. Der Rückzug in das eigene Ich und die begrenzte Existenz drückt sich durch die karge Sprache, die immer gleichen Satzbaumuster und das Personalpronomen in der 1. Person Singular am Satzanfang aus:

Ich vermisse Katharina jetzt sehr. Es ist fünfundzwanzig Jahre her, dass ich sie zum letzten Mal gesehen habe, und ich wollte, wir wären zusammengeblieben. Wir trennten uns mit der grausamen Art von Kindern und fanden es beide gewiss weniger fürchterlich, als es war. Ich wusste damals nicht, dass ich nie wieder einen Menschen so vorbehaltlos lieben würde. Dieser Verlust schmerzt mich. Keine der späteren Trennungen, von Hinner, von den Männern nach ihm, auch nicht die von Henry, haben mich wirklich umgeworfen. Wahrscheinlich war mein Verhältnis zu ihnen von dem Wissen geprägt, sie eines Tages zu verlieren oder doch verlieren zu können. Diese Vernunft machte mich unabhängig und einsam. Ich bin gewitzt, abgebrüht, ich durchschaue alles. Mich wird nichts mehr überraschen. Alle Katastrophen, die ich noch zu überstehen habe, werden mein Leben nicht durcheinander würfeln. Ich bin darauf vorbereitet. Ich habe genügend von dem, was man Lebenserfahrung nennt. Ich vermeide es, enttäuscht zu werden. Ich wittere schnell, wo es mir passieren könnte. [...] Ich bin auf alles eingerichtet, ich bin gegen alles gewappnet, mich wird nichts mehr verletzen. Ich bin unverletzlich geworden. Ich habe in Drachenblut gebadet, und kein Lindenblatt ließ mich irgendwo schutzlos. Aus dieser Haut komme ich nicht mehr heraus.

Aus: C. Hein, Der fremde Freund. Aufbau: Berlin 1982

12.3.3 Ein Beispiel für Lyrik in der DDR: Kunzes „Sensible Wege"

Kurzbiografie: Reiner Kunze

1933	geboren als Sohn eines Bergarbeiters in Oelsnitz im Erzgebirge
1951–1955	Studium der Philosophie und Journalistik in Leipzig
1959	verlässt aus politischen Gründen die Universität, arbeitet in der Landwirtschaft, im Maschinenbau und in Zeitungsredaktionen
1968	nach 18 Jahren Parteizugehörigkeit Austritt aus der SED
1969	*Sensible Wege* (Gedichte)
1976	*Die wunderbaren Jahre* (Prosa)
1976	Ausschluss aus dem Schriftstellerverband
1977	Übersiedelung in den Westen
1998	*Ein Tag auf dieser Erde* (Gedichte)
2007	*Lindennacht* (Gedichte)

Sensible Wege

Sensibel
ist die erde über den quellen: kein baum darf
gefällt, keine wurzel
gerodet werden

Die quellen könnten
versiegen

Wie viele bäume werden
gefällt, wie viele wurzeln
gerodet
in uns

Aus: R. Kunze, Sensible Wege. Achtundvierzig Gedichte und ein Zyklus. Rowohlt: Reinbek bei Hamburg 1969, S. 9

Der Gedichtband *Sensible Wege* durfte 1968 nur in der BRD erscheinen. Zu brisant schien den DDR-Machthabern der Inhalt, um seine Veröffentlichung zu genehmigen. Zwei Lesarten können an das Gedicht angelegt werden: die ökologische, der zufolge das Gedicht ein Natur- und Warngedicht ist (vgl. erste Strophe), und die politische, die sich erst nach vollständiger Lektüre aufgrund des letzten Verses erschließt. Die Verse der Mittelachse („Die quellen könnten versiegen") stellen den Zusammenhang zwischen den Strophen eins und drei sowie zwischen den beiden möglichen Lesarten her; sie spielen an auf das Austrocknen des (natürlichen) Bodens wie auch auf das Ausdörren der Literaturlandschaft DDR aufgrund des Weggangs vieler Autoren und Künstler.

12.3.4 Christa Wolfs ‚Erinnerungsmonolog' „Kassandra"

Kurzbiografie: Christa Wolf

1929	geboren in Landsberg a. d. W. (Gorzów Wielkopolski, Polen)
1945	Flucht nach Mecklenburg
1949	Abitur, Eintritt in die SED
1949–1953	Studium der Germanistik
seit 1962	als Schriftstellerin wohnhaft bei Berlin
1982	Dozentin für Poetik an der Universität Frankfurt a. M.
1983	*Kassandra* (Erzählung)
1996	*Medea. Stimmen* (Roman)

Christa Wolf ist wohl die am meisten beachtete und nach der Wiedervereinigung am heftigsten kritisierte Schriftstellerin der DDR. Furore machte beinahe jedes ihrer Werke: *Der geteilte Himmel* (1963), der sich in der Tradition des „Bitterfelder Weges" befindet, *Nachdenken über Christa T.* (1968), der als Roman einer Emanzipation gelesen werden kann, auch *Kindheitsmuster* (1976), in dem die Autorin ihrer eigenen Existenz nachspürt und dabei die nationalsozialistische Vergangenheit der DDR thematisiert.

Auf dem Höhepunkt des Ost-West-Konflikts veröffentlichte Christa Wolf die Erzählung *Kassandra* (1983), in der die trojanische Königstochter, die über seherische Gaben verfügt, ihr Leben in einer patriarchalischen Gesellschaft sowie Ursache, Verlauf und mögliche Folgen des (trojanischen) Krieges reflektiert. Christa Wolf wagt eine feministische Neudeutung des antiken Mythos.

Der Erinnerungsmonolog Kassandras beginnt mit ihrer Ankunft als Gefangene in Mykene. Sie und ihre Dienerin Marpessa sind die Kriegsbeute des Königs Agamemnon; es trennen sie nur noch Minuten von ihrer Ermordung. Um mit ihrer Todesangst fertig zu werden, denkt Kassandra über ihr Leben nach. Die Gedanken kommen wirr, ungeordnet, was der eigenartig wirkende Satzbau mit vielen Parataxen, Ellipsen und Interjektionen verdeutlicht:

> Hier war es. Da stand sie. Die steinernen Löwen, jetzt kopflos, haben sie angeblickt. Diese Festung, einst uneinnehmbar, ein Steinhaufen jetzt, war das letzte, was sie sah. Ein lange vergessener Feind und die Jahrhunderte, Sonne, Regen Wind haben sie geschleift. Unverändert der Himmel, ein tiefblauer Block, hoch, weit. Nah die zyklopisch gefügten Mauern, heute wie gestern, die dem Weg die Richtung geben: zum Tor hin, unter dem kein Blut hervorquillt. Ins Finstere. Ins Schlachthaus. Und allein.

Mit der Erzählung gehe ich in den Tod.

Hier ende ich, ohnmächtig, und nichts, nichts was ich hätte tun oder lassen, wollen oder denken können, hätte mich an ein andres Ziel geführt. Tiefer als von jeder andren Regung, tiefer selbst als von meiner Angst, bin ich durchtränkt, geätzt, vergiftet von der Gleichgültigkeit der Außerirdischen gegenüber uns Irdischen. Gescheitert das Wagnis, ihrer Eiseskälte unsre kleine Wärme entgegenzusetzen. Vergeblich versuchen wir, uns ihren Gewalttaten zu entziehn, ich weiß es seit langem. Doch neulich nachts, auf der Überfahrt, als aus jeder Himmelrichtung die Wetter unser Schiff zu zerschmettern drohten; niemand sich hielt, der nicht festgezurrt war; als ich Marpessa traf, wie sie heimlich die Knoten löste, die sie und die Zwillinge aneinander und an den Mastbaum fesselten; als ich, an längerer Leine hängend als die anderen Verschleppten, bedenkenlos, gedankenlos mich auf sie warf; sie also hinderte, ihr und meiner Kinder Leben den gleichgültigen Elementen zu lassen, und sie statt dessen wahnwitzigen Menschen überantwortete; als ich, vor ihrem Blick zurückweichend, wieder auf meinem Platz neben dem wimmernden, speienden Agamemnon hockte – da mußte ich mich fragen, aus was für dauerhaftem Stoff die Stricke sind, die uns ans Leben binden. Marpessa, sah ich, die wie einmal schon, mit mir nicht sprechen wollte, war besser vorbereitet, auf was wir nun erfahren, als ich, die Seherin; denn ich zog Lust aus allem, was ich sah – Lust; Hoffnung nicht! – und lebte weiter, um zu sehn.

Aus: C. Wolf, Kassandra. Aufbau: Berlin 1983

LITERATUR IN DER DDR

Zeitliche Einordnung	Leitende Ideen	Autoren, Werke
Antifaschistische Sammlung (nach 1945)	– Rückholung der Exilautoren – Umerziehung im Sinne des Kommunismus – „Aneignung des literarischen Erbes“	– Plievier: *Stalingrad* – Seghers: *Das siebte Kreuz; Der Ausflug der toten Mädchen* – Brecht: *Kalendergeschichten; Kleines Organon für das Theater*
Sozialistischer Realismus (ab 1950)	– Aufbauliteratur – positive Helden – Produktionsliteratur	– Becher: *Deutsche Sonette* – Johnson: *Ingrid Babendererde*
„Bitterfelder Weg“ (1959–1964)	– „Greif zur Feder, Kumpel!“ – Ankunftsliteratur	– Wolf: *Der geteilte Himmel* – Strittmatter: *Ole Bienkopp* – Kant: *Die Aula*
Kulturpolitische Liberalisierung und der Fall Biermann (nach 1971)	– zunehmende Subjektivität – Frauen-Emanzipation	– Becker: *Jakob der Lügner* – Wolf: *Nachdenken über Christa T.; Kein Ort. Nirgends* – Plenzdorf: *Die neuen Leiden des jungen W.*
Zwischen Repression und Anpassung (80er-Jahre)	– Zivilisationskritik – Kulturkritik – postmoderne Schreibweisen	– Hein: *Drachenblut; Der Tangospieler* – Wolf: *Kassandra; Störfall* – Maron: *Stille Zeile Sechs*

13 Literatur zwischen 1968 und 1990

13.1 1968: Das Ende der Nachkriegszeit in Deutschland

Im Jahr 1968 war die unmittelbare Nachkriegszeit in der Bundesrepublik Deutschland zu Ende. Die Kriegswirren waren vorbei, die Menschen hatten sich in ihrem Staat wieder eingerichtet, manche hatten Karriere gemacht, viele lebten in Wohlstand, die Wirtschaft florierte – und dass sich das alles jemals wieder ändern könnte, daran dachte damals niemand. Für die Jungen war dies alles eine Selbstverständlichkeit, auf die sie nicht stolz waren; ganz im Gegenteil: Sie lehnten den äußerlichen Luxus ab, kritisierten das Karrierestreben der Elterngeneration und fragten nach den „dunklen Seiten", den unbewältigten Problemen der deutschen Nachkriegsgeschichte. Diese Anhänger der sog. **68er-Bewegung**, meist linksgerichtete Studenten, Professoren und Künstler, äußerten sich in Abgrenzung zur Elterngeneration politisch und schufen politisch-engagierte Werke. Ausgehend von den USA, wo es 1968 politische Umbrüche (Anti-Kriegs-Demonstrationen, Ermordung Martin Luther Kings) gab, war die jugendliche Protestbewegung nach Frankreich und Deutschland gekommen. In Deutschland kritisierten die 68er die Bindung Westdeutschlands an die USA, die in Vietnam Krieg führten, die Verdrängung der deutschen Schuld der Nazi-Zeit sowie die politische und gesellschaftliche Restauration der Adenauer-Zeit; sie sagten alten Autoritäten in Staat, Kirche und Gesellschaft den Kampf an und traten für demokratische Prozesse im Bereich der Bildung (Schule, Universität), Gleichstellung von Minderheiten und sexuelle Freiheiten (Frauenbewegung, sexuelle Revolution) ein.

Das Jahr 1968 bedeutet einen **Einschnitt in der Geschichte und der Literatur der Bundesrepublik**: Neue Themen wurden diskutiert, neue gesellschaftliche Kräfte gewannen Bedeutung – dies wirkte sich auf alle Lebensbereiche aus, auf die Politik, die Künste, die Literatur, aber auch auf den täglichen Umgang miteinander. In Österreich und der Schweiz verlief diese Entwicklung weniger radikal, fand nur selten ihren Niederschlag in öffentlichen Ereignissen, beeinflusste aber dennoch die Literatur. Anders verhielt es sich in der DDR: Im sozialistischen Machtbereich spielten die Themen der 68er keine Rolle, da man sich – so die offizielle Politik – frühzeitig von der kapitalistischen Gesellschaft und ihren Problemen abgekoppelt hatte.

13.1.1 Die politische Situation nach 1968

Die **Große Koalition** aus CDU, CSU und SPD unter Bundeskanzler Kiesinger und das Fehlen einer wirksamen Opposition im Parlament trieb viele politisch Interessierte auf die Straße; eine außerparlamentarische Opposition, kurz **APO** genannt, entstand. **Studentenunruhen** und Straßenschlachten, Proteste gegen den Schah-Besuch in Deutschland und den Krieg in Vietnam prägten das Bild der 68er-Zeit. Die neue sozialliberale Koalition unter Willy Brandt gab ab 1969 der Bevölkerung wieder das Gefühl, doch politische Veränderungen herbeiführen zu können. Und wirklich war der Stillstand überwunden, die Politik von SPD und FDP, die Brandt unter dem Slogan **„Mehr Demokratie wagen"** zusammenfasste, brachte nicht nur Bewegung in die deutsche Innenpolitik (Senkung des Wahlalters von 21 auf 18 Jahre, neues Scheidungsrecht), sondern auch in die deutsch-deutschen Beziehungen. Mit dem **„Grundlagenvertrag"** von 1972 begann eine neue Ära im deutschen Ost-West-Verhältnis, die bis zur **Öffnung der Berliner Mauer** am 9. November 1989 andauerte.

Demonstranten in Berlin (1968)

In den 70er- und 80er-Jahren gab es eine Reihe von Krisen, die aber die Bundesrepublik nicht ernsthaft erschütterten. Zwar zwangen die Ölkrisen zum Umdenken im Bereich der Nutzung von Energien, auch hatten die Menschen unter den unkalkulierbaren Anschlägen der RAF-Terroristen zu leiden – insgesamt blieb aber die wirtschaftliche und politische Lage in der Bundesrepublik stabil. Auch der Machtwechsel von der SPD/FDP-Regierung unter Helmut Schmidt zur Koalition aus CDU/CSU/FDP unter Helmut Kohl 1982 stand lediglich unter dem zum Schlagwort gewordenen Zeichen einer „geistig-moralischen Wende". Weit reichenden Veränderungen konnte diese „bürgerliche Koalitionsregierung" letztlich nicht initiieren.

13.1.2 Kulturelle und gesellschaftliche Voraussetzungen

Nach 1968 bekamen zahlreiche neue Themen gesellschaftspolitische Bedeutung und beeinflussten die literarische Entwicklung. Hier seien nur Stichworte genannt: Generationenkonflikt, Autoritätenkonflikt, Emanzipation der Frau, Ölkrise, Umweltschutz, „Die Grünen", Nachrüstungsdebatte, Tschernobyl-Katastrophe, Anti-Atomkraft-Bewegung, Rationalisierung, Computerisierung, Abbau von Arbeitsplätzen, Dritte Welt, Nord-Süd-Konflikt.

13.2 Die Literatur der BRD nach 1968

13.2.1 Sozialkritische Literatur

Die Stimmungslage von 1968 führte zu einer Blüte der gesellschaftskritischen Literatur. Vor allem in der **Prosa** stößt man auf Autoren, die schon in der Nachkriegszeit populär geworden sind: Günter Grass (*Örtlich betäubt*, 1969), Max von der Grün (*Stellenweise Glatteis*, 1973), Martin Walser (*Seelenarbeit*, 1979) und vor allem Heinrich Böll, der im Roman *Gruppenbild mit Dame* (1971) und in der Erzählung *Die verlorene Ehre der Katharina Blum* (1974) den sittlich-moralischen Zustand der Republik kritisch darstellt.

Auch auf dem Theater musste sich der Bildungsbürger den sozialkritischen Spiegel vorhalten lassen. Schon die Dokumentarstücke der 60er-Jahre mit Rolf Hochhuths (geb. 1931) *Stellvertreter* (1963), Heinar Kipphardts (1922–1982) *In der Sache Oppenheimer* (1964) und Peter Weiss' (1916–1982) *Marat/Sade-Stück* (1964/65) und *Die Ermittlung* (1965) hatten die Zielrichtung vorgegeben. Davon profitierten die jungen Autoren der 70er-Jahre: Sie schufen das sozialkritisch ausgerichtete **„neue Volksstück"**. Ein Beispiel ist Rainer Werner Faßbinders (1946–1982) *Katzelmacher* (1969). Martin Sperrs (1944–2002) *Bayerische Trilogie* mit den Stücken *Jagdszenen aus Niederbayern* (1966), *Landshuter Erzählungen* (1967) und *Münchner Freiheit* (1971) richtet den Blick auf die Andersartigkeit Einzelner, die in einer dörflichen Gesellschaft zum Spießrutenlauf führen kann. Franz Xaver Kroetz (geb. 1946) zeigt die Menschen in ihrer Entfremdung, die sich am deutlichsten in ihrer Sprachlosigkeit äußert. Stücke wie *Stallerhof* (1972), *Oberösterreich* (1972) und *Mensch Meier* (1978) sind dafür beispielhaft.

Dominierten in den 60er-Jahren die Sprachspiele der **„konkreten Poesie"** (Eugen Gomringer, geb. 1925, und Ernst Jandl, 1925–2000), so setzte mit den Bemühungen Hans Magnus Enzensbergers um eine neue Lyrik eine Phase der **ideologiekritischen Lyrik** ein: Franz Josef Degenhardt (geb. 1931), Rolf Dieter Brinkmann (1940–1975) und Erich Fried (1921–1988) sind hier zu nennen.

13.2.2 „Neue Subjektivität“

Seit Mitte der 70er-Jahre ist ein verstärkter Trend zu einer **Entpolitisierung der Literatur** zu bemerken. Die in der APO Aktiven und ihre Sympathisanten hatten die Lust am Protest bald verloren, hatten sie doch feststellen müssen, dass die Demonstrationen und Hausbesetzungen das tägliche Leben nur wenig und die politische Praxis noch weniger verändern konnten. Ernüchterung, ja Resignation machte sich auch angesichts des Radikalenerlasses der Regierung Brandt/Scheel breit, demzufolge jeder Anwärter für den öffentlichen Dienst (Lehrer, Richter, Staatsanwälte) auf seine Verfassungstreue überprüft wurde.

Die Autoren gaben sich auch nicht mehr mit Stoffen zufrieden, die die **Befindlichkeiten des Individuums** vernachlässigten. So stellten sie nun wieder verstärkt subjektive Erfahrungen und persönliche Probleme in den Mittelpunkt ihrer Texte. Nur vereinzelt führte dies zu einer „neuen Innerlichkeit“, also zu einer Nabelschau, die die gesellschaftliche Dimension der eigenen Befindlichkeit ausblendete. Meist ging es in den Werken der „neuen Subjektivität“ um Probleme der Gesellschaft – dargestellt jedoch am konkreten Beispiel einer Figur, häufig in biografischer Form oder im Zusammenhang mit der jetzt einer breiteren Öffentlichkeit bekannt werdenden „Frauenliteratur“.

Autoren dieser Stilrichtung sind: Peter Schneider (*Lenz*, 1973), Karin Struck (*Klassenliebe*, 1973), Nicolas Born (*Die erdabgewandte Seite der Geschichte*, 1976), Bernward Vesper (*Die Reise*, 1977), Botho Strauß (*Die Widmung*, 1978), Max Frisch (*Der Mensch erscheint im Holozän*, 1979) sowie die Lyriker Wolf Wondratschek, Rolf Dieter Brinkmann, Ursula Krechel und Karin Kiwus.

Volker Schlöndorff, Günter Grass und Alfred Mechtersheimer bei einer Friedenskette

13.2.3 Autobiografisches Schreiben

Im Zusammenhang mit der „Neuen Subjektivität“ kam es zu einer Renaissance des autobiografischen Schreibens. Viele Autoren wollten sich (und den Lesern) Klarheit über die eigene Situation verschaffen, ihren Standort bestimmen und das Verhältnis zu den Eltern, meist dem Vater, das nach Kriegsende oft problematisch war, neu ausloten. Beispielhaft sind: Max Frisch (*Tagebuch 1966–71*, 1972; *Montauk*, 1975), Günter Grass (*Aus dem Tagebuch einer Schnecke*, 1972), Wolfgang Koeppen (*Jugend*, 1976), Peter Härtling (*Nachgetragene Liebe*, 1986).

13.2.4 Frauenliteratur

Im Zuge der Studentenbewegung Ende der 60er-Jahre und ihrer Kritik an erstarrten gesellschaftlichen und politischen Strukturen und Institutionen sowie im Zusammenhang mit der darauf folgenden subjektiven Weltsicht entstand ein gewissermaßen neues Genre: die feministische Literatur. Zwei Hauptströmungen lassen sich in der überwiegend erzählenden Literatur von Frauen in den 70er-und 80er-Jahren ausmachen: zum einen die Suche nach der eigenen **Identität** und Selbstverwirklichung und zum anderen die **Kritik** an den bestehenden autoritären und patriarchalischen Verhältnissen. Auf der Suche nach dem eigenen Ich gehen die Schriftstellerinnen in ihren vielfach autobiografischen Texten in die eigene Kindheit zurück, wie Helga Novak in ihrem 1979 erschienenen Roman *Die Eisheiligen*, Luise Rinser in *Den Wolf umarmen* (1981) oder Katja Behrens, die in ihrem Roman *Die dreizehnte Fee* (1983) die Geschichte eines Mädchens erzählt, das im Zweiten Weltkrieg geboren wurde. Die Auseinandersetzung mit der Elterngeneration, insbesondere mit den Vätern, ist auch Thema vieler Erzählungen und Berichte von Frauen (Brigitte Schwaiger: *Lange Abwesenheit*, 1980; Ruth Rehmann: *Der Mann auf der Kanzel*, 1979). Das Verhältnis der Geschlechter zueinander beschreiben u. a. Brigitte Schwaiger (*Wie kommt das Salz ins Meer*, 1977), Christa Reinig (*Entmannung*, 1976) und Ulla Hahn (*Ein Mann im Haus*, 1991). Bedeutende Autorinnen sind auch Gabriele Wohmann und die Österreicherin Elfriede Jelinek.

Gabriele Wohmann (geb. 1932 in Darmstadt) ist in einer protestantischen Pfarrersfamilie aufgewachsen. Nach dem Studium der Germanistik, Romanistik, Musikwissenschaft und Philosophie in Frankfurt war sie für kurze Zeit Lehrerin in Langeoog und Darmstadt. Seit 1956 ist sie freie Schriftstellerin und hat zahlreiche Preise und Ehrungen erhalten, z. B. das Villa Massimo-Stipendium 1967/68, den Bremer Literaturpreis 1971, das Bundesverdienst-

kreuz 1980 und den Hessischen Kulturpreis 1988. Ihr Werk, bestehend aus Erzählungen, Romanen (*Frühherbst in Badenweiler*, 1978) und Gedichten, thematisiert **Lebens- und Beziehungskrisen**, wobei die Beschreibung der persönlichen Sphäre gesellschaftliche Mechanismen und Repressionen aufdeckt, die für die individuellen Probleme verantwortlich sind.

Die österreichische Autorin **Elfriede Jelinek** (geb. 1946 in Mürzzuschlag/Steiermark) erhielt 2004 den **Nobelpreis für Literatur**. In ihren Werken beschäftigt sich Jelinek kritisch mit der kapitalistischen Lebensform und zeigt auf, wie diese das Verhalten der Menschen prägt. Sie setzt sich für die **unterprivilegierten Schichten** ein und versucht, deren Bewusstsein für die Manipulation, der sie ausgesetzt sind, zu schärfen. Ein Schwerpunkt ihres literarischen Werks liegt auf der Darstellung der Unterdrückung der Frau. In ihrem Roman *Die Klavierspielerin* (1983) versucht die Protagonistin Erika Kohout, die unter ständiger Beobachtung ihrer Mutter lebt, durch masochistische Sexualpraktiken zu ihrem eigenen Ich zu finden. Die Kritik Jelineks an den gesellschaftlichen Verhältnissen wurde besonders in Österreich oft als **Provokation** verstanden und trug ihr zeitweilig ein Aufführungsverbot für ihre Stücke ein.

13.2.5 Lyrik nach 1968

In der Lyrik werden in den 1970er- und 1980er-Jahren vielfältige Themenbereiche aufgegriffen:

- **Liebeslyrik:** Auffallend ist das gebrochene Verhältnis bzw. die kritische Sicht auf die Liebe, die mit der neuen Subjektivität einhergeht. Oft in gewollt einfacher Sprache, aber mit den Mitteln der modernen Lyrik (Reimlosigkeit, kein festes Metrum, starke Rhythmik, symmetrischer Aufbau, sinntragende Verben oder Nomen) beschreibt Ulla Hahn die Geschlechterproblematik, z. B. im Gedichtband *Herz über Kopf* (1981). Auch Karin Kiwus bediente in den Jahren nach 1968 dieses Genre.
- In ihren **politischen Gedichten** setzten sich Hilde Domin und Rose Ausländer mit den Folgen des Nazi-Regimes auseinander. Beide Autorinnen nehmen in der Literatur des 20. Jahrhunderts eine Sonderstellung ein.

Die aus Czernowitz (im rumänisch-ukrainischen Grenzgebiet) stammende **Rose Ausländer** (1901–1988) siedelte in jungen Jahren in die USA über und wurde amerikanische Staatsbürgerin. Nach der Trennung von ihrem Ehepartner und um ihre kranke Mutter zu pflegen, kehrte sie 1931 in ihre Geburtsstadt zurück. Als die Nationalsozialisten 1933 die Macht übernahmen, und vor allem 1941, als deutsche Truppen Czernowitz besetzten, befand sie sich als Jüdin in akuter Lebensgefahr. Sie wurde ins Getto deportiert und überlebte. Nach 1945 lebte Rose Ausländer in der Bundesrepublik Deutschland. In ihren Gedichten (z. B. *Mutterland*, 1977, *Daheim*, 1980 und *Heimatlos*, 1985) thematisierte sie häufig ihre Heimatlosigkeit.
Hilde Domin (1909–2006), die als Jüdin ebenfalls um ihr Leben fürchten musste, emigrierte kurz vor der „Machtergreifung" nach Italien. Über England flüchtete sie dann in die Dominikanische Republik, wo sie bis zu ihrer Rückkehr nach Deutschland im Jahr 1954 lebte. Auch sie verstand ihr Schreiben stets als Flucht vor den Schrecknissen des Zeitgeschehens, obwohl sie gerade diese immer wieder aufgriff.
Zur Tagespolitik äußerte sich **Alfred Andersch** (1914–1980) in seinem Gedicht *Artikel 3 (3)* (1976), in dem er die Berufsverbote, die aufgrund der Studentenunruhen in Westdeutschland für Anhänger linker Gruppierungen verhängt wurden, mit den Repressionen des NS-Staates verglich.

- Die **Umweltlyrik** versuchte eine Synthese von Naturlyrik und gesellschaftspolitischem Engagement. Themen, die Autoren wie Christoph Meckel (geb. 1935) behandelten, waren: Zerstörung der Natur, Gegensatz von Natur und Technik, Weltuntergang.
- **Poetologische Lyrik**, also Gedichte, die das Dichten selbst zum Inhalt haben, wurden von Karl Krolow, Günter Kunert, Ingeborg Bachmann und Rose Ausländer geschaffen.

13.2.6 Postmoderne Schreibweisen

Schon in den späten 60er-Jahren wurde in den USA die Theorie von der „Postmoderne" entwickelt; seit den 80er-Jahren findet man auch im deutschen Sprachraum mehr und mehr Prosawerke, die der postmodernen Schreibweise verpflichtet sind. Was versteht man unter „Postmoderne"? Gemeint ist im wörtlichen Sinn die Zeit *nach* der literarischen „Moderne", die man mit dem Expressionismus und der Weimarer Zeit gleichsetzt. Die Postmoderne hebt sich also explizit von der Moderne ab, sie will die Diskrepanz zwischen Unterhaltungsliteratur und „ernster", „hoher" Literatur überwinden und prinzipiell jede Leserschaft ansprechen.

Häufige **Kennzeichen** sind:
- Aufhebung von realen Zeitmustern und Ortsvorstellungen, dabei aber häufig Entrückung des Dargestellten an exotische Orte und in historische Ferne,
- Darstellung der Gleichzeitigkeit von Ungleichzeitigem,
- Spiel mit Anachronismen,
- Intertextualität, also Spiel mit der literarischen Tradition (Figuren, Handlungsmuster, Orte usw.),
- Ablehnung vordergründiger Rationalität,
- „Dekonstruktion des Subjekts", d. h. Abkehr von einem klar charakterisierten Helden, Betonung der Wandelbarkeit des Menschen.

Der Leser von Unterhaltungsliteratur wird durch die spannende Handlungsführung sowie die Verlagerung des Romangeschehens an ungewöhnliche Orte und in vergangene Zeiten bedient, der literarisch Interessierte soll aufgrund seiner Textkenntnis die Beziehung zu anderen literarischen Werken herstellen. Diese **mehrfache Rezeptionsmöglichkeit** trägt auch zur großen Verbreitung postmoderner Romane bei. Der erste Erfolg mit einem postmodernen Roman gelang im deutschsprachigen Raum dem Italiener Umberto Eco mit *Der Name der Rose* (1982), der als Klostergeschichte, als Kriminalroman oder als mittelalterliches Sittengemälde gelesen werden kann – je nach Leseerwartung.

Folgende deutschsprachige Romane werden der Postmoderne zugerechnet: Patrick Süskind *Das Parfum* (1985), Christoph Ransmayr *Die letzte Welt* (1988), Peter Handke *Mein Jahr in der Niemandsbucht* (1994), Michael Köhlmeier *Telemach* (1995). Auch Sten Nadolnys *Die Entdeckung der Langsamkeit* (1983) und Christa Wolfs *Kassandra* (1983) und *Medea. Stimmen* (1996) zeigen postmoderne Merkmale. Als Vorläufer gelten: Max Frisch *Stiller* (1954) und *Mein Name sei Gantenbein* (1964) sowie Wolfgang Hildesheimer *Masante* (1973).

13.2.7 Kinder- und Jugendliteratur

Mit dem Neuansatz in der Beurteilung von Literatur 1968 beginnt auch eine neuartige Kinder- und Jugendliteratur zu entstehen. Kinder werden mit ihren Bedürfnissen ernst genommen, die für sie bestimmte Literatur wird nicht länger als inhaltliche Hinführung zur Erwachsenenwelt verstanden. Die neue Kinder- und Jugendliteratur zeichnet sich dadurch aus, dass sie sprachlich anspruchsvoll ist und Themen und Probleme behandelt, die für die jungen Leserinnen und Leser **authentisch** sind.

Bekannt Jugendbuchautoren (und ihre Werke) sind neben anderen Michael Ende *(Momo; Die unendliche Geschichte)*, Otfried Preußler *(Krabat)*, Gudrun Pausewang *(Die Not der Familie Caldera; Die Wolke)*, Paul Maar *(Lippels*

Traum), Astrid Lindgren *(Ronja Räubertochter)*, Hans Peter Richter *(Damals war es Friedrich)*, Tilman Röhrig *(Robin Hood. Solange es Unrecht gibt)*, Miriam Pressler *(Bitterschokolade)*, Peter Härtling *(Das war der Hirbel)*, Christine Nöstlinger *(Maikäfer flieg!)*, Rudolf Herfurtner *(Mensch Karnickel)*, Mats Wahl *(Winterbucht)* und Jostein Gaarder *(Sophies Welt*; *Das Kartengeheimnis)*.

13.2.8 Literarisches Leben: Konzentration und Nischen

In den 70er- und 80er-Jahren setzt sich eine Entwicklung fort, die das literarische Leben schon seit Kriegsende bestimmt: **Das Buch ist eine Ware**, der Buchmarkt eben auch nur ein „Markt", der florieren will und muss. Die Konsequenz daraus heißt Rationalisierung und Fusion: Immer mehr kleine und mittelständische Verlage werden von einigen wenigen international operierenden Verlagskonzernen übernommen; Manuskripte werden danach ausgewählt, wie effizient sie sich in möglichst kurzer Zeit vermarkten lassen – Nebenrechte aus Verfilmung, Videoproduktionen u. Ä. eingeschlossen. Die Autoren müssen sich den Gesetzen des Marktes unterwerfen, wenn sie ihre Existenz sichern wollen. Manche reagieren auf diese Zwänge aber auch mit Verweigerung und suchen Nischen, in denen sie ihre Unabhängigkeit bewahren können. In den Jahren 1998/99 schrieb der Münchner Rainald Goetz ein Online-Tagebuch mit dem Titel *Abfall für Alle*, das 1999 als Buch erschienen ist. Seit 2007 verfasst er ein Weblog mit dem Titel *Klage* auf den Internetseiten der Illustrierten „Vanity Fair". Helmut Seethaler schreibt seine Texte auf kleine Zettel, die er in Wien verteilt, auf Schaufenster und Straßenschilder klebt oder zu Girlanden gebunden an Bäumen anbringt.

13.3 Autoren und Werke

13.3.1 Die BRD in den 70er-Jahren: Strauß' „Groß und klein"

Kurzbiografie: Botho Strauß

1944	geboren in Naumburg an der Saale Studium der Theatergeschichte und Soziologie in Köln und München
1967–1970	Redakteur der Zeitschrift *Theater heute*
1970–1975	Dramaturg an der Berliner Schaubühne am Halleschen Ufer
1975	*Bekannte Gesichter, gemischte Gefühle* (Schauspiel)
1976	*Trilogie des Wiedersehens* (Theaterstück)

1978 *Groß und klein* (Szenen)
1980 *Rumor* (Roman)
1981 *Paare, Passanten* (Prosastück)
1981 *Kalldewey Farce* (Theaterstück)
1993 *Anschwellender Bocksgesang* (Essay)
Botho Strauß lebt in Berlin

Strauß ist einer der wichtigsten Theaterautoren der 70er- und 80er- Jahre. Sein Grundthema ist die **Entfremdung**. In seinen Szenen und Stücken beschreibt er die Alltagskultur und die psychische Lage der Bundesrepublik.

Das Stationendrama *Groß und klein* gibt einen Tag im Leben verschiedener Menschen wieder. Die Schlüsselfigur, die die Szenen verbindet, ist eine gewisse Lotte, eine Frau, von der man nichts weiter erfährt, als dass sie einsam ist, Kontakt zu den Mitmenschen wünscht, den sie aber nicht herzustellen in der Lage ist. In der Szene „Falsch verbunden" sagt sie: „Die Dinge, die zusammenpassen, haben sich satt und fliegen auseinander". Dies ist der Grundgedanke des Stücks, den auch die folgende Szene veranschaulicht: Auseinander – jeder ist für sich isoliert, Einsamkeit ist die alles bestimmende Grundhaltung, die Individuen brauchen scheinbar den Kontakt zu ihrem Gegenüber nicht mehr, Kommunikation findet nicht statt.

Das Zimmer. Leerer Raum. In der Rückwand rechts eine Tür, links ein Fenster. Helles Licht. Fenster, Tür, die Raumproportion insgesamt so vergrößert, dass erwachsene Menschen darin überraschend klein erscheinen. In der Mitte des Zimmers liegt ein zusammengekrümmter, verschmutzter Gummimantel auf dem Boden. Man hört Lotte durch ein Treppenhaus laufen, einen Flur entlang. Es klopft an der Tür. Lotte drückt die Klinke herunter. Ein großer, im Schloss lose hängender Schlüssel fällt ins Zimmer. Die Tür bleibt ungeöffnet.

LOTTE *von draußen.* He, Alter!
Mach auf!
Sie hört.
Ich bin's: Lotte …
Sie klopft schwächer; leise.
Liebling …?
Das Licht nimmt ab.
Liebling?
Langsam, dann schneller sich entfernende Schritte im Treppenhaus.

Dunkel

Aus: B. Strauß, Groß und klein. Hanser: Wien/München 1978, S. 153

13.3.2 Parodie des Bildungsromans: Süskinds „Das Parfum“

Kurzbiografie: Patrick Süskind

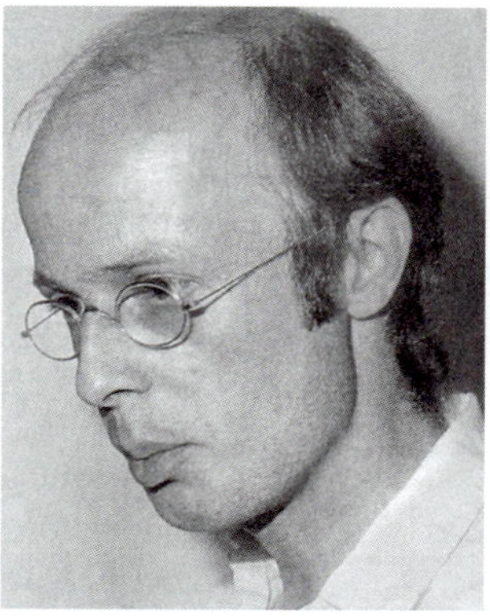

1949	geboren in Ambach (am Starnberger See) als Sohn des Journalisten Wilhelm Emanuel Süskind
1968–1974	Studium der Geschichte in München und Aix-en-Provence
ab 1974	als Drehbuchautor tätig
1984	*Der Kontrabaß* (Theaterstück)
1985	*Das Parfum* (Roman)
1987	*Die Taube* (Erzählung)
1991	*Die Geschichte von Herrn Sommer* (Erzählung)
1995	*Drei Geschichten* (Erzählungen)
2006	*Über Liebe und Tod* (Essay)
	Patrick Süskind lebt in München und Paris

In seinem Roman *Das Parfum* beschreibt Patrick Süskind die Lebensgeschichte Jean-Baptiste Grenouilles von der Geburt bis zum Tod. Allein schon dieser umfassende Entwurf verweist auf die Tradition des Bildungsromans, einer Gattung des 18. und 19. Jahrhunderts, die die Entwicklung eines jungen Menschen zu einem nützlichen Mitglied der Gesellschaft schildert, in der Hoffnung seiner Autoren, möglichst viele Nachahmer zu finden und so einen Beitrag zur allgemeinen Volkserziehung geleistet zu haben.

Dies ist aber nicht die Intention Süskinds; im Gegenteil: Im Sinne postmoderner Theorie führt er gerade diesen umfassenden Ansatz ad absurdum. Grenouille ist kein Mensch mit besten Anlagen (dies wäre eine aufklärerische Position des 18. Jahrhunderts), er wird vielmehr von Anfang an als ein Schmarotzer, ein „Zeck“, als Mörder seiner Mutter vorgestellt. Er, der keinen Eigengeruch hat, kann lediglich gut riechen – diese Eigenschaft ist es, die er dann vervollkommnet, wobei er zum Massenmörder wird. Seine erworbenen Fähigkeiten stellt er nicht in den Dienst der Menschheit, sie sollen ihm nur dazu dienen, dass die Menschheit ihm zu Willen ist und ihn liebt.

Der Textauszug beschreibt den Gang des Mörders Grenouille zur Hinrichtungsstätte, der jedoch ganz anders endet, als der Leser erwartet. Grenouille hat sich nämlich mit dem Parfüm, das er als sein Lebenswerk ansieht, einen Duft gegeben, der ihn für jedermann anziehend werden lässt. So kommt es anstatt zur Hinrichtung zu einer Massenorgie, die Grenouille beobachtet:

Grenouille stand und lächelte. Vielmehr erschien es den Menschen, die ihn sahen, als lächle er mit dem unschuldigsten, liebevollsten, bezauberndsten und zugleich verführerischsten Lächeln der Welt. Aber es war in Wirklichkeit kein Lächeln, sondern ein häßliches, zynisches Grinsen, das auf seinen Lippen lag und das seinen ganzen Triumph und seine ganze Verachtung widerspiegelte. Er, Jean-Baptiste Grenouille, geboren ohne Geruch am stinkendsten Ort der Welt, stammend aus Abfall, Kot und Verwesung, aufgewachsen ohne Liebe, lebend ohne warme menschliche Seele, einzig aus Widerborstigkeit und der Kraft des Ekels, klein, gebuckelt, hinkend, häßlich, gemieden, ein Scheusal innen wie außen – er hatte es erreicht, sich vor der Welt beliebt zu machen. Was heißt beliebt! Geliebt! Verehrt! Vergöttert! Er hatte die prometheische Tat vollbracht. Den göttlichen Funken, den andre Menschen mir nichts, dir nichts in die Wiege gelegt bekommen und der ihm als einzigem vorenthalten worden war, hatte er sich durch unendliches Raffinement ertrotzt. Mehr noch! Er hatte ihn sich recht eigentlich selbst in seinem Innern geschlagen. Er war noch größer als Prometheus. Er hatte sich eine Aura erschaffen, strahlender und wirkungsvoller, als sie je ein Mensch vor ihm besaß. Und er verdankte sie niemandem – keinem Vater, keiner Mutter und am allerwenigsten einem gnädigen Gott – als einzig *sich selbst*. Er war in der Tat sein eigener Gott, und ein herrlicherer Gott als jener weihrauchstinkende Gott, der in den Kirchen hauste. Vor ihm lag ein leibhaftiger Bischof auf den Knien und winselte vor Vergnügen. Die Reichen und Mächtigen, die stolzen Herren und Damen erstarben in Bewunderung, indes das Volk im weiten Rund, darunter Väter, Mütter, Brüder, Schwestern seiner Opfer, ihm zu Ehren und in seinem Namen Orgien feierten. Ein Wink von ihm, und alle würden ihrem Gott abschwören und ihn, den Großen Grenouille anbeten.

Ja, er *war* der Große Grenouille!

Aus: P. Süskind, Das Parfum. Die Geschichte eines Mörders. Diogenes: Zürich 1985, S. 304 f.

Ben Whishaw (r.) als Grenouille und Dustin Hoffman als sein Lehrmeister Baldini in Tom Tykwers 2006 entstandener Verfilmung von *Das Parfum*

13.3.3 Ransmayrs „Letzte Welt“ als postmoderner Roman

Kurzbiografie: Christoph Ransmayr

1954	geboren in Wels / Oberösterreich
1972–1978	Studium der Philosophie und Ethnologie in Wien
1978–1982	Kulturredakteur der Wiener Zeitschrift *Extrablatt*, freier Mitarbeiter verschiedener anderer Zeitschriften
seit 1982	freier Schriftsteller
1982	*Strahlender Untergang. Ein Entwässerungsprojekt oder die Entdeckung des Wesentlichen* (rhythmische Prosa)
1984	*Die Schrecken des Eises und der Finsternis* (Roman)
1988	*Die letzte Welt* (Roman)
1995	*Morbus Kitahara* (Roman)
1997	*Der Weg nach Surabaya* (Prosa)
2006	*Der fliegende Berg* (Roman)
	Christoph Ransmayr lebt in Irland.

Einen postmodernen Roman ganz anderer Art als Süskind schuf Ransmayr mit *Die letzte Welt.* Zwar spielt auch dieser Roman in räumlicher und geschichtlicher Ferne, nämlich in Rom und Tomi / Trachila am Schwarzen Meer zur Zeit des Augustus; zwar gibt es auch hier eine Hauptfigur, nämlich den Römer Cotta, der sich auf die Suche nach dem verbannten Dichter Publius Ovidius Naso und seinem verschollen geglaubten Hauptwerk, den *Metamorphosen*, macht. Doch wenn der Leser Süskinds *Parfum* (ebenso wie Ecos *Der Name der Rose*) als historischen Roman lesen könnte, ist ihm das bei *Die letzte Welt* nicht möglich: Zu deutlich sind die vom Autor verwendeten Anachronismen, die die Zeitlosigkeit und Allgemeingültigkeit des Textes betonen sollen.

„Keinem bleibt seine Gestalt“ – dieser Satz Ovids, zugleich eine der Kernaussagen von Ransmayrs Roman, umschreibt die Untergangsstimmung in der „letzten Welt“, die der **pessimistischen Weltsicht** des Autors entspringt. Den Wahrheitsgehalt, der diesem Satz innewohnt, muss auch Cotta am Ende der Geschichte erkennen, als er die letzte Inschrift aus den *Metamorphosen* sucht:

> Die einzige Inschrift, die noch zu entdecken blieb, lockte Cotta ins Gebirge: Er würde sie auf einem im Silberglanz Trachilas begrabenen Fähnchen finden oder im Schutt der Flanken des neuen Berges; gewiß aber würde es ein schmales

Fähnchen sein – hatte es doch nur zwei Silben zu tragen. Wenn er innehielt und Atem schöpfte und dann winzig vor den Felsüberhängen stand, schleuderte Cotta diese Silben manchmal gegen den Stein und antwortete *hier!*, wenn ihn der Widerhall des Schreies erreichte; denn was so gebrochen und so vertraut von den Wänden zurückschlug, war sein eigener Name.

Aus: C. Ransmayr, Die letzte Welt. Greno: Nördlingen 1988

LITERATUR ZWISCHEN 1968 UND 1990

Generationenkonflikt, Tschernobyl-Katastrophe, Ölkrise, Anti-Atomkraftbewegung, Michail Gorbatschow, Rudi Dutschke, Helmut Kohl, DDR, Stasi, Richard von Weizsäcker, APO, Willy Brandt, Die Grünen, Nord-Süd-Konflikt, Umweltschutz, Computerisierung, Emanzipation, …

„Hohe Literatur“		Unterhaltungsliteratur	
Friedrich Dürrenmatt	Christoph Ransmayr	Amelie Fried	Walther Kempowski
Max Frisch	Bernhard Schlink	Gaby Hauptmann	Donna Leon
Günter Grass	Robert Schneider	Elke Heidenreich	Hera Lind
Erich Hackl	Arnold Stadler	Willi Heinrich	Johannes M. Simmel
Peter Handke	Botho Strauß		
Elfriede Jelinek	Patrick Süskind		
Franz Xaver Kroetz	Martin Walser		
Sten Nadolny	Christa Wolf		
Jugendliteratur		**Literatur des Auslands (übersetzt)**	
Kirsten Boie	Paul Maar	Paul Auster	Astrid Lindgren Mario
Dagmar Chidolue	Christine Nöstlinger	Antonio L. Antunes	Vargas Llosa Javier Marías
Michael Ende	Gudrun Pausewang	Umberto Eco	Gabriel G. Marquez
Max von der Grün	Jo Pestum	Jostein Gaarder	Harry Mulisch
Peter Härtling	Otfried Preußler	Peter Høeg	Mats Wahl
Wolfgang Hohlbein		Agota Kristof	

14 Literatur nach der Wiedervereinigung

14.1 Das Jahr 1990 als epochaler Einschnitt in der deutschen Geschichte

Im Jahr 1990 traten nach der **Auflösung der DDR** die neuen Bundesländer der alten Bundesrepublik Deutschland bei. Dieser politische Einschnitt veränderte auch die Rahmenbedingungen und Themen der Literatur. Hinzu kommt, dass das wiedervereinigte Deutschland ein enormes wirtschaftliches und politisches Gewicht hatte, was von manchen europäischen Nachbarn nicht ohne Sorge gesehen wurde und dazu führte, dass die Politik den Standort der Bundesrepublik neu bestimmen musste; dies wurde von der Literatur kritisch begleitet.

Die Teilung der deutschsprachigen Literatur in die der Bundesrepublik Deutschland und die der DDR ist mit dem **Fall der Mauer** und mit der **Herstellung der Deutschen Einheit** am 3. Oktober 1990 zu Ende gegangen. Dies ist eine Folge der politischen Veränderungen: Der Ost-West-Gegensatz besteht nicht mehr, der Kalte Krieg ist zu Ende. Es gibt jedoch neue Bedrohungen für Europa (z. B. Rechtsextremismus, Balkankonflikt) und die Welt (z. B. Nord-Süd-Konflikt, ökologische Frage, Globalisierung, islamistischer Terrorismus). Alle diese Themen finden Eingang in die Literatur. Zugleich rückt auch das Individuum mit seinen Sorgen, Nöten und Schwächen (z. B. Hedonismus, politisches Desinteresse bzw. politische Radikalisierung, Angst vor Statusverlust, Hinwendung zur Sexualität als Kompensation für verlorene Identität, Suche nach Identifikationsmustern) in den Mittelpunkt der Literatur.

14.1.1 Die politische Situation nach 1990

Der sowjetische Staats- und Parteichef **Michail Gorbatschow** hatte mit *Glasnost* (Politik der Offenheit) und *Perestroika* (wirtschaftliche Umgestaltung) neue Prinzipien in seinem Land eingeführt, die mittelbar zum Ende der SED-Herrschaft in der DDR führten.

Die Anschläge vom 11. September erschütterten das abendländische Weltbild nachhaltig.

Mit dem Fall der Mauer am 9. November 1989 bzw. mit der Herstellung der Deutschen Einheit am 3. Oktober 1990 waren die Ziele der Oppositionsbewegung in der DDR ebenso erfüllt, wie der Auftrag des Grundgesetzes, in dem schon 1949 die Wiedervereinigung als Ziel festgeschrieben worden war.

Auch in der internationalen Politik gab es seit 1990 einschneidende Veränderungen. Die Sowjetunion brach 1990 auseinander, **der Kalte Krieg wurde offiziell für beendet erklärt**. Im Dezember 1991 schlossen sich Weißrussland, Russland und die Ukraine zur Gemeinschaft der Unabhängigen Staaten (GUS) zusammen, der weitere acht Staaten der Sowjetunion beitraten. Die GUS beschloss am 21. Dezember 1991 die **formelle Auflösung der Sowjetunion** zum Ende des Jahres. Die einstmals so mächtige Sowjetunion war nun in viele Teile zerfallen. Auch die anderen Ostblockstaaten wandten sich verstärkt dem Westen zu und führten mehrheitlich eine demokratische und kapitalistische Staatsform ein.

Die USA blieben die einzige Weltmacht. Präsident George H. Bush senior entwarf das Konzept einer „Neuen Weltordnung", in der Frieden und Freiheit im Mittelpunkt stehen sollten; die USA verstanden sich als Garant dafür. Schon bald sahen sich die Vereinigten Staaten in dieser neuen Rolle gefordert: Als Vermittler im andauernden Konflikt zwischen Israel und den Palästinensern sowie als Ordnungsmacht, die mit internationaler Unterstützung den Aggressor Irak aus dem besetzten Kuwait zurückdrängte (1990/1991).

Am 11. September 2001 wurden die USA selbst zum Ziel islamistischer Terroristen: Der Angriff auf die Twin Towers in New York wurde zum Signal für den **Krieg gegen den internationalen Terrorismus**, den US-Präsident George W. Bush junior nun gegen die vermuteten Stützpunkte der Terroristen – Afghanistan und Irak – führte.

Während **Europa** zusammenwuchs (Aufnahme von Schweden, Finnland und Österreich 1995 in die EU, von acht Staaten aus Osteuropa – Estland, Lettland, Litauen, Polen, Tschechien, Slowenien, Slowakei und Ungarn – 2004, Bulgarien und Rumänien 2007), mehrten sich im vereinigten **Deutschland** die wirtschaftlichen Probleme. Im Zeichen der Globalisierung stiegen die Arbeitslosenzahlen bis an die 5-Millionen-Grenze, der Sozialstaat wurde umgebaut (Hartz IV-Gesetze), die Regierung wechselte mehrfach (CDU/CSU/FDP-Regierung unter Kanzler Kohl bis 1998, rot-grüne Koalition unter Kanzler Schröder bis 2005, große Koalition aus CDU/CSU/SPD unter Kanzlerin Angela Merkel).

14.1.2 Kulturelle und gesellschaftliche Voraussetzungen

Noch 1990 versprach der damalige Bundeskanzler Helmut Kohl „blühende Landschaften" im gesamten Bundesgebiet. Doch bald erwies sich diese Prognose als Illusion. Da die traditionellen Absatzmärkte im Osten Europas wegbrachen, kam es in den neuen Bundesländern bald zu **wirtschaftlichen Problemen:** Fabriken mussten geschlossen werden, Firmen gingen bankrott. Viele Arbeitssuchende kamen vom Osten Deutschlands in den Westen, doch auch da brach das Wirtschaftswachstum ein. Die Zahl der Arbeitslosen stieg, das Auseinanderdriften der Gesellschaft in Arme und Reiche ist bis heute ungebrochen.

Globalisierung wurde zum Schlagwort der Jahrtausendwende. Ursprünglich bezog sich der Begriff auf den wirtschaftlichen Sektor, doch schon bald musste man von einer Globalisierung der politischen Probleme ausgehen. So ist der islamistische Terrorismus ein weltweites Problem, manche Wissenschaftler sprechen schon unter Aufnahme des Buchtitels von Samuel Huntington von einem „Kampf der Kulturen", wobei der **Islam als Bedrohung für die westliche Zivilisation** gesehen wird. In den USA, aber auch in Europa macht sich eine Tendenz breit, Grenzen emanzipatorischer Lebensentwürfe zu markieren und nach einem verbindlichen Wertehorizont zu suchen. Eine Absage an die Ideologien des 20. Jahrhunderts geht damit einher.

Philosophen und Literaten versuchten um die Jahrtausendwende, die neue Unübersichtlichkeit zu überwinden. Dies führte einerseits zur Hinwendung zu klassischen und antiken Denkmustern, andererseits zu einer sachlichen Beschreibung des Ist-Zustandes der Gesellschaft mit Hilfe der Literatur. Auch die jüngere Vergangenheit, die NS-Zeit und die Geschichte der DDR, wird einer Neubewertung unterzogen.

14.2 Die Literatur der Bundesrepublik Deutschland nach 1990

Auch nach 1990 orientierten sich viele Autoren an der literarischen Tradition. Neben literarische Neuerscheinungen im Stil der „neuen Subjektivität" und der „neuen Innerlichkeit" lassen sich folgende Strömungen ausmachen:

- Manche Autoren wandten sich verstärkt **geschichtlich-mythologischen Stoffen** zu, z. B. Christa Wolf: *Medea. Stimmen*, Helmut Krausser: *Thanatos* und Botho Strauß: *Ithaka* (alle 1996), da sie in ihnen der Gegenwart ähnliche Probleme bzw. Lösungsmöglichkeiten zu erkennen glaubten.
- Andere orientierten sich an **zeitgeschichtlichen Themen**, wie den Lebensbedingungen in den letzten Jahren der DDR oder der Wiedervereinigung (z. B. Erich Loest: *Nikolaikirche*, 1995, Thomas Brussig: *Helden wie wir*, 1995, *Am kürzeren Ende der Sonnenallee*, 1999).
- Auch das **Leben im vereinten Deutschland**, die menschlichen, wirtschaftlichen und gesellschaftlichen Probleme wurden thematisiert (z. B. Rolf Hochhuth: *Wessis in Weimar*, 1993, Urs Widmer: *Top Dogs*, 1996, Ingo Schulze: *Simple Storys*, 1998).
- Nach 1990 kam es zu einer – späten – Rezeption der aus den 50er- und 60er-Jahren stammenden **Popliteratur**, die zuerst in den USA Fuß fasste, nun aber auch in Deutschland gepflegt wird (Christian Kracht: *Faserland*, 1995, Benjamin von Stuckrad-Barre: *Soloalbum*, 1998, Sibylle Berg: *Sex II*, 1998).
- Die **Trashliteratur**, die soziale Außenseiter und ihre Lebensbedingungen darstellt, fand immer mehr Verbreitung (Heiner Link, Lou A. Probsthayn).
- Daneben gibt es eine Vielzahl von **autobiografischen oder autobiografisch gefärbten Texten**, in denen sich vor allem ältere, etablierte Autoren angesichts der zusammenbrechenden politischen und sozialen Strukturen Rechenschaft über ihr Leben geben (Marcel Reich-Ranicki: *Mein Leben*, 1999, Günter Grass: *Mein Jahrhundert*, 1999, *Beim Häuten der Zwiebel*, 2006, und Martin Walser: *Angstblüte*, 2006).

14.2.1 „Wendeliteratur"

Nach dem Zusammenbruch der DDR und der Vereinigung der beiden deutschen Staaten erwarteten viele einen bedeutenden Roman, der diese Problematik aufarbeiten würde. Diese Hoffnung wurde bis heute enttäuscht.

Eine **literarische Auseinandersetzung mit dem System DDR** und dem Leben der Menschen dort fand jedoch sehr wohl statt. Dabei wurden die gesellschaftlichen und politischen Verhältnisse in den letzten Jahren der DDR und oft auch der Prozess des Zusammenwachsens der beiden deutschen Staaten thematisiert. Oft knüpfte diese Literatur an die kritische Literatur der DDR (z. B. Christoph Heins Novelle *Der fremde Freund/Drachenblut*, 1983) und der Bundesrepublik (z. B. Martin Walsers *Dorle und Wolf*, 1987) an.

Reich-Ranickis Totalverriss von Grass' Roman *Ein weites Feld* sorgte für Schlagzeilen.

- **Martin Walser** veröffentlichte 1991 seinen Roman *Verteidigung der Kindheit*. Darin erzählt der Autor die Lebensgeschichte Alfred Dorns, eines Jura-Studenten aus Leipzig. Er schildert die Stationen seines beruflichen und privaten Werdegangs von Ost- nach Westdeutschland und wieder zurück und reflektiert dabei die deutsche Geschichte zwischen 1929 und 1987.
- In seinem 1995 veröffentlichten Roman *Nikolaikirche* zeigt **Erich Loest**, wie das Unterdrückungssystem der DDR in Familien hineinwirkte. Während Astrid Protter die Verlogenheit des Systems erkennt und sich als Aktivistin in der Friedensbewegung engagiert, betätigt sich ihr Bruder, Sascha Bacher, als hauptamtlicher Stasi-Spitzel, versucht jedoch gleichzeitig, seine Familie vor den Nachstellungen der eigenen Behörde zu schützen. Der Titel des Romans verweist auf ein Symbol der friedlichen Revolution von 1989: Die Nikolaikirche in Leipzig war 1989 ein Zentrum der Montagsdemonstrationen, in denen immer mehr DDR-Bürger freie Wahlen und die Öffnung der Grenzen forderten.
- In seinem Roman *Ein weites Feld* (1995) beschreibt **Günter Grass** die Wiedervereinigung vor dem Hintergrund der ersten Reichseinigung 1871. Dabei trat die Bundesrepublik Deutschland an die Stelle Preußens als Vormacht im geeinten Staat. Die Protagonisten sind Theo Wuttke, genannt „Fonty“, ein moderner Theodor Fontane, und Hoftaller, eine leicht veränderte Figur aus Hans Joachim Schädlichs Roman *Tallhover* (1986). Wuttke äußert einen Kerngedanken des Romans und damit wohl auch die Skepsis des Autors bezüglich des Einigungsprozesses: „Deutsche Einheit ist immer die Einheit der Raffkes und Schofelinskis“.

- **Ingo Schulze** erzählt in *Simple Storys. Ein Roman aus der ostdeutschen Provinz* (1998) in 29 Kurzgeschichten von den Brüchen in den Biografien, die durch die Wiedervereinigung entstanden sind. Die politischen Ereignisse bilden den Hintergrund, vor dem die alltäglichen Probleme in der ostdeutschen Provinzstadt Altenburg um die Mitte der 1990er Jahre geschildert werden: Schwierigkeiten des beruflichen Neuanfangs, der Umwertung von Werten, dem Zerbrechen von alten und dem Knüpfen neuer Beziehungen sind Herausforderungen, mit denen die wechselnden Erzähler, die an anderen Stellen als Figuren der Handlung auftreten, konfrontiert sind. Über die Figuren entsteht ein erzählerisches Handlungsgeflecht, das vom Leser erschlossen werden will.

Das Thema Leben in Ost und West, vor und nach der Wiedervereinigung, wurde auch in Form der Satire dargestellt (Thomas Brussig: *Am kürzeren Ende der Sonnenallee*, 1999). In nicht immer ganz ernster Form wird auch der Zusammenbruch der DDR zu einem Gegenstand der Literatur (Thomas Brussig: *Helden wie wir*, 1995, Sven Regener: *Herr Lehmann*, 2001).

14.2.2 „Junge Erzähler“

Der Begriff „Junge Erzähler“ ist mehrdeutig. Er meint einerseits das Lebensalter dieser oft zwischen 1960 und 1970 geborenen Autoren, meist handelt es sich um Autorinnen. Der Begriff steht andererseits für die Erzählweise, die **jugendlich und unkonventionell** erscheint, weil sie einen **Hang zum Fiktiven**, zum Geschichtenerzählen zeigt, wie er der Vorgängergeneration fremd war.

Die Geschichten dieser „jungen Erzähler“ sind oft autobiografisch gefärbt oder geben sich zumindest den Anschein, es zu sein. Damit wirken sie für den Leser authentisch und wurden, da sie handlungsreich erzählt sind und ihr Reflexionsgehalt nie vordergründig ist, oft zu nationalen Bestsellern und in viele Sprachen übersetzt. Die Texte zeichnen sich durch eine **große thematische Bandbreite** aus. Wichtige Autoren und ihre Werke:

Zoë Jenny (geb. 1974 in Basel)
In ihrem Debütroman *Das Blütenstaubzimmer* (1997), der von Kritik und Publikum begeistert aufgenommen, in 20 Sprachen übersetzt und mit mehreren Preisen ausgezeichnet wurde, erzählt die Autorin von einem jungen Mädchen auf dem Weg zum Erwachsenwerden. Die Ich-Erzählerin Jo wächst bei ihrem Vater auf, der sie vernachlässigt, weil er tagsüber Bücher schreibt und druckt.

Da er diese aber nicht verkaufen kann, muss er nachts als Kurierfahrer arbeiten. Als auch verschiedene Freundschaften oberflächlich bleiben, macht sich Jo nach dem Abitur auf die Suche nach ihrer Mutter, die aber mittlerweile in einer neuen Beziehung lebt und sich einer Annäherung verweigert. Desillusioniert wendet sich Jo von der Welt ihrer Kindheit und dem dort herrschenden Lebensstil ab. Die Thematik des Erwachsenwerdens und die Suche nach einem eigenen Lebensentwurf bestimmt auch die nächsten Romane Zoë Jennys (*Ruf des Muschelhorns*, 2000, *Ein schnelles Leben*, 2002).

Karen Duve (geb. 1961 in Hamburg)
Karen Duve setzt sich in ihren Kurzgeschichten und Romanen ebenfalls mit der oft trostlosen Situation von Jugendlichen sowie mit Menschen auseinander, die sich nicht den Rollenklischees fügen (*Keine Ahnung*, 1999, *Regenroman*, 1999, *Dies ist kein Liebeslied*, 2002).

Birgit Vanderbeke (geb. 1956 in Dahme/Brandenburg)
In ihrer Erzählung *Das Muschelessen* (1990) zeigt die Autorin die Spannungen in einer traditionellen, ursprünglich aus der DDR stammenden Familie, die erst zutage treten, als der Vater, der sich selbst als Familienoberhaupt versteht und seine Frau und seine beiden Kinder dementsprechend behandelt, von einer Geschäftsreise nicht zum vereinbarten Zeitpunkt zurückkommt.

Judith Hermann (geb. 1970 in Westberlin)
In ihrem Erzählband „Sommerhaus, später" (1998) thematisiert Hermann die Ziellosigkeit und Lethargie, die das Leben vieler junger Menschen in den Jahren nach der Wiedervereinigung bestimmte.

Andere Autoren, die sich stilistisch und altersmäßig den „Jungen Erzählern" zuordnen lassen, sind Julia Franck (*Liebediener*, 1999, *Bauchlandung*, 2000, *Lagerfeuer*, 2003), Frank Goosen (*Liegen lernen*, 2000), Florian Illies (*Generation Golf*, 2000), Wladimir Kaminer (*Russendisko*, 2000) Benjamin Lebert (*Crazy*, 1998); Sven Regener (*Neue Vahr Süd*, 2004), Alexa Henning von Lange (*Relax*, 1997, *Erste Liebe*, 2004) und Juli Zeh (*Adler und Engel*, 2001, *Spieltrieb*, 2004). Die Grenze zur Popliteratur ist fließend.

14.2.3 Popliteratur

Popliteratur kam in den **1940er-Jahren in den USA** auf und wandte sich gegen die verkrusteten gesellschaftlichen Strukturen. Autoren wie William S. Burroughs und Allen Ginsberg versuchten zum ersten Mal, der jugendlichen Subkultur ein Sprachrohr zu geben.

In Deutschland verbreitete **Rolf Dieter Brinkmann** in den 1960er-Jahren die US-Popliteratur in seiner Zeitschrift *Acid* und schrieb auch selbst Texte im Stil der Pop-Literatur, die in der restaurativen Nachkriegszeit viele Zeitgenossen provozierten, darunter auch die Vertreter der von der Gruppe 47 dominierten Literaturszene. Von vielen jungen Lesern wurde die Popliteratur jedoch als Möglichkeit angenommen, sich im Zeichen der **68er-Bewegung** von der Elterngeneration zu distanzieren. In den 1990er-Jahren, nach dem Fall der Mauer und der fortschreitenden Kommerzialisierung des Alltags, kam es im Anschluss an Christian Krachts Roman *Faserland* (1995) zu einer Welle von neuen Veröffentlichungen, die der Popliteratur zugerechnet werden.

Vielen Kritikern erscheint die Popliteratur zu oberflächlich, um ernst genommen zu werden. Sie werfen den jungen Autoren vor – politisch unkorrekt – die gesellschaftlichen Zustände nicht kritisch zu hinterfragen, sondern sie als gegeben darzustellen und dabei lediglich sich selbst zu inszenieren.

Doch genau dies ist die Absicht der Pop-Autoren: Sie wollen die **Grenzen zwischen ernster und Unterhaltungsliteratur überwinden** und geben dazu die Alltagswelt ihrer jugendlichen Protagonisten detailgenau wieder. Ihre Dichtung ist im Hier und Jetzt angesiedelt, in den Texten finden sich konkrete Bezüge zu öffentlichen Personen der Gegenwart, zu gängigen Labels und Lifestyle-Accessoires, zu zeitgenössischer Musik, zu Kino und Literatur der Gegenwart. Dies wiederum spricht eine kundige, meist **jugendliche Leserschaft** an, die die Texte als authentisch rezipiert und selbstständig über das Dargestellte nachdenkt; die hohen Auflagenzahlen von Pop-Romanen spiegeln dies wider. Hinzukommt, dass die Pop-Literaten die traditionellen Wege der Literaturvermittlung – Buchveröffentlichung und Dichterlesung – verlassen. Viele von ihnen treten bei **Poetry Slams** oder Kneipenlesungen auf oder verfügen über Erfahrungen als Autoren für Zeitungen und Fachzeitschriften, für das Fernsehen oder als DJ. Konsequent nützen sie so auch die Medien zur Vorstellung ihrer Texte oder gestalten ihre öffentlichen Auftritte als **Events**, Merchandising eingeschlossen – ein Meister darin ist Benjamin von Stuckrad-Barre, der über eine eigene Sendung bei MTV einer breiten Öffentlichkeit bekannt wurde.

Wichtige Autoren und Werke der deutschen Popliteratur nach 1990:

Christian Kracht (geb. 1966)
Sein Roman *Faserland* (1995) ist ein literarisches Roadmovie, in dem ein junger Erwachsener, der nie namentlich benannt wird, Deutschland von Nord nach Süd und bis in die Schweiz durchquert. Nach seinem Aufenthalt in einem Eliteinternat irrt er ziellos durch sein „Fatherland“: Von Sylt aus geht die Reise über Hamburg, Frankfurt a. M. und München weiter an den Bodensee, von dort aus nach Zürich. Der Ich-Erzähler nimmt bei seinen Aufenthalten an Partys teil, die meist in Alkohol- oder Drogenexzesse ausarten oder bei denen sexuelle Erlebnisse im Vordergrund stehen. Er selbst bleibt aber immer der distanzierte Beobachter. Durch diese Erzählhaltung gelingt es dem Autor, die Leseerwartung eines jugendlichen Publikums zu befriedigen, zugleich aber nicht Partei zu beziehen. Der offene Schluss des Romans – die Reise endet mitten auf dem Zürichsee – könnte auf einen Selbstmord des desillusionierten Protagonisten hinweisen – im Vordergrund steht jedoch die scheinbar objektive Darstellung eines „zerfaserten“ Deutschland.

Benjamin von Stuckrad-Barre (geb. 1975)

Stuckrad-Barres Roman *Soloalbum* (1998) beginnt traditionell: Der Ich-Erzähler wurde von seiner Freundin Katharina verlassen und fühlt sich einsam. Allein versucht er sein Leben zu leben – mehr oder weniger unorganisiert, antriebslos und vor allem unglücklich. Zwar lernt er verschiedene Frauen kennen, doch seine Depressionen bleiben, auch das Joggen, Trinken und der Besuch verschiedener Partys ändern daran nichts. Seine wiederholten Versuche, zu Katharina Kontakt aufzunehmen, bringen nicht das gewünschte Ergebnis, er bleibt „solo“. Der Alltag des Ich-Erzählers entspricht dem Klischee des Singlealltags der Zwanzig- bis Dreißigjährigen, ist geprägt von Resignation, oberflächlichem Genuss und ohne individuelle Lebensziele. Der Titel des Romans drückt in der Sprache des Musikbusiness die Grundthematik des Romans aus. Die Musik ist auch ein Leitmotiv: Der Ich-Erzähler pflegt seine Plattensammlung, hört mit Vorliebe die Britpop-Band Oasis.

14.2.4 Drama nach 1990

Die Entwicklung des Dramas nach 1990 ist unspektakulär. Es gibt zwar neue Stücke, z. B. von Franz Xaver Kroetz (*Der Drang*, 1994, *Ich bin das Volk*, 1994 und *Das Ende der Paarung*, 1996) und von Peter Turrini (*Alpenglühn*, 1993), die im Ton des „neuen Volksstücks" verfasst sind, sie blieben aber auf der Bühne unwirksam. Ebenso verhält es sich mit den Werken von Botho Strauß, die sich mit der politischen Wende von 1990 beschäftigen: *Schlußchor* (1991) und *Ithaka* (1996). Häufig gespielt wurden in den 1990er-Jahren die Dramen von Tankred Dorst, die bald im Jahresrhythmus zur Uraufführung gelangten (*Herr Paul*, 1994; *Die Schattenlinie*, 1995; *Was sollen wir tun*, 1997; *Die Legende vom armen Heinrich*, 1997; *Wegen Reichtum geschlossen*, 1998). Für Aufruhr in den Medien, weniger auf dem Theater, sorgte allenfalls Rolf Hochhuth mit seinem Nachwendedrama *Wessis in Weimar* (1993).

Der Schweizer Urs Widmer (geb. 1938 in Basel), der schon in den 70er- und 80er-Jahren erfolgreich war, hatte mit *Top Dogs* (1996) einen Bühnenerfolg. Er zeigt in seinem Drama arbeitslose Manager, die in einem „Outplacementcenter", einer Einrichtung für entlassene Führungskräfte, zusammenkommen, wo ihnen geholfen wird, die Situation der Arbeitslosigkeit zu bewältigen und einen neuen Arbeitsplatz zu finden. Die Personen leiden unter ihrer Situation und erleben nun selbst das, was sie zuvor den Angestellten angetan haben. Alle sind sich selbst völlig entfremdet, keiner schafft die Rückkehr in ein normales Leben. Werte wie Familie, Liebe oder Selbstbestimmung existieren für sie nicht mehr. Die *Top Dogs* streben nach Macht und Einfluss, Erfolg und Geld. Nur deshalb lassen sie sich auf die Spiele im Outplacementcenter ein – auch wenn diese oft menschenunwürdig sind.

14.2.5 Lyrik nach 1990

In den Jahren nach 1990 prägen sich verschiedene Facetten der Lyrik aus:

- Die **etablierten Autoren** wie Ulla Hahn, Günter Grass und Peter Rühmkorf schreiben ihr Werk fort und erreichen damit öffentliches Interesse und passable Verkaufszahlen.
- **Politische Gedichte** stammen ebenfalls von bereits etablierten Autoren (Jürgen Becker, Sarah Kirsch, Rolf Haufs). Ihre Themen sind die gleichen geblieben (Natur als Spiegel menschlicher Beziehungen und gesellschaftlicher Zustände), meist tragen die Gedichte der 1990er-Jahre aber resignative Züge.

- Autoren wie Wulf Kirsten und Thomas Rosenlöcher versuchen in ihren Gedichten die **Erfahrungen der DDR-Bürger** auch nach der Wiedervereinigung zu bewahren.
- **Durs Grünbein** (geb. 1962 in Dresden) setzt sich in seinen Gedichten, die im Band *Schädelbasislektion* (1991) erschienen sind, mit der Situation des Mauerfalls auseinander. Der Gedichtband *Den Teuren Toten. 33 Epitaphe* (1994) behandelt das Verhältnis zum Tod in der Antike und in der Gegenwart. Der Dichter wurde 1995 mit dem Georg-Büchner-Preis ausgezeichnet.
- **Robert Gernhardt** (1937–2006) wird wegen seiner humoristischen Gedichte geschätzt, mehr und mehr wird zudem die ihnen innewohnende Kunstfertigkeit, ja Ernsthaftigkeit wahrgenommen. In seinen letzten Gedichtbänden *Die K-Gedichte* (2004) und *Später Spagat* (2006) beschäftigt sich Gernhardt mit seiner Krebserkrankung.
- Herausragend unter den jungen Lyrikern ist der Münchner **Albert Ostermeier** (geb. 1967). Für seine kunstvolle Lyrik, die der Tradition Brechts folgt, Elemente der Popliteratur aufnimmt und in ihrer Rhythmik dem Rap ähnelt, wurde er mit vielen Preisen ausgezeichnet.

14.2.6 Literarisches Leben: Der deutsch-deutsche Literaturstreit

Christa Wolf bei der Kundgebung am 4. 11. 1989

Im November 1989 wurde von Stefan Heym, Christa Wolf, Volker Braun u. A. der Appell *Für unser Land* veröffentlicht, in dem sich die Autoren für „eine sozialistische Alternative zur BRD" stark machten. Als Christa Wolf am 4. November bei einer Kundgebung auf dem Berliner Alexanderplatz vor einer großen Menge sprach, häuften sich die Vorwürfe gegen prominente Autoren der DDR. Vertreter der Bürgerrechtsbewegung warfen ihnen vor, als prominente Privilegierte zumindest indirekt das SED-Regime stabilisiert zu haben.

Der Konflikt erreichte einen ersten Höhepunkt, als **Christa Wolf** 1990 ihren autobiografischen Prosaband *Was bleibt?* veröffentlichte, den sie 1979 begonnen und 1989 überarbeitet hatte. Darin erzählt sie in tiefer Betroffenheit von einer lange zurückliegenden Situation in ihrem Leben, in der sie bemerkte, wie sie vom Staatssicherheitsdienst observiert und ausgeforscht wurde. Kritiker der *Frankfurter Allgemeinen Zeitung* und der *Zeit* fragten kritisch nach, warum Christa Wolf sich erst jetzt, nach dem Zusammenbruch der DDR, zu diesem Thema äußere. Als dann auch noch bekannt wurde, dass sie selbst in den Sechzigerjahren für den Staatssicherheitsdienst tätig war – in welchem Umfang auch immer-, erschien ihre Position vielen vollends unglaubwürdig. Die Kritik prominenter westdeutscher Journalisten wie Frank Schirrmacher und Ulrich Greiner richtete sich aber nicht nur gegen Christa Wolf; auch andere DDR-Autoren wie Volker Braun und Stefan Heym sowie eine Vielzahl linksintellektueller Autoren aus der Bundesrepublik (Heinrich Böll, Günter Grass, Peter Rühmkorf) gerieten ins Fadenkreuz der Medien. Mit dem Begriff der **„Gesinnungsästhetik“** qualifizierte man ihre Dichtungen ab. Erst später, nach der ersten Sichtung der Stasi-Unterlagen, wurde bekannt, dass fast alle Oppositionsgruppen von Stasi-Spitzeln unterwandert waren, was die persönliche „Schuld“ einzelner Autoren relativierte.

14.3 Autoren und Werke

14.3.1 Erste Liebe und nationalsozialistische Vergangenheit: Schlinks Roman „Der Vorleser“

Kurzbiografie: Bernhard Schlink

1944	geboren in der Nähe von Bielefeld als Sohn eines Theologieprofessors Jurastudium in Heidelberg und Berlin
1975	Promotion zum Dr. jur.
1981	Habilitation, anschließend Professor für Verfassungs- und Verwaltungsrecht an der Universität Bonn
1987	*Selbs Justiz* (Roman, zusammen mit Walter Popp)
1988	*Die gordische Schleife* (Roman)
seit 1988	Richter am Verfassungsgerichtshof des Landes Nordrhein-Westfalen in Münster
seit 1990	Professor für Staatsrecht und Öffentliches Recht an der Humboldt-Universität Berlin
1992	*Selbs Betrug* (Roman)
1995	*Der Vorleser* (Roman)

Schlinks Roman, 1995 erschienen und seit 1997 in einer Taschenbuchausgabe erhältlich, wurde innerhalb kürzester Zeit der „Renner" als Lektüre in der gymnasialen Oberstufe. Dazu trug sicherlich seine Kürze und die klare Strukturierung in drei Teile mit insgesamt 46 Kapiteln bei. Entscheidend für den Erfolg des *Vorlesers* als Schullektüre ist aber die Thematik: Schlink beschreibt die Geschichte einer ersten Liebe vor dem Hintergrund der nationalsozialistischen Vergangenheit der weiblichen Hauptperson. Worum geht es konkret?

Zum Inhalt: Der fünfzehnjährige Gymnasiast Michael Berg lernt durch Zufall die 36-jährige Hanna Schmitz kennen. Er verliebt sich in sie und wird ihr heimlicher Geliebter, bis die Frau nach etwa einem Jahr plötzlich und ohne Vorankündigung aus der Stadt wegzieht (1. Teil). Im 2. Teil des Romans, der im Jahr 1966 spielt, trifft Michael Berg, der als Jura-Student einen NS-Prozess verfolgt, wieder auf Hanna – sie ist eine der Angeklagten –, ohne dass es zu einer persönlichen Begegnung kommt. Nach der Verurteilung Hannas zu einer lebenslänglichen Haftstrafe schickt Berg ihr Audiocassetten, die er anfangs mit Texten aus der *Odyssee* bespricht, ohne persönlichen Kommentar ins Gefängnis – und nimmt damit einen Teil ihres einstigen Liebesrituals wieder auf, das darin bestand, dass er Hanna vor dem Geschlechtsverkehr aus seiner Schullektüre vorlesen musste. Zehn Jahre später wird Michael Berg, weil er als Einziger zu der Inhaftierten Kontakt hat, von der Gefängnisleitung gebeten, sich um die Wiedereingliederung der inzwischen begnadigten Hanna Schmitz zu kümmern. Als er sie am Tag ihrer Entlassung im Gefängnis abholen will, findet er die Frau tot vor; sie hat sich erhängt (3. Teil).

Tiefendimension gewinnt die Handlung vor allem durch die Besonderheit der weiblichen Hauptperson: Hanna Schmitz ist Analphabetin. Dies wird Michael Berg aber erst während des Prozesses klar, als die Frau eine sie belastende Handschrift als die ihrige ausgibt und damit zu ihrer Verurteilung beiträgt, statt alle möglichen Mittel zu ihrer Verteidigung zu nützen. Dies hätte aber bedeutet, dass sie ihren geheim gehaltenen Makel offenbart. Dazu ist sie jedoch nicht bereit. Doch auch das Verhalten der männlichen Hauptfigur ist problematisch: Michael Berg – der fiktive Erzähler – beschreibt sein Schuldigwerden (er hätte Hanna im Prozess helfen können, wenn er den Richter über ihren Analphabetismus informiert hätte) und seine Egozentrik (er besucht Hanna während ihrer 18-jährigen Haftzeit nie aus eigenem Antrieb und sucht auch ihr Grab nur einmal auf). Folgender Textauszug stammt aus dem 10. Kapitel des 2. Buchs:

Ich habe die Stelle im Wald wiedergefunden, wo sich mir Hannas Geheimnis enthüllte. Sie hat nichts Besonderes und hatte damals nichts Besonderes, keinen eigentümlich gewachsenen Baum oder Fels, keinen ungewöhnlichen Blick auf die Stadt und in die Ebene, nichts, was zu überraschenden Assoziationen einladen würde. Beim Nachdenken über Hanna, Woche um Woche in denselben Bahnen kreisend, hatte sich ein Gedanke abgespalten, hatte seinen eigenen Weg verfolgt und schließlich sein eigenes Ergebnis hervorgebracht. Als er damit fertig war, war er damit fertig – es hätte überall sein können oder jedenfalls überall da, wo die Vertrautheit der Umgebung und Umstände zulässt, das Überraschende, das einen nicht von außen anfällt, sondern innen wächst, wahrzunehmen und anzunehmen. So war es auf einem Weg, der steil den Berg hinansteigt, die Fahrstraße überquert, einen Brunnen passiert und zuerst unter alten, hohen, dunklen Bäumen und dann durch lichtes Gehölz führt.

Hanna konnte nicht lesen und schreiben.

Deswegen hatte sie sich vorlesen lassen. Deswegen hatte sie mich auf unserer Fahrradtour das Schreiben und Lesen übernehmen lassen und war am Morgen im Hotel außer sich gewesen, als sie meinen Zettel gefunden, meine Erwartung, sie kenne seinen Inhalt, geahnt und ihre Bloßstellung gefürchtet hatte. Deswegen hatte sie sich der Beförderung bei der Straßenbahn entzogen; ihre Schwäche, die sie als Schaffnerin verbergen konnte, wäre bei der Ausbildung zur Fahrerin offenkundig geworden. Deswegen hatte sie sich der Beförderung bei Siemens entzogen und war Aufseherin geworden. Deswegen hatte sie, um der Konfrontation mit dem Sachverständigen zu entgehen, zugegeben, den Bericht geschrieben zu haben. Hatte sie sich deswegen im Prozess um Kopf und Kragen geredet? Weil sie das Buch der Tochter wie auch die Anklage nicht hatte lesen, die Chancen ihrer Verteidigung nicht hatte sehen und sich nicht entsprechend hatte vorbereiten können? Hatte sie deswegen ihre Schützlinge nach Auschwitz geschickt? Um sie, falls sie was gemerkt haben sollten, stumm zu machen? Und hatte sie deswegen die Schwachen zu ihren Schützlingen gemacht?

Deswegen? Dass sie sich schämte, nicht lesen und schreiben zu können, und lieber mich befremdet als sich bloßgestellt hatte, verstand ich. Scham als Grund für ausweichendes, abwehrendes, verbergendes und verstellendes, auch verletzendes Verhalten kannte ich selbst. Aber Hannas Scham, nicht lesen und schreiben zu können, als Grund für ihr Verhalten im Prozess und im Lager? Aus Angst vor der Bloßstellung als Analphabetin die Bloßstellung als Verbrecherin? Aus Angst vor der Bloßstellung als Analphabetin das Verbrechen?

Wie oft habe ich mir damals und seitdem dieselben Fragen gestellt. Wenn Hannas Motiv die Angst vor Bloßstellung war – wieso dann statt der harmlosen Bloßstellung als Analphabetin die furchtbare als Verbrecherin? Oder meinte sie, ohne jede Bloßstellung durch- und davonzukommen? War sie einfach dumm? Und war sie so eitel und böse, für das Vermeiden einer Bloßstellung zur Verbrecherin zu werden?

Aus: B. Schlink, Der Vorleser. Diogenes: Zürich 1995, S. 126 ff.

14.3.2 Ein Roman vom Scheitern großer Utopien: Timms „Rot“

Kurzbiografie: Uwe Timm

1940	geboren in Hamburg, Volksschule, Lehre als Kürschner
ab 1963	Abitur, anschließend Studium der Philosophie und Germanistik in München und Paris, dann Studium der Volkswirtschaft und der Soziologie in München
seit 1971	freier Schriftsteller
1974	*Heißer Sommer* (Roman)
1989	*Rennschwein Rudi Rüssel* (Kinderroman)
1993	*Die Entdeckung der Currywurst* (Novelle)
seit 1994	Mitglied der Deutschen Akademie für Sprache und Dichtung
2001	*Rot* (Roman)
2003	*Am Beispiel meines Bruders* (Roman)
	Uwe Timm lebt mit seiner Familie in München und Berlin.

Uwe Timm ist einer der **wichtigsten deutschen Romanautoren** der Gegenwart. Einer breiteren Öffentlichkeit wurde er in den 1970er-Jahren mit dem Roman *Heißer Sommer* bekannt, in dem er sich mit den Studentenunruhen des Jahres 1968 beschäftigt. Nach vielen Romanen, darunter den Kinderbüchern *Rennschwein Rudi Rüssel* und *Der Schatz auf Pagensand*, der Novelle *Die Entdeckung der Currywurst* sowie zahlreichen Auszeichnungen (Literaturpreis der Stadt Bremen 1979, Literaturpreis der Stadt München 1989 und Deutscher Jugendliteraturpreis 1990) ist Uwe Timm mit *Rot* zur Thematik der 68er-Bewegung zurückgekehrt. Am Beispiel des Ich-Erzählers Thomas Linde, der sich als Grabredner für Atheisten durchs Leben schlägt, beleuchtet der Autor die einstigen Hoffnungen und Wünsche der „68er“, ihre Entwicklung, ihr Scheitern und ihre Lebensläufe, vor dem Hintergrund der deutschen Geschichte.

Der Roman beginnt mit dem Moment nach dem tödlichen Verkehrsunfall des Ich-Erzählers. In diesem Augenblick zieht sein ganzes Leben an ihm vorüber: Seine Kindheit in Hamburg, die Erinnerung an Menschen, die eine bestimmte Rolle im Leben von Thomas Linde gespielt haben und seine letzte Liebesbeziehung zu der 21 Jahre jüngeren Iris, die ein Kind von ihm erwartet. Breiten Raum nehmen die Erinnerungen an die Studentenrevolten von 1968 ein, die durch die Grabrede zum Tod Aschenbergers, eines Weggefährten von Thomas Linde aus dieser Zeit, ausgelöst werden. Bei seiner Recherche zu dieser Rede erkennt dieser, dass Aschenberger den damaligen Idealen treu geblieben ist, während er selbst sich der gesellschaftlichen Entwicklung angepasst hatte. Damit beginnt der Ich-Erzähler sein eigenes Leben kritisch zu hinterfragen, erkennt seinen Pragmatismus und versucht das Versäumte nachzuholen. Im Andenken an Aschenberger macht er sich mit einem Plastiksprengsatz auf den Weg, die Siegessäule in Berlin, das Symbol für die gesellschaftliche Entwicklung Deutschlands, in die Luft zu sprengen – wird auf dem Weg dorthin jedoch von einem Auto überfahren.

In folgendem Textauszug reflektiert der Ich-Erzähler die Bedeutung der Farben:

> Es gab einmal einen Mann, der wollte alles ändern, vor allem sich selbst. Er wollte mutig sein. Er wollte nicht mehr lügen. Nicht mehr andere, noch sich selbst belügen. Er wollte, das war sein innigster Wunsch, größer werden, nicht körperlich, nein, er hatte eine gute Größe, er wollte offen sein für alle, fragend sich verhalten, weniger Antworten, mehr Fragen, er wollte die Dinge neu benennen. Das hast du doch auch versucht. Das Rot neu sehen. Rot sehen. Die Farbe Rot. Du trägst Schwarz, aber sammelst alles über die Farbe Rot. Eine der Urfarben. Eine Farbempfindung, hervorgerufen durch Licht mit Wellenlängen von etwa 59° nm bis zum langwelligen Ende des Spektrums, etwa 75° nm. Rot wie Blut. Der Osten ist rot. Hieß es. Der rote Faden aber findet sich in dem englischen Tauwerk, an ihm entlang werden Seile geschlagen. Die Decks der englischen Kriegsmarine waren rot gestrichen, so sollte in der Schlacht den Seesoldaten der Schreck beim Anblick des Bluts genommen werden. Farben, die den Charakteren zugeordnet werden. Blau der Geist. Rot die Leidenschaft. Und so haben auch die Parteien die Farben okkupiert. In Manövern siegt die blaue Partei immer über Rot. Die Blauen gibt es in der deutschen Parteienlandschaft nicht, allzu naheliegend wäre das Wortspiel: Die sind blau. Aber es gibt die Grünen, die Roten, die Schwarzen. Eine Zeitlang wurde von den Liberalen versucht, die Farbe Gelb für sich zu okkupieren, der Außenminister Genscher spannte sich einen gelben Pullover über den Bauch. Kükengelb. Sind das Zufälle? Ist, wer Braun als Farbe wählt, nur zufällig auf diese Farbe gestoßen, weil nun gerade einmal der Stoff zuhanden war? Oder gibt es doch tiefere Verbindungen, Neigungen, charakterliche Korrespondenzen? Wird dem Braun auf der Wahrnehmungsebene des Geruchs nicht das Modrige, Muffige, Bratige zugeschrieben? Das braune Haus. Das braune Hemd. Kackbraun.
>
> So wie die Schwarzen nicht schwarz sind. Auch besteht beim Schwarz als Programm ein grundsätzlicher Widerspruch, schwarz können die Klerikalen sein, Katholiken, Konservativen, es können aber auch die Autonomen sein, die Anarchisten. Rot die Farbe des Aufruhrs, Farbe der Freiheit. Farbe der Erweite-

rung, Farbe der Revolution, in der reinen Form, an ihrem Anfang, Wunsch nach einer anderen, weit radikaleren Sinnenhaftigkeit – der Anspruch auf ein sinnerfülltes Leben. Der Augenblick des Aufstands, der Revolte, der Revolution, bevor sie in den neuen Macht- und Herrschaftszwängen des Parteiapparats erstarrte, aber davor, in diesem transistorischen Moment, als der Krieg beendet war, der Zar vertrieben, die Betriebe von Arbeitern besetzt worden waren, stieg in Leningrad ein Arbeiter auf den höchsten Fabrikschornstein, stand oben mit zwei roten Signalfahnen und dirigierte die Fabriksirenen der Stadt, die normalerweise zur Arbeit riefen, zu einem Konzert: die Internationale.

Aus: U. Timm: Rot. Deutscher Taschenbuch Verlag: München [6]2006, S. 359 f.
[Lizenz von Kiepenheuer & Witsch: Köln 2001]

Uwe Timms Roman zeigt **typische Kennzeichen des modernen Romans:** assoziative Strukturen statt chronologischer Erzählweise, multiperspektivisches Erzählen, Montagetechnik, ein „Antiheld" als zentrale Figur. Die Farbe Rot ist als **Leitmotiv** zu verstehen: Der Titel des Romans verweist auf die Farbe des Blutes (also den Autounfall) und die politische Stimmung im Jahr 1968; er weckt zudem Assoziationen an Liebe und Leidenschaft, die im Roman eine zentrale Rolle spielen.

14.3.3 Das Projekt Aufklärung im Roman: Kehlmanns „Die Vermessung der Welt"

Kurzbiografie: Daniel Kehlmann

1975	geboren in München als Sohn eines Regisseurs und seiner Frau
1981	Übersiedelung der Familie nach Wien
ab 1993	Studium der Philosophie und Literaturwissenschaft in Wien
1997	*Beerholms Vorstellung* (Roman)
2001	Gastdozentur für Poetik an der Universität Mainz
2003	*Ich und Kaminski* (Roman)
2005	*Die Vermessung der Welt* (Roman)
2005/2006	Gastdozentur für Poetik an der FH Wiesbaden
2006/2007	Gastdozentur für Poetik an der Universität Göttingen

Daniel Kehlmann erzählt in seinem Roman eine **Doppelbiografie**, nämlich die Lebensgeschichten von zwei Männern, die verschiedener nicht sein könnten. Der eine, **Alexander von Humboldt**, wird als typischer preußischer Beamter dargestellt, der auf seiner Reise durch Südamerika abstinent lebt und stets Uniform trägt. Humboldt kommt es auf die Erkenntnis der sichtbaren Dinge an – und nichts davon lässt er aus: Er durchquert den Urwald und besteigt Vulkane und Berggipfel, er beobachtet den Sternenhimmel und die Erdlöcher am Wegesrand; er trifft auf Menschenfresser, lernt Ureinwohner kennen, bleibt aber stets auf Distanz zu ihnen wie auch zu seinen Weggefährten – eine Konstellation, die oft für kulturkritische Exkurse genützt wird.

Der andere, der Mathematiker und Astronom **Carl Friedrich Gauß**, ist als Einzelgänger gezeichnet, unsicher im Umgang mit seinen Mitmenschen, deren Gegenwart ihm nicht wichtig ist. Frauen dienen ihm zur Triebbefriedigung, die Heirat ist für ihn eine gesellschaftliche Selbstverständlichkeit. Als sein Sohn Eugen, der ihn nach Berlin begleitet, von der preußischen Polizei wegen seiner Kontakte zu national denkenden Studenten verhaftet, gefoltert und schließlich nach Amerika ins Exil geschickt wird, berührt das Gauß wenig. Gauß ist ein Sonderling, der seine Heimatstadt nur selten und äußerst ungern verlässt, der in der Welt der Zahlen lebt. Zahlen geben ihm Sicherheit vor den Unwägbarkeiten des Lebens, in der Welt der Zahlen leistet er allerdings Revolutionäres.

Gemeinsam ist den beiden Protagonisten, die sich erst 1828 auf dem Deutschen Kulturforscherkongress in Berlin kennengelernt haben, ihr Projekt: *Die Vermessung der Welt*. Damit greift der Autor das Thema **Aufklärung** auf und zeigt, wie geniale Wissenschaftler im Sinne von Kants berühmtem Satz „Aufklärung ist der Ausgang des Menschen aus seiner selbstverschuldeten Unmündigkeit“ tätig sind. Jeder auf seine Weise, oder wie Humboldt es ausdrückt: „Wann immer einen die Dinge erschreckten, sei es eine gute Idee, sie zu messen“ – und damit im Sinne Schillers und der **Weimarer Klassik** das innere Chaos durch Unterwerfung der äußeren Welt zu bändigen. Das Ergebnis der Forschungen der beiden Protagonisten ist bei aller Verschiedenartigkeit ihres Charakters vergleichbar, beide haben die Welt ein Stück weit entzaubert.

Der folgende Textauszug vom Anfang des Romans beschreibt die Abreise Gauß' von Göttingen zum Kongress nach Berlin, zu dem er von Wilhelm von Humboldt eingeladen wurde:

> Im September 1828 verließ der größte Mathematiker des Landes zum erstenmal seit Jahren seine Heimatstadt, um am Deutschen Naturforscherkongreß in Berlin teilzunehmen. Selbstverständlich wollte er nicht dorthin. Monatelang hatte er sich geweigert, aber Alexander von Humboldt war hartnäckig geblieben, bis er in einem schwachen Moment und in der Hoffnung, der Tag käme nie, zugesagt hatte.

Nun also versteckte sich Professor Gauß im Bett. Als Minna ihn aufforderte aufzustehen, die Kutsche warte und der Weg sei weit, klammerte er sich ans Kissen und versuchte seine Frau zum Verschwinden zu bringen, indem er die Augen schloß. Als er sie wieder öffnete und Minna noch immer da war, nannte er sie lästig, beschränkt und das Unglück seiner späten Jahre. Da auch das nicht half, streifte er die Decke ab und setzte die Füße auf den Boden.

Grimmig und notdürftig gewaschen ging er die Treppe hinunter. Im Wohnzimmer wartete sein Sohn Eugen mit gepackter Reisetasche. Als Gauß ihn sah, bekam er einen Wutanfall: Er zerbrach einen auf dem Fensterbrett stehenden Krug, stampfte mit dem Fuß und schlug um sich. Er beruhigte sich nicht einmal, als Eugen von der einen und Minna von der anderen Seite ihre Hände auf seine Schultern legten und beteuerten, man werde gut für ihn sorgen, er werde bald wieder daheim sein, es werde so schnell vorbeigehen wie ein böser Traum. Erst als seine uralte Mutter, aufgestört vom Lärm, aus ihrem Zimmer kam, ihn in die Wange kniff und fragte, wo denn ihr tapferer Junge sei, faßte er sich. Ohne Herzlichkeit verabschiedete er sich von Minna; seiner Tochter und dem jüngsten Sohn strich er geistesabwesend über den Kopf. Dann ließ er sich in die Kutsche helfen.

Aus: D. Kehlmann: Die Vermessung der Welt. Rowohlt: Reinbek bei Hamburg 2005, S. 7 f.

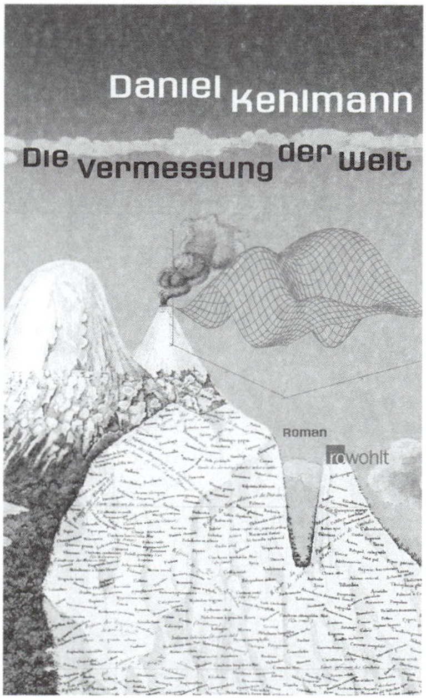

Kehlmann, der bei Erscheinen des Romans gerade 30 Jahre alt war, wird von der Literaturkritik als Wunderkind, als Genie gefeiert. Der Roman, dessen Startauflage bei 40 000 Exemplaren lag, erreichte schon bald die 39. Auflage mit einer Million Exemplaren; **Übersetzungen in 30 Sprachen** sind in Vorbereitung. Dieser Erfolg liegt – darf man den Kritikern glauben – in der Erzählweise des Autors begründet: Humorvoll, für eine breite Leserschaft verständlich, aber doch mit Respekt vor der Leistung der beiden Wissenschaftler, erzählt Kehlmann auf hohem intellektuellen Niveau ein Stück Wissenschafts- und Kulturgeschichte am Übergang vom 18. zum 19. Jahrhundert. Zum Vorwurf hat man Kehlmann allenfalls gemacht, dass sein ironisch-anekdotischer Erzählstil die beiden Forscher mehr als unveränderliche Typen denn als Charaktere mit einer Entwicklung zeichne.

LITERATUR NACH DER WIEDERVEREINIGUNG

Ingo Schulze (geb. 1962)
33 Augenblicke des Glücks (1995), *Simple Storys* (1998), *Neue Leben* (2005)

Thomas Brussig (geb. 1965)
Helden wie wir (1995), *Am kürzeren Ende der Sonnenallee* (1999), *Leben bis Männer* (2001)

Benjamin von Stuckrad-Barre (geb. 1975)
Soloalbum (1998), *Livealbum* (1999), *Remix* (1999), *Blackbox* (2000), *Transkript* (2001), *Was.Wir.Wissen.* (2005)

Birgit Vanderbeke (geb. 1956)
Das Muschelessen (1990), *Ich will meinen Mord* (1995), *Alberta empfängt einen Liebhaber* (1997), *Geld oder Leben* (2003), *Sweet sixteen* (2005)

Daniel Kehlmann (geb. 1975)
Ich und Kaminski (2003), *Die Vermessung der Welt* (2005)

Sven Regener (geb. 1961)
Herr Lehmann (2001), *Neue Vahr Süd* (2004)

Bernhard Schlink (geb. 1944)
Selbs Justiz (1987), *Die gordische Schleife* (1988), *Selbs Betrug* (1992), *Der Vorleser* (1995), *Liebesfluchten* (2000), *Selbs Mord* (2001)

Josef Haslinger (geb. 1955)
Opernball (1995), *Das Vaterspiel* (2000)

Patrick Roth (geb. 1953)
Riverside (1991), *Corpus Christi* (1996), *Die Nacht der Schlaflosen* (2001), *Starlite Terrace* (2004)

Wladimir Kaminer (geb. 1967)
Russendisko (2000), *Schönhauser Allee* (2001), *Ich mache mir Sorgen, Mama* (2004), *Karaoke* (2005)

Uwe Timm (geb. 1940)
Heißer Sommer (1974), *Die Entdeckung der Currywurst* (1993), *Rot* (2001)

Zoë Jenny (geb. 1974)
Das Blütenstaubzimmer (1997), *Ruf des Muschelhorns* (2000), *Ein schnelles Leben* (2003)

Bildnachweis

Umschlagbild: ZEFA/Masterfile
S. 2: Deutsche Verlags-Anstalt GmbH Stuttgart
S. 4, 9: Herzog August Bibliothek Wolfenbüttel (A 15472, A 24772, A 8895)
S. 5: Erzbischöfliches Archiv Freiburg
S. 8, 10: Erich Trunz
S. 13, 69, 71, 135, 144 (Rudolf Schlichter: Bert Brecht, 1926; © VG Bild-Kunst, Bonn 2007), 158, 162, 174 (Foto: Fritz Eschen), 176, 185 (R. Clausen), 199 (Hesse), 200, 212, 214: Ullstein Bild
S. 17, 36, 37, 46, 55, 93, 153, 154: Deutsche Schillergesellschaft, Schiller-Nationalmuseum Marbach
S. 21: Gerhart Söhn, Frauen der Aufklärung und Romantik. Von der Karschin bis zur Droste. Düsseldorf: Grupello Verlag 1998
S. 22, 25, 27, 29: Lessing-Museum Kamenz
S. 23, 26: Gleimhaus, Halberstadt
S. 24, 77, 79: Freies Deutsches Hochstift / Frankfurter Goethe-Museum, Frankfurt a. M. (Fotos: Ursula Edelmann, Frankfurt)
S. 28: Jörg Landsberg, Bremen
S. 31, 145, 166: Deutsches Theatermuseum München, Photosammlung
S. 42, 43, 58, 59, 91 u.: Stiftung Weimarer Klassik / Goethe-Nationalmuseum
S. 44: Goethe-Museum Düsseldorf
S. 51, 126: www.visipix.com
S. 60: Winfried E. Rabanus, München
S. 64: Matthias Horn, Hamburg
S. 67: 1997 Harenberg Kommunikation Verlags- und Medien GmbH & Co. KG, Dortmund: Schauspielführer, S. 343-2
S. 70, 95, 97, 98, 116, 130, 148, 149, 178, 182 (Foto: Felcitas Timpe), 188 (Foto: Georg Ebert): bpk
S. 82: Staatliche Museen zu Berlin – Preußischer Kulturbesitz Kupferstich-kabinett
S. 83: Deutsches Eichendorff-Museum und -Archiv Wangen
S. 91 o.: Verlag Eduard Roether, Darmstadt
S. 93 u.: Droste Museum Meersburg
S. 94, 132, 208 (Foto: Ulf Andersen), 226 (Foto: Ezra Shaw), 233 (Foto: Christian Fischer), 241 (Foto: Ulf Andersen): Getty Images

S. 100: Stiftung Deutsche Kinemathek, Berlin
S. 106, 107, 110: Zentralbibliothek Zürich, Graphische Sammlung
S. 114: Marlies Henke, Hamburg
S. 141: Munch-Museet, Oslo
S. 142 (Zeichnung: Hans Richter „Yvan Goll“, Foto: Marion von Hofacker; © VG Bild-Kunst, Bonn 2007), 147 (Max Ernst „Mond über der Stadt“, Foto: Roman März; © VG Bild-Kunst, Bonn 2007)
S. 163: Steidl Verlag, Göttingen 1993
S. 168: Schiller-Nationalmuseum Marbach, Foto aus dem Nachlass Wittkowski
S. 180 (Kaatsch), 181, 195 (Zimmermann), 202, 216 (Richter), 222 (Constantin), 231 (Bruder), 239 (Bruder): Cinetext
S. 186: Brinkhoff / Mögenburg, Geesthacht
S. 184: Li Sanli / Theater Kanton Zürich
S. 192: Isolde Ohlbaum, München
S. 194: Kurt Bethke, Kelkheim
S. 203, 223: Peter Peitsch, Hamburg
S. 204: Deutsches Institut für Filmkunde, Frankfurt a. M.
S. 205: G. Prust, Aufbau Verlag, Berlin
S. 220: Ruth Waltz, Berlin
S. 221: 1997 Harenberg Kommunikation Verlags- und Medien GmbH & Co. KG, Dortmund: Schauspielführer, S. 1069
S. 235: Jürgens Ost und Europa Photo, Bildarchiv

Stichwortverzeichnis

Personenregister

Addison, Joseph 26
Adorno, Theodor W. 178
Aichinger, Ilse 177 f.
Aischylos 50
Albert, Heinrich 9
Anakreon 29
Andersch, Alfred 176, 182, 196, 217,
Andres, Stefan 156
Angelus Silesius 8, 16
Anouilh, Jean 175
Anzengruber, Ludwig 109
Aristophanes 103
Aristoteles 22
Arnim, Achim von 76, 78, 84, 86
Arnim, Bettina von 79
Artmann, H. C. 179
Auerbach, Berthold 93
Ausländer, Rose 179, 216 f.
Auster, Paul 224

Bachmann, Ingeborg 177 f., 194, 196, 217
Bahr, Hermann 129, 137
Balzac, Honore de 103
Barlach, Ernst 142, 150
Bartsch, Kurt 200
Baudelaire, Charles 121
Becher, Johannes R. 142, 176, 198 f., 202 f., 209
Becker, Jurek 200 f., 209
Becker, Jürgen 234
Beckett, Samuel 143, 175
Behrens, Katja 215
Benjamin, Walter 157
Benn, Gottfried 142 f., 179
Berg, Sibylle 228
Bergengruen, Werner 156, 179
Bernhard, Thomas 196
Bidermann, Jakob 7, 16
Bierbaum, Otto Julius 128
Biermann, Wolf 200 f., 209
Birken, Sigmund von 9
Bleibtreu, Karl 129
Bloch, Ernst 199
Bobrowski, Johannes 179, 202
Bodenstedt, Friedrich 110
Bodmer, Johann Jakob 21
Boie, Heinrich Christian 40 f.
Boie, Kirsten 224
Böll, Heinrich 17, 103, 176 ff., 180, 188 ff., 196, 236
Bölsche, Wilhelm 129
Borchert, Wolfgang 177 f., 185 ff., 191, 196
Borkenstein, Heinrich 25
Born, Nicolas 214
Börne, Ludwig 92, 94
Brahm, Otto 129
Braun, Volker 202
Brecht, Bertolt 28, 40, 50, 144 ff. 150, 153, 155, 157, 165 ff., 176, 178, 180, 198 f., 202, 209
Breitinger, Johann Jakob 21
Brentano, Clemens 76, 82 ff., 86

Brinkmann, Rolf Dieter 213 f., 231
Britting, Georg 155
Broch, Hermann 155, 157, 176
Brod, Max 148
Brussig, Thomas 228, 230, 244
Bruyn, Günter de 203
Büchner, Georg 17, 40, 70, 91, 98 ff., 101
Büchner, Ludwig 105
Burckhardt, Jakob 1
Bürger, Gottfried August 32, 38 f.
Burroughs, William S. 232

Calderon, Pedro 49 f., 90
Campe, Johann Heinrich 50
Camus, Albert 175
Canetti, Elias 155
Carossa, Hans 156
Celan, Paul 179
Cervantes, Miguel 49 f.
Chamisso, Adalbert von 77
Chidolue, Dagmar 224
Christ, Lena 155
Claudel, Paul 175
Claudius, Eduard 199
Claudius, Matthias 23 f., 39
Comte, August 105, 137
Conrad, Michael Georg 128 f.
Conradi, Hermann 128 f.
Corneille, Pierre 22, 30, 50

D'Alembert, Jean Le Rond 19
Dach, Simon 9
Dahn, Felix 108
Dante 49 f., 76
Darwin, Charles 105, 119, 122 f.
Dauthendey, Max 127, 129
Defoe, Daniel 24
Degenhardt, Franz Josef 213
Dehmel, Richard 127
Descartes, René 19
Dickens, Charles 103
Diderot, Denis 19
Döblin, Alfred 103, 139, 143, 150, 158, 162 ff.
Domin, Hilde 216 f.
Dorst, Tankred 234
Dostojewskij, Fjodor 103, 121, 137
Droste-Hülshoff, Annette von 91, 93, 109
Dürrenmatt, Friedrich 183 f., 196, 224
Duve, Karen 231

Ebner-Eschenbach, Marie von 109
Eco, Umberto 218, 223 f.
Eich, Günter 158, 177 f.
Eichendorff, Joseph von 64, 76, 79, 85 f., 153
Eichrodt, Ludwig 87
Eliot, T. S. 175
Ende, Michael 218, 224
Engels, Friedrich 89, 104, 119, 140
Enzensberger, Hans Magnus 179, 177, 196
Euripides 50, 103

Fallersleben, Hoffmann von 93, 101
Faßbinder, Rainer Werner 213
Faulkner, William 175
Feuchtwanger, Lion 153, 176
Feuerbach, Ludwig 89, 104
Fichte, Johann Gottlieb 74 f., 86
Fielding, Henry 24
Flaubert, Gustave 103, 121
Fleißer, Marieluise 155
Fleming, Paul 8, 16
Fontane, Theodor 107 f., 110, 116 ff., 153
Forster, Georg 50, 68, 72

Franck, Julia 231
Francke, August Hermann 8
Frank, Leonhard 155
Freiligrath, Ferdinand 91, 93
Freud, Sigmund 134, 140
Freytag, Gustav 61, 109, 119
Fried, Amelie 224
Fried, Erich 40, 179, 213
Frisch, Max 50, 183, 194 ff., 214 f., 218, 224
Fry, Christopher 175
Fühmann, Franz 201

Gaarder, Jostein 219, 224
Geibel, Emanuel 110, 119
Gellert, Christian Fürchtegott 24 f.
George, Stefan 128 f.
Gerhardt, Paul 8
Gernhardt, Robert 235
Gerstäcker, Friedrich 109
Ginsberg, Allen 232
Giraudoux, Jean 175
Gläser, Ernst 158
Gleim, Ludwig 29 f.
Goethe 24, 32, 33 f., 37 ff., 40, 41 ff., 48, 49 f., 52 ff., 61 ff., 72, 75, 77, 82, 90, 113, 153, 201 f.
Goetz, Rainald 219
Goll, Yvan 142
Gomringer, Eugen 213
Goosen, Frank 231
Görres, Joseph 50, 76, 86
Gottfried von Straßburg 50
Gotthelf, Jeremias 93
Gottsched, Johann Christoph 4, 20 f., 25, 30, 32
Gottsched, Luise Adelgunde Victorie 21
Grabbe, Christian Dietrich 92 f., 101
Graf, Oskar Maria 155
Grass, Günter 64, 177, 181, 196, 213 ff., 224, 228 f., 234, 236
Grillparzer, Franz 90, 93
Grimm, Jakob und Wilhelm 76 f.
Grimmelshausen 5 f., 13 ff., 16, 64, 103
Grün, Anastasius 93
Grün, Max von der 183, 213, 224
Grünbein, Durs 235
Gryphius, Andreas 5 f., 7, 10 ff., 16, 25
Guevara, Antonio de 6
Günderode, Karoline von 76, 79
Gundolf, Friedrich 137
Günther, Johann Christian 8
Gutzkow, Karl 92

Hacks, Peter 202, 206
Haeckel, Ernst 119, 137
Hackl, Erich 224
Hagelstange, Rudolf 175
Hahn, Ulla 215 f., 234
Halbe, Max 126
Hamann, Johann Georg 32
Handke, Peter 177, 218, 224
Hardenberg, Friedrich von (Novalis) 64, 68, 76, 78, 80 ff., 86, 153
Hardt, Ernst 178
Harsdörffer, Georg Philipp 9, 16
Hart, Heinrich 129
Hart, Julius 129
Härtling, Peter 177, 215, 219, 224
Hartmann von Aue 50
Hasenclever, Walter 141, 157
Haslinger, Josef 203, 244
Hauff, Wilhelm 77, 86
Haufs, Rolf 234
Hauptmann, Gaby 224
Hauptmann, Gerhart 70, 124 ff., 129 ff., 198

Hebbel, Friedrich 97, 109, 113 ff., 119
Hebel, Johann Peter 78
Hegel, Georg Wilhelm Friedrich 74, 88 f.
Heidegger, Martin 152
Heidenreich, Elke 224
Hein, Christoph 205 f., 209, 229
Heine, Heinrich 73, 91 f., 94 ff., 130
Heinrich, Willi 224
Heißenbüttel, Helmut 179
Hemingway, Ernest 175, 177
Henning von Lange, Alexa 231
Herder, Johann Gottfried 32 f., 40, 50, 53, 58, 68, 76, 86
Herfurtner, Rudolf 219
Hermann, Judith 224, 231
Hermlin, Stephan 198
Herwegh, Georg 91
Herz, Henriette 79
Hesse, Hermann 64, 155
Heym, Georg 141, 146 f., 150
Heym, Stefan 235
Heyse, Paul 109 f., 119
Hildesheimer, Wolfgang 218
Hochhuth, Rolf 213, 228, 234
Hoddis, Jakob van 142
Høeg, Peter 224
Hoerschelmann, Fred von 178
Hoffmann, E. T. A. 77, 83, 148
Hofmannsthal, Hugo von 105, 127 ff., 137
Hofmann von Hofmannswaldau , Christian 8, 16
Hohlbein, Wolfgang 224
Hölderlin, Friedrich 58, 68 f., 72
Hölty, Ludwig Heinrich Chr. 39
Holz, Arno 123 f., 128 f., 137
Homer 23
Horaz 4, 50
Horváth, Ödön von 155, 171
Huch, Ricarda 155, 175
Huchel, Peter 158, 179, 202
Humboldt, Wilhelm von 50

Ibsen, Henrik 121
Iffland, August Wilhelm 36, 68, 72
Illies, Florian 231
Immermann, Karl 93, 101
Ionesco, Eugène 143

Jacobsohn, Siegfried 157
Jahnn, Hans Henny 155, 171
Jandl, Ernst 179, 213
Jaspers, Karl 152
Jean Paul 50, 64, 69, 72
Jelinek, Elfriede 215 f., 224
Jenny, Zoë 230 f., 244
Jentzsch, Bernd 203
Johnson, Uwe 177, 196, 209
Jung-Stilling, Johann Heinrich 39

Kafka, Franz 50, 139, 148 ff.
Kaiser, Georg 142, 150, 158
Kaminer, Wladimir 231, 244
Kant, Hermann 209
Kant, Immanuel 17, 51, 55, 69, 75, 86
Kästner, Erich 155, 158
Kaufmann, Christoph 31, 48
Kehlmann, Daniel 241 ff.
Keller, Gottfried 64, 107 ff., 119, 153
Kempowski, Walther 224
Kerr, Alfred 158
Kesten, Hermann 176
Keyserling, Eduard 127
Kierkegaard, Sören 140, 152
Kipphardt, Heinar 213
Kirsch, Sarah 200, 234

Kirsten, Wulf 235
Kiwus, Karin 214, 216
Klabund 157
Klaj, Johannes 9, 16
Kleist, Ewald von 24
Kleist, Heinrich von 51, 69 ff., 77, 79, 83
Klepper, Jochen 155 f., 175
Klinger, Friedrich Maximilian 31, 48
Klopstock, Friedrich Gottlieb 23 f., 38 f.
Koeppen, Wolfgang 156, 180, 196, 215
Kolb, Annette 155
Kotzebue, August von 68, 72, 94
Kracht, Christian 228, 232 f.
Krausser, Helmut 228
Krechel, Ursula 214
Kretzer, Max 128
Kreuder, Ernst 158
Kristof, Agota 224
Kroetz, Franz Xaver 213, 224, 234
Krolow, Karl 217
Kunert, Günter 200, 217
Kunze, Reiner 200, 207 f.

La Roche, Sophie von 24
Langgässer, Elisabeth 156, 179
Lasker-Schüler, Else 142, 150
Lassalle, Ferdinand 104
Laube, Heinrich 92
Lebert, Benjamin 231
Lehmann, Wilhelm 155, 179
Leisewitz, Johann Anton 32, 37, 48
Lenz, J. M. R. 32, 37 f., 43, 48
Lenz, Siegfried 177, 181 f., 196
Leon, Donna 224
Lessing, Gotthold Ephraim 3, 22 f., 26 ff., 30
Liliencron, Detlev von 105, 127, 137
Lillo, George 30
Lind, Hera 224
Lindgren, Astrid 219, 224
Link, Heiner 228
Loerke, Oskar 155, 179
Loest, Erich 200, 202, 228 f.
Logau, Friedrich 8, 16
Lohenstein, Daniel Casper von 7, 16
Ludwig, Otto 106, 119

Maar, Paul 220, 224
Macpherson, James 34, 48
Mallarmé, Stéphane 121
Mann, Heinrich 139, 143, 154 f., 158
Mann, Klaus 157
Mann, Thomas 50, 73, 125, 127, 157, 159 ff., 171, 175 f.
Marlitt, Eugenie 110
Maron, Monika 202, 209
Maquez, Gabriel Garcia 224
Marías, Javier 224
Marx, Karl 89, 104, 119, 140, 165, 198
Maupassant, Guy de 121
May, Karl 109
Meckel, Christoph 217
Mehring, Walter 157, 176
Meyer, Conrad Ferdinand 108 ff.
Miller, Arthur 175
Miller, Johann Martin 39
Milton, John 23
Morgner, Irmtraud 202
Mörike, Eduard 90, 93, 110
Moritz, Karl Philipp 39, 52, 64
Moscherosch, Johann Michael 6, 9, 16
Müller, Adam 77
Müller, Heiner 199, 202, 206
Mulisch, Harry 224

Mundt, Theodor 92
Musil, Robert 154, 171

Nadolny, Sten 218, 224
Nestroy, Johann Nepomuk 90, 93, 101
Neuber, Caroline 20 f.
Neville, Herman 6
Nicolai, Friedrich 32
Nietzsche, Friedrich 105, 140
Nöstlinger, Christine 219, 224
Novak, Helga 215
Novalis → Hardenberg, Fr. v.

Opitz, Martin 3 ff., 9, 16, 27
Ossietzky, Karl von 158
Ostermeier, Albert 235
Ovid 50

Pausewang, Gudrun 218, 224
Pestum, Jo 224
Petrarca, Francesco 7 f., 76
Picasso, Pablo 152
Pichler, Karoline 79
Pinthus, Kurt 142, 150
Piscator, Erwin 143
Platen, August Graf von 93
Plenzdorf, Ulrich 200, 203 ff., 209
Plievier, Theodor 176, 209
Poe, Edgar Allan 148
Pressler, Miriam 219
Preußler, Otfried 218, 224
Probsthayn, Lou A. 228
Proust, Marcel 121

Quistorp, Johann Theodor 25

Raabe, Wilhelm 64, 107, 109, 119, 153
Racine, Jean 22, 30, 50
Raimund, Ferdinand 90, 93, 101
Ransmayr, Christoph 219, 223 f.
Rebmann, Georg 68, 72
Regener, Sven 230 f., 244
Rehmann, Ruth 215
Reich-Ranicki, Marcel 228 f.
Reimann, Brigitte 199, 202
Reinig, Christa 215
Remarque, Erich Maria 158, 176
Richardson, Samuel 23
Richter, Hans Peter 219
Richter, Hans Werner 176
Richter, Johann Paul Friedrich → Jean Paul
Rilke, Rainer Maria 105, 127, 132 ff.
Rimbaud, Arthur 121
Rinser, Luise 215
Rist, Johannes 9, 16
Röhrig, Tilman 219
Ronsard, Pierre de 4
Rosegger, Peter 119
Rosenlöcher, Thomas 235
Roth, Joseph 153 f., 171
Roth, Patrick 244
Rousseau, Jean-Jacques 23, 32, 86
Rühmkorf, Peter 234, 236
Runge, Erika 183
Runge, Philipp Otto 73

Sachs, Nelly 179
Sartre, Jean Paul 175
Savignys, Friedrich Carl von 74
Scaliger, Joseph Justus 4
Schack, Adolf Friedrich Graf von 110
Schädlich, Hans-Joachim 201
Schaper, Edzard 156
Scheffel, Victor von 108
Schelling, Friedrich Wilhelm 74, 76, 86
Schiller, Friedrich 31 f., 35 f., 45 ff., 50 ff., 54 f., 59 ff., 68, 72, 75, 113

Schlaf, Johannes 124, 137
Schlegel, August Wilhelm 76, 86
Schlegel, Friedrich 76, 86
Schlegel-Schelling, Caroline 79
Schleiermacher, Friedrich 74, 76, 86
Schlesinger, Klaus 200
Schlink, Bernhard 224, 244, 236 ff.
Schnabel, Johann Gottfried 18, 24
Schneider, Peter 214
Schneider, Reinhold 156, 175
Schneider, Robert 224
Schnitzler, Arthur 127, 129, 135 ff.
Schnurre, Wolfdietrich 177
Schopenhauer, Arthur 89
Schottel, Justus G. 9
Schröder, Rudolf Alexander 156
Schubart, Christian Daniel 36
Schulze, Ingo 228, 230, 244
Schütz, Heinrich 4
Schwab, Gustav 78, 86
Schwaiger, Brigitte 215
Sealsfield, Charles 108 f.
Seethaler, Helmut 219
Seghers, Anna 155, 157, 171, 176, 198, 209
Shakespeare, William 22, 30, 38, 40, 48, 49, 76
Shaw, George Bernhard 177
Sidney, Philip 7
Simmel, Johannes Mario 224
Sophokles 50
Sorge, Reinhard J. 150
Spee, Friedrich 8
Spencer, Herbert 123
Spener, Philipp Jacob 8
Sperr, Martin 213
Stadler, Arnold 224
Stadler, Ernst 142, 150
Staël, Madame de 52, 73
Steele, Richard 26
Stein, Charlotte von 52 f.
Steinbeck, John 175
Stendhal, Henry 103
Sternheim, Carl 142, 150
Stifter, Adalbert 64, 90, 93, 97 f., 153
Stolberg, Christian 39
Storm, Theodor 106 f., 119
Stramm, August 150
Strauß, Botho 214, 219 f., 224, 228, 234
Strauß, David Friedrich 89, 104, 119
Strindberg, August 121, 129, 137
Strittmatter, Erwin 202, 209
Struck, Karin 214
Stuckrad-Barre, Benjamin von 228, 232 f., 244
Sudermann, Hermann 124, 126, 137
Süskind, Patrick 218, 221 f.

Taine, Hippolyte 123, 137
Thackeray, William 103
Thieß, Frank 156, 175
Tieck, Ludwig 40, 64, 69, 73, 75 f., 83, 86
Timm, Uwe 239 ff., 244
Toller, Ernst 142, 150, 157
Tolstoj, Leo 103, 137
Trakl, Georg 142, 150
Treichel, Hans-Ulrich 203
Tucholsky, Kurt 155, 157 f.
Turgenjew, Iwan 103, 137
Turrini, Peter 234

Uhland, Ludwig 78 f., 86
Uz, Johann Peter 29

Vanderbeke, Birgit 231, 244
Varnhagen, Rahel 79

Vega, Lope de 90
Veit-Schlegel, Dorothea 79
Vergil 50
Verlaine, Paul 121
Vesper, Bernward 214
Voltaire 19
Vondel, Joost van den 9, 16
Voß, Johann Heinrich 39
Vulpius, Christiane 41, 53
Vulpius, Christian August 68, 72

Wackenroder, Wilhelm Heinrich 73, 75
Wagner, Heinrich Leopold 38, 43
Wahl, Mats 219, 224
Wallraff, Günter 182
Walser, Martin 17, 68, 70, 103, 177, 180, 182, 192 f., 196, 213, 224, 228 f.
Walser, Robert 143
Walther von der Vogelweide 50
Wander, Maxie 202
Wedekind, Frank 142
Weerth, Georg 91
Weinheber, Josef 155
Weise, Christian 25
Weiss, Peter 68, 213
Weckherlin, Georg Rudolf 8, 16
Wegner, Bettina 200
Weigel, Helene 198
Werfel, Franz 142, 150
Werner, Markus 224
Weyrauch, Wolfgang 175, 178
Widmer, Urs 228, 234
Wiechert, Ernst 175
Wieland, Christoph Martin 24, 40, 45, 58, 64
Wienbarg, Ludolf 92
Wilder, Thornton 175
Wille, Bruno 129
Williams, Tennessee 175
Winckelmann, Johann Joachim 51 f.
Wohmann, Gabriele 215 f.
Wolf, Christa 200 ff., 208 f., 229, 235 f.
Wolf, Friedrich 198
Wolfram von Eschenbach 50
Wolfskehl, Karl 129
Wondratschek, Wolf 214

Zeh, Juli 231
Zesen, Philipp von 9
Zola, Emile 121, 137
Zuckmayer, Carl 155, 157, 171, 176
Zweig, Arnold 176, 196
Zweig, Stefan 154, 157, 168 ff., 171

Sachregister

Absolutismus 1
– aufgeklärter 17, 31
Aktivismus 141
Alexandriner 4 f., 13
Anakreontik 29 f.
Anekdote 78
Ankunftsliteratur 199 f., 202
Antiheld 64, 162 f., 209
Antike 52 ff.
Ästhetizismus 140
Atheismus 174
Aufklärung 17 ff.

Ballade 38, 109
Balladenjahr 56, 72
Barock 1 ff.
Bauhaus 152
Berliner Ensemble 198, 201
Bewusstseinsstrom 162 ff.
Biedermeier 87 f., 89 f.
Bitterfelder Weg 199 ff., 208 f.
Blaue Blume 76, 80 ff.
Blut- und Boden-Literatur 156, 171
Buchgemeinschaft 185

Chanson 157

Dadaismus 140
Dekadenz 159
Demagogenverfolgung 88
Determination 123
Deutscher Bund 74
Dialektisches Prinzip 88
Dinggedicht 109, 110 ff., 132 f.
Dingsymbol 169
Dokumentarliteratur 199
Dorfgeschichte 93, 109
Drama
– d. Biedermeier 93
– d. Expressionismus 142 f.
– d. Impressionismus 127
– d. Klassik 57 ff.
– d. Naturalismus 124 f., 130 ff.
– d. Realismus 109, 113
– d. Romantik 78 f.
– d. Sturm und Drang 37 f.
– Geschichts- 57
– Ideen- 57
– Historien- 90
– historisches 92
– Jesuiten- 6 f.
– klassisches 59 ff.
Drei Einheiten 21, 62
Dreißigjähriger Krieg 1, 12
Drittes Reich 151 ff.

Einakter 35, 134
Emanzipation
– bürgerliche 19, 27
Empfindsamkeit 23 f.
Enzyklopädie 19
Epos
– biblisches 23
Erzählung 93
Exil 156 f.
Existenzialismus 140
Existenzphilosophie 152, 175
Expressionismus 139 ff.

Fabel 24, 28, 192
Faust-Motiv 64 f.
– Stoff 7
Feministische Literatur 215
Film 143
Fin de Siècle 134
Flugblatt 91
Fragment 57, 78, 148
Frankfurter Paulskirche 78

Französische Revolution 50, 73
Frauenliteratur 202, 214 f.
Freie Bühne 129
Freie Volksbühne 129
Freundschaftsbund 39 f.
– zwischen Goethe und Schiller 56 f., 72
Frühaufklärung 20 f.
Futurismus 140

Gegenreformation 1, 8
Gelegenheitsdichtung 7
Gesellschaftskritische Literatur 213
Genie-Begriff 32 f.
Gesamtkunstwerk 3, 85
Goldenes Zeitalter 75
Göttinger Hainbund 38 f.
Groteske 183 f.
Gruppe 47 176 f.
Gruppe 61 182

Hambacher Fest 88
Harlekin 20
Haupt- und Staatsaktion 7, 20
Heidelberger Romantik 76 f.
Hexameter 23
Hochaufklärung 22 f.
Hoftheater 20, 58 f.
Hörspiel 179
Hymne 35, 38, 42

Idealismus 51, 74
Impressionismus 121, 134 ff.
Industrialisierung 103
Innere Emigration 156
Innerer Monolog 127, 134 f., 162, 178
Innerlichkeit 125
Inversion 147
Italienische Reise 49, 53

Jakobinerliteratur 68
Jambus 4, 13, 147
Jenaer Romantik 75 f.
Jugendliteratur 219 f.
Junges Deutschland 87 ff.

Kabarett 157
Karlsbader Beschlüsse 74, 88, 94
Kategorischer Imperativ 51
Katharsis 22
Kinderliteratur 219 f.
Klassik 49 ff.
Klassizismus
– französischer 21
Komödie 70 f., 142, 144, 181
Konkrete Poesie 213
Kubismus 140
Kulturpessimismus 140
Künstlerkolonie 129
Kurzgeschichte 177 f., 189 f., 191

l'art pour l'art 139
Lehrgedicht 24
Leihbücherei 110
Liberalismus 105 f.
Linkshegelianer 104
Literarisches „Erbe“ 203 f., 209
Lustspiel 10 f., 70, 90
– rührendes 25
Lyrik
– anakreontische 29 f.
– d. Aufklärung 24
– d. Barock 7 f., 12
– d. Biedermeier 93
– d. Expressionismus 141 f., 146 ff.
– d. Klassik 58
– d. Naturalismus 128, 132 f.
– d. Romantik 79, 85 f.
– Erlebnis- 38, 109

– Gesellschafts- 4
– Großstadt- 128, 141
– hermetische 178 f.
– ideologiekritische- 213
– Liebes- 216
– Natur- 91, 155, 179
– politische 179, 216, 234
– Rokoko- 24
– Umwelt- 217

Märchen 78
Massenszenen 143
Materialismus 99, 105
Milieutheorie 123
Montagetechnik 143, 162, 178
Moralische Wochenschriften 26
Münchner Dichterkreis 110
Mystik 8
Mystizismus 175

Naturalismus 121 ff.
Neue Innerlichkeit 176, 214, 228
Neue Sachlichkeit 152
Neue Subjektivität 214 f., 217, 228
Nihilismus 174
Novelle 69, 91, 106 f., 127, 168 ff., 205 f.
– d. Biedermeier 93
– d. Realismus 109
– d. Romantik 78, 82 ff.

Ode 24

Parabel 148 ff., 194 ff.
– -stück 166 ff.
– Ring- 22 f.
Petrarkismus 7 f.
Pietismus 8, 23, 64
Poetik 4 f., 22, 25, 27, 68
Poetry Slams 232
Polemik 141
Politisches Thesenstück 143
Popliteratur 228, 230, 232 f., 235
Positivismus 99, 105, 140
Postmoderne 217 f., 221, 223
Produktionsliteratur 199, 209

Rationalismus 18
Realismus 103 ff.
– poetischer 106
– sozialistischer 199 ff., 202 ff., 209
Rechtshegelianer 89
Regelpoetik 4
Reichsschrifttumskammer 158
Reihung 147
Reisebeschreibung 93 f.
Roman
– Abenteuer- 108 f.
– barocker 7
– Bildungs- 61 ff., 80 ff., 90, 107 f., 221 f.
– Brief- 38 f., 43 ff., 68
– d. Aufklärung 24
– d. Barock 7
– d. Biedermeier 92 f.
– d. Klassik 58
– d. Romantik 78, 80 ff.
– d. Weimarer Republik 153 ff.
– Erziehungs- 154
– Gesellschafts- 107 f., 116 ff.
– Großstadt- 162 ff.
– heroischer 7
– historischer 108 f., 153
– Industrie- 199
– Kriminal- 184
– Moderner Bildungsroman 159 f.
– Schäfer- 7
– Schelmen- 7, 13 ff.
– sozialer 116 ff.
– zeitkritischer 180

Romantik 73 ff., 121
Romantische Ironie 76

Salonkultur 79 f.
Salzburger Festspiele 128
Satire 141
Schwäbische Romantik 77 ff.
Sekundenstil 124
Shakespeare-Rezeption 40
Simultaneität 141
Sonett 5, 147
Sozialdarwinismus 105
Sozialismus 195 ff.
Spätaufklärung 32
Spätbarock 17
Sprachgesellschaft 6, 8 f.
Ständeklausel 4, 10 f., 22, 25, 27
Stunde Null 175 f.
Sturm und Drang 31 ff.
Subjektivität 200
Surrealismus 148
Symbolismus 121, 127 f.
Synästhesie 86

Theater
– absurdes 143
– aristotelisches 164 ff.
– d. Barock 10 ff.
– Dokumentar- 213
– episches 143, 164 ff.
– Stationen- 166
Tragödie
– d. Aufklärung 21 ff.
Trauerspiel
– barockes 7
– bürgerliches 22, 25, 26 f., 45 ff., 109, 113 f.
Trümmerliteratur 176 f., 191
Typenkomödie
– sächsische 25

Universalpoesie 76
Unterhaltungsliteratur 68, 110
Utopie
– literarische 18

Verfremdungseffekt 145
Volksbuch 77 f.
Volkslied 76 f.
Volksliedsammlung 33
Volksmärchen 77
Volkspoesie 34 f., 90
Volksstück
– neues 213
Vormärz 87 ff.

Wandertruppe 20
Wartburgfest 88
Weimar 49 ff.
Weimarer Republik 151 ff.
Wendeliteratur 228 ff.
Westfälischer Friede 1
Wiener Kongress 74, 87
Wissenschaftlicher Sozialismus 89, 104

Zensur 88, 92, 94, 155, 197

(Bitte blättern Sie um)